Adelgazar a cualquier precio

Adelgazar a cualquier precio

Cómo Ozempic y otros fármacos van a revolucionar
nuestra alimentación y nuestra salud física y mental

Johann Hari

Traducción de Juanjo Estrella

Planeta

Obra editada en colaboración con Editorial Planeta – España

Título original: *Magic Pill. The Extraordinary Benefits and Disturbing Risks of the New Weight Loss Drugs*

© Johann Hari, 2024

© de la traducción del inglés, Juan José Estrella González, 2025
Realización Planeta - Fotocomposición

© 2025, Edicions 62, S.A. – Barcelona, España

Derechos reservados

© 2025, Editorial Planeta Mexicana, S.A. de C.V.
Bajo el sello editorial PLANETA M.R.
Avenida Presidente Masarik núm. 111,
Piso 2, Polanco V Sección, Miguel Hidalgo
C.P. 11560, Ciudad de México
www.planetadelibros.com.mx

Primera edición impresa en España: enero de 2025
ISBN: 978-84-1100-319-3

Primera edición impresa en México: marzo de 2025
ISBN: 978-607-39-2454-2

Impreso en los talleres de Corporación en Servicios Integrales de Asesoría Profesional, S.A. de C.V., Calle E # 6, Parque Industrial Puebla 2000, C.P. 72225, Puebla, Pue.
Impreso y hecho en México / *Printed in Mexico*

A dos de las mujeres más sabias que conozco,
V (antes conocida como Eve Ensler) y Dorothy Byrne.

ÍNDICE

El Santo Grial

En invierno de 2022, la pandemia global parecía haber empezado a remitir al fin y, por primera vez en dos años, asistí a una fiesta. Me sentía bastante descuidado y algo cohibido, porque había engordado casi 10 kilos desde el confinamiento. Hay gente que asegura que si sobrevivió a la pandemia fue gracias a la vacuna; en mi caso, se lo debo a Uber Eats. La fiesta la organizaba un actor galardonado con un Óscar, y si bien no esperaba que las estrellas de Hollywood hubieran ganado tanto peso como el resto de los mortales, sí daba por sentado que se habría producido un ensanchamiento general.

Pero mi desconcierto aumentaba a medida que me paseaba entre la gente: no era solo que nadie hubiera engordado, es que todos estaban chupados. Se les marcaban los pómulos y tenían los abdómenes más firmes. Y no eran solo los actores: los ejecutivos de televisión de mediana edad, los cónyuges e hijos de actores y actrices, los agentes... Toda aquella gente a la que llevaba sin ver unos años parecía tener de pronto su propio filtro de Snapchat: estaba más delgada, más clara, más en forma.

Me tropecé con una vieja amiga y, balbuceando, medio avergonzado, le dije que suponía que, durante el confinamiento, a todos les habría dado por ponerse a hacer pilates.

Ella soltó una carcajada. Pero al ver que no me unía a sus risas, me miró muy fijamente. «Tú ya sabes que no es por el pilates, ¿verdad?». Pero como yo me quedé ahí, devolviéndole la mirada, sin entender, añadió: «¿En serio no lo sabes?».

Y entonces, allí de pie, junto a la pista de baile, sacó el celular y me enseñó una imagen.

Le eché un vistazo en la penumbra, mientras a nuestro alrededor los invitados movían sus traseros bien formados y rechazaban los canapés con gesto amable.

En la pantalla destacaba un tubito de plástico azul claro, con una aguja diminuta saliendo de él.

Más adelante me preguntaría si no llevaba toda la vida esperando aquel momento.

La tarde de la Nochebuena de 2009 me acerqué al local de Kentucky Fried Chicken (KFC) al este de Londres que me quedaba más cerca.[1] Pedí lo de siempre —una cubeta de grasa y cartílago tan enorme que me da vergüenza enumerar aquí todo lo que contenía—. Desde el otro lado del mostrador, el empleado me dijo: «¡Johann! Tenemos una cosa para ti». Entró en la cocina, donde freían el pollo, y regresó con los demás empleados que trabajaban ese día. Juntos, me hicieron entrega de una tarjeta de felicitación de grandes dimensiones. La abrí. La habían encabezado con un «a nuestro mejor cliente» y la habían cubierto de mensajes personales escritos por ellos mismos. A mí se me cayó el alma al suelo al pensar que ese ni siquiera era el local de pollo frito que más frecuentaba.

Tiempo después incluso me plantearía si no era nuestra cultura la que llevaba más de dos mil años esperando ese momento.

Gracias a Hilde Bruch, experta en trastornos alimentarios, supe que ya en la antigua Grecia se creía que en otro tiempo había existido un fármaco con el que se conseguía que la gente se mantuviera delgada, pero que en algún momento se había perdido la fórmula secreta y ya nunca se había recuperado. Desde entonces, los seres humanos hemos intentado hacer realidad ese sueño: encontrar la manera de engañar a nuestra biología y de revertir el aumento de peso. Los titulares del tipo «Nuevo fármaco milagroso para perder peso» son tan viejos como los titulares mismos.

Aun así, al hablar con expertos en obesidad de todo el mundo, estos me decían que, ahora, con ese medicamento, había algo que era realmente diferente. Rigurosos estudios científicos han demostrado que existe una nueva generación de fármacos que, actuando de manera completamente novedosa, consiguen que las personas pierdan entre un 5 y un 24 por ciento de su peso corporal. Tim Spector, profesor de Epidemiología Genética del King's College de Londres, me explicó que, para la gente que padece obesidad severa, «se trata del Santo Grial que estaban esperando». La doctora Clémence Blouet me comentó: «Es la primera vez que contamos con un medicamento antiobesidad con garantías», y ahora que se ha descifrado la clave, los descubrimientos para que resulte aún mejor y más eficaz «van superrápido» y «todos los días sale algo nuevo». Emily Field, una seria analista de Barclays Bank que ha estudiado el valor probable de esta clase de fármacos para los inversores, redactó un informe en el que explicaba que, según creía, el impacto de estos en la sociedad sería comparable al invento de los teléfonos inteligentes.

Ese entusiasmo científico ha generado una estampida. En una encuesta, el 47 por ciento de los estadounidenses afirmaron estar dispuestos a pagar para conseguirlos. Graham MacGregor, profesor de Medicina Cardiovascular de la Universidad Queen Mary de Londres, me explicó que, en Gran Bretaña, «en cuestión de diez años, entre el 20 y el 30 por ciento de la población tomará medicamentos para tratar la obesidad... No hay duda». Según algunos analistas financieros, su mercado podría alcanzar un valor mundial de 200 000 millones de dólares en 2030.[2] Como consecuencia de ello, Novo Nordisk —la corporación danesa que fabrica uno de esos fármacos, el Ozempic— ha llegado a ser de golpe la empresa europea más valiosa.

El Ozempic y sus sucesores parecen llamados a convertirse en los medicamentos más icónicos y populares de nuestra época, al mismo nivel que la píldora anticonceptiva y el Prozac.

No recuerdo haberme sentido en ninguna otra ocasión tan en conflicto ante un tema, ni de una manera tan inmediata y tan intensa como esa noche, en aquella pista de baile.

Al realizar una búsqueda superficial de los hechos básicos en mi celular, me di cuenta al momento de que podía posicionarme apasionadamente a favor de tomarlos. Los cálculos sobre la cifra exacta de personas fallecidas a causa de la obesidad y la mala alimentación varían. De entre los que resultan creíbles, el más conservador en el caso de Estados Unidos afirma que estas acaban con la vida de 112 000 personas al año, cifra que duplica la de personas muertas por la suma de asesinatos, suicidios y accidentes en los que intervienen armas.[3] En el otro extremo, Jerold Mande, profesor adjunto de Nutrición de Harvard, más conocido por diseñar la etiqueta nutricional que se muestra en todos los alimentos que se adquieren en Estados Unidos, advierte que, según algunas estimaciones, «las enfermedades causadas por la alimentación» matan a 678 000 personas todos los años. Según me contó, se trata, con gran diferencia, de la «principal causa de mortalidad».[4]

Así pues, estábamos ante una ocasión para interrumpir por fin nuestra relación con los alimentos perjudiciales y transformarla. Nada de lo que se ha intentado hasta ahora ha funcionado. Llevamos décadas matándonos de hambre en dietas sucesivas, y hasta los estudios más optimistas constatan que solo un 20 por ciento, aproximadamente, consigue mantenerse en el peso que ha perdido al cabo de un año.[5] Los médicos nos advierten que la obesidad contribuye a unas doscientas enfermedades y complicaciones de salud conocidas, y nos explican que comemos hasta causarnos la muerte; y aun así nosotros asentimos, muy serios, y acto seguido abrimos la aplicación de KFC. Somos muchos los que abogamos por controlar el poder de las empresas alimentarias a fin de lograr que dejen de producir unos productos chatarra que cada vez resultan más adictivos, pero ni siquiera una personalidad tan conocida y carismática como Michelle Obama ha logrado sumar adeptos a su causa.

Los defensores de los nuevos medicamentos adelgazantes afirman que ese velo de desesperanza se está rasgando al fin. La obesidad es un problema biológico y ahora, finalmente, contamos con una solución biológica. Es el momento de liberarnos de una enfermedad grave que, según algunos estudios, conlleva que se duplique el riesgo de muerte a medida que envejecemos.[6] Estamos ante la ocasión de reducir drásticamente las tasas de diabetes, demencia y cáncer de las que nos advierten todas las grandes agencias de salud pública. He aquí un fármaco capaz de proporcionar a millones de personas otra oportunidad en la vida.

Entendía el poder de aquellos argumentos. Sentía su fuerza. Entonces, ¿por qué me suscitaban tanta incomodidad?

Ya desde el principio me asaltaron grandes dudas.

En 1960, cuando mis padres eran adolescentes, prácticamente no conocían a personas obesas. No había niños obesos en sus escuelas, y a su alrededor no vivía casi nadie que lo fuera. Actualmente, en los dos países en los que paso la mayor parte del tiempo, los niveles de obesidad en adultos han alcanzado el 26 por ciento (en Gran Bretaña) y el 42.5 por ciento (en Estados Unidos). Esa transformación, sin precedentes en la historia de la humanidad, no se ha producido porque hayamos contraído ninguna enfermedad. No ha ocurrido porque se haya estropeado nada en nuestra biología. Ha pasado porque algo en nuestra sociedad ha funcionado desastrosamente mal. El sistema de suministro de alimentos se ha transformado hasta tal punto que resulta irreconocible. Hemos empezado a consumir alimentos que antes no existían, unos alimentos diseñados para resultar adictivos en grado máximo, llenos de azúcar, sal y almidón en las proporciones justas para que no dejemos de tragar. Construimos ciudades por las que muchas veces resulta imposible caminar o moverse en bicicleta. Estamos mucho más estresados, lo que nos lleva a buscar más lo que se conoce como *comida reconfortante*.

Desde esa perspectiva, el Ozempic y los medicamentos que han seguido su estela representan un momento de locura. Creamos un sistema alimentario que nos envenena, y entonces, para contrarrestar esa avalancha de alimentos perjudiciales, decidimos inyectarnos otra clase de veneno potencial, un veneno que contrarreste todo lo que comemos.

Hemos empezado a tomar esos medicamentos sabiendo muy poco de ellos. No tenemos ni idea de sus efectos a largo plazo cuando se usan para tratar la obesidad. No sabemos si seguirán sirviendo siquiera a personas obesas pasados unos años. Y lo que da más miedo de todo es que los científicos que han contribuido a crearlos (como yo estaba a punto de descubrir) no están seguros de por qué funcionan, ni qué es exactamente lo que generan en nuestro organismo.

Tenía también otro motivo de angustia: parecía que, al fin, habíamos llegado a un punto de nuestra cultura en el que estábamos aprendiendo a dejar de castigar a nuestros cuerpos y empezábamos a aceptarlos, aunque no se ajustaran a las estrictas normas de belleza occidental. ¿No iba a producirse ahora un retroceso? ¿No iba a perderse la llamada *body positivity*, la «positividad corporal», en aquella marea de Ozempic y de su competencia, Mounjaro? Y, lo que era peor: ¿qué ocurriría cuando la gente con trastornos alimentarios tuviera acceso a esos medicamentos? ¿Qué sucedería cuando le proporcionáramos a una gente decidida a limitar mucho su dieta una herramienta tan poderosa, totalmente nueva, con la que amputar su apetito?

Rodeado de personas por cuyas venas circulaba ese fármaco, me sentía lleno de incertidumbre, navegando entre el apoyo y el escepticismo. Si es verdad que vamos a empezar a consumir unos medicamentos con los que se consigue una pérdida de peso tan importante, ¿qué implicará eso en nuestra vida personal, en nuestra salud y en nuestras sociedades? ¿Es posible que sean lo que dicen ser? ¿Significa eso que vamos a renunciar a enfrentar a la industria alimentaria y al daño que nos ha hecho? ¿Y que dejaremos de aceptarnos tal como somos?

Me daba cuenta de que, sobre todo, había una persona con la que habría querido tratar de todas esas cuestiones. Es por ella por la que he decidido escribir este libro.

Para entender todo lo que ha venido después, tengo que hablarte de Hannah.*

Cuando tenía diecinueve años asistí al Festival Nacional de Teatro Estudiantil que se celebra en Scarborough, una ciudad algo apagada de la costa inglesa. Todos los años, alumnos británicos que han participado en obras de teatro se apuntan para participar en el evento, en el que profesionales de las artes escénicas acuden a evaluar los trabajos: si estos consideran que tienen el nivel adecuado, invitan a los participantes a representar las obras junto al mar, en competencia con otros alumnos de todo el país y en presencia de agentes, con la posibilidad de recibir premios. Ese año, algunos de mis amigos llegaron a la final, y yo los acompañé en su viaje. Así pues, en cuestión de unos pocos días tuve la oportunidad de ver unas veinte obras teatrales. Algunas de ellas geniales y otras pésimas, pero curiosamente fue la peor de todas la que me cambió la vida.

Una tarde, me senté a ver una obra titulada *Atlántica*.** Estaba escrita y representada como un drama realis-

* Le cambié el nombre a Hannah y modifiqué algunos detalles identificativos menores para respetarla y respetar la intimidad de su familia. Como la describo de memoria, le mostré todo lo que había escrito sobre ella a otra de sus mejores amigas, Bronwen Carr. Ella me confirmó que se correspondía con sus recuerdos. También comenté esta sección con muchas otras personas que la conocieron, que coinciden en que, hasta donde sabemos, se trata de un retrato fiel de ella. *(N. del A.)*.

** La descripción de la obra que hago aquí es totalmente de memoria. Me esforcé mucho en localizar el texto, pero parece haberse esfumado. Dado que han transcurrido casi veinticinco años, estoy seguro de que me equivocata sobre un grupo de científicos que se enfrentaban a un problema peculiar, perturbador: por todo el mundo aparecían unas ballenas que se dirigían a las playas, donde encallaban y morían lentamente. Nadie sabía por qué. Era casi como si aquellas criaturas gigantescas y azuladas se estuvieran suicidando. ¿Intentaban acaso huir de la contaminación? ¿Sufrían alguna enfermedad cerebral? ¿Qué estaba ocurriendo? La obra seguía a aquellos científicos, que se subían a unas barcas, se adentraban en el mar y observaban a las ballenas en su elemento para intentar desentrañar el misterio. Pero, cuando lo hacían, ocurría algo inquietante: de pronto, las ballenas embestían a las barcas e intentaban partirlas por la mitad. Cuando los científicos intentaban alejarse, uno de ellos gritaba: «¡Dios mío! ¡Llevamos a un cachalote de pasajero!».

---

ré en algunos detalles y de que el diálogo no será exactamente como el que aparecía en el guion. Me comuniqué con todos mis conocidos que la vieron y les pregunté si mi descripción se correspondía con sus recuerdos. Me respondieron que en general sí, aunque estos diferían algo de una persona a otra, como cabe esperar de un hecho que ocurrió hace ya tanto tiempo. Algunos me comentaron que me equivoco al recordar que solo a Hannah y a mí nos pareció absurda, que en realidad gran parte del público sintió lo mismo. Pero, en cambio, uno de los actores del reparto me dijo que era una obra más seria de lo que yo recordaba, y que mucha gente la había tomado en serio.

Es posible que todos la recordemos con precisión. Durante el festival, hubo tres representaciones de la obra, y parece que el público de cada función reaccionó de manera diferente. Un crítico del momento escribió que el público reaccionaba de manera contrastada: «Así, por ejemplo, *Atlántica*, una nueva obra del género "salven a las ballenas", de Cambridge, que mezcla cine de serie B y elementos de ciencia ficción con cierto trasfondo de seriedad que recuerda a la serie televisiva *Edge of Darkness*, pudo representarse ante tres públicos que reaccionaron de manera radicalmente diferente, desde un silencio circunspecto a las risotadas afectadas, y aceptar que cada una de esas respuestas era a la vez legítima y respetuosa a su manera». Véase <https://www.cix.co.uk/~shutters/reviews/01091.htm>, consultado el 20 de febrero de 2024. *(N. del A.)*.

Uno de los científicos se volteaba hacia otro y le preguntaba: «David, ¿tú crees que las ballenas son... [pausa dramática] malas?». Los integrantes del público que teníamos más cerca parecían imbuidos de la seriedad de la obra, atrapados en su hechizo. Todos, menos yo... y otra persona. A mi lado, a oscuras, tenía a una joven, y me daba cuenta de que se estaba retorciendo de la risa. Yo hacía esfuerzos por no mirarla, porque sabía que si lo hacía se me escaparía un grito. Cuanto más concentrado estaba el público en la obra, más nos sacudíamos nosotros. «¡Estas ballenas van a matarnos!», exclamaba uno de aquellos científicos.

Y entonces llegaba el giro argumental. Los científicos descubrían por qué las ballenas quedaban varadas en las playas masivamente. Resultaba que llevaban un tiempo observando a la humanidad y habían llegado a la conclusión de que los seres humanos se habían olvidado de jugar. Aquellos animales se lanzaban contra las playas del mundo para instarnos a unirnos a ellas en el mar, para aprender a divertirnos una vez más. Tras explicarlo, el jefe de la expedición decía: «Solo hay una solución».

Los demás ahogaban un grito:

«¡No! —decían—. ¡No puedes hacerlo!».

«No hay más remedio. Tengo que... convertirme en ballena».

Y entonces, con una música orquestal de fondo, *in crescendo*, saltaba al agua y se convertía en ballena. Cae el telón. Aplausos.

La mujer que llevaba un buen rato aguantándose la risa en la penumbra salió a toda prisa de la sala y se alejó corriendo por la esquina. Yo la seguí y, sin decirnos nada, los dos empezamos a llorar de la risa. «¿Crees que las ballenas son... malas?», repitió a gritos. Y yo repliqué en voz alta:

«Tengo que convertirme... en ballena». Y me caí al suelo, literalmente.

Esa noche, Hannah y yo empezamos a recorrer los locales de comida rápida de Scarborough. Empezamos con el de *fish and chips*, después nos dirigimos al de kebabs y acabamos en el de pollo frito. Hasta que llegamos a este último no me fijé en ella con detalle. Tenía el cabello castaño claro y un abdomen prominente, y hablaba con un deje musical, como si siempre intentara sacarle algo de humor al mundo. Yo en aquella época tenía sobrepeso, y a ella le gustaba describirse a sí misma como «deliciosamente enorme».

Enseguida creamos nuestra primera broma compartida. Entrábamos en cualquier local de comida chatarra y nos poníamos a hablar de él como si se tratara de un restaurante con estrellas Michelin. Ella le daba un bocadito a su kebab grasiento y decía: «Se trata de un delicioso aperitivo de..., sí —masticaba un poco más—, con un posgusto atrevido y apetitoso». Nos convertimos en expertos en grasa, en sumilleres de la salsa de Big Mac. Ideamos un plan para crear nuestras propias estrellas Michelin, que en nuestro caso entregaría el propio Bibendum, el muñeco de Michelin; el premio consistiría en unas llantas cada vez más grandes. Mientras nos comíamos nuestro tercer kebab, a ella le dio por improvisar historias sobre suicidas célebres que, en realidad, en un giro inesperado de los acontecimientos, habían sido ballenas. La ballena Sócrates, que se había tomado la cicuta por no enfrentarse a un tribunal de cetáceos; la ballena Sylvia Plath, que había metido la cabeza en el horno; la ballena Virginia Woolf, que se había llenado de piedras el espiráculo y se había lanzado contra la tierra.*

* Al pensar en ese recuerdo, me vino a la mente que en el boletín del festival, *Noises Off*, alguien publicó unos bocetos de ballenas suicidas a par-

A medida que la conocía mejor, empezaba a intuir por qué Hannah había desarrollado aquel sentido del humor tan negro. Su abuela era judía y había huido de Alemania justo a tiempo en la década de 1930, y la nieta era voluntaria en un centro de sobrevivientes del Holocausto situado en el norte de Londres. Durante años, el grupo con el que se relacionaba estaba formado mayoritariamente por gente que había estado en campos de concentración. Yo llegué a tener amistad con una de aquellas sobrevivientes que ella me presentó, Trude Levi, que el día en que había cumplido veintiún años se había desmayado en una de las llamadas «marchas de la muerte». A Hannah le gustaba decir que no era casualidad que los judíos y los irlandeses hubieran vivido dos de las historias más espantosas de Europa y tuvieran el mejor sentido del humor. La gente se ríe para sobrevivir. Bromea para soportar. Una de sus heroínas era Joan Rivers, una comediante muy irreverente que, después de que su esposo se suicidara, se subió al escenario y, como frase inicial de su espectáculo, soltó: «Mi esposo se suicidó y es culpa mía. Ya sé que no debería haberme quitado la bolsa de papel de la cabeza mientras me estaba cogiendo».

Durante años, Hannah y yo acudíamos al Festival de Edimburgo, un volcán de cultura en el que decenas de miles de personas dedicadas a las artes escénicas recorren las calles medievales de la ciudad y actúan ante más de un millón de visitantes todos los años. Si paseas por la Royal

tir de personas conocidas. No estoy seguro de si Hannah le contó esa historia graciosa a la persona que dibujó los bocetos y estos se basaban en lo que ella decía; o si fue Hannah la que la oyó de la persona que los dibujó y me la contó a mí. Si alguien conoce el nombre de la persona que los dibujó, le ruego que me lo haga saber, y lo incluiré en los créditos de las siguientes ediciones del libro. *(N. del. A.)*.

Mile (la arteria principal de la ciudad), a tu alrededor ves a gente representando fragmentos de sus obras: hacen malabares, bailan, te entregan folletos... Inspirados en la experiencia de *Atlántica*, buscábamos expresamente las obras con las peores perspectivas y las veíamos todas: *Graham, el ciego más veloz*, un musical sobre un esprínter... ¿invidente? Y allí íbamos tan rápido como podíamos. Cada tarde nos tomábamos nuestras malteadas en Filling Station, un restaurante de la Royal Mile. Hannah tenía una manera increíblemente cautivadora de hacerse amiga de la gente: la atraía con una mezcla de vulnerabilidad extrema y de extrema vulgaridad. Sus chistes recurrentes eran tan groseros que no puedo dejar constancia de ellos por escrito, ni siquiera aquí. Pero lo que sí puedo contar es que, un día, una de las meseras de Filling Station se rio tanto con uno de sus chistes obscenos que me derramó encima una malteada de plátano.

Una noche, un actor estadounidense nos explicó que existía un lugar del que no habíamos oído hablar nunca. En Las Vegas, nos dijo, hay un restaurante llamado Heart Attack Grill. En la entrada tienen dispuestas varias básculas para pesar ganado, y si pesas más de 160 kilos, comes gratis. En cuanto cruzas la puerta, te hacen firmar una exoneración de responsabilidad en la que consta que, si la comida te provoca un infarto, la responsabilidad es exclusivamente tuya. Acto seguido te cubres con una bata de hospital, y las meseras te sirven vestidas de enfermeras. Si no te terminas las enormes raciones que llegan a la mesa, te azotan con una pala.

Al saber de la existencia de aquel local, nos prometimos al momento que algún día iríamos y sellaríamos nuestra amistad con una malteada de plátano.

A Hannah le gustaba hablar con hombres sobre cuestiones abiertamente sexuales en lugares públicos. Le encantaba ver las caras de desconcierto de la gente, como si se negara a avergonzarse de su peso y de su cuerpo, como si desafiara al mundo para que la aceptara tal como era. Había algo suave y melifluo en su voz, que muchas veces contrastaba con las cosas que decía (en una ocasión me confió que quería que la gente que la oía sintiera que estaba escuchando a una presentadora de programa televisivo infantil leyendo en voz baja las palabras de Charles Manson).

Con todo, junto con ese espíritu lúdico y alegre, a veces vivía unos arrebatos repentinos en los que se apoderaba de ella un miedo espantoso. Experimentaba ataques de pánico que parecían salidos de la nada. Detestaba montarse en transportes públicos. Tomaba dosis muy altas de antidepresivos. Estaba convencida de que la política podía convertirse en algo muy oscuro de manera muy rápida, de que la estabilidad en la que vivíamos resultaba una ilusión y el mundo se convertiría en un gran osario, por lo que nuestra misión consistía en divertirnos todo lo posible, antes de que nos consumiera (el 7 de julio de 2005, tras el atentado terrorista del metro de Londres, me envió un mensaje inmediatamente: «Ahora ya entiendes por qué yo he sido siempre más de taxis»). Su nivel de miedo se correspondía más con uno de los sobrevivientes del Holocausto para los que trabajaba como voluntaria que con una persona que había vivido en Gran Bretaña en las décadas de 1980 y 1990. Estaba siempre alerta, como dispuesta a salir huyendo.

Nunca hablábamos de por qué comía tanto, salvo a nuestra manera jocosa, obsesiva, surrealista. Jamás la oí expresar preocupación alguna por su peso. En una ocasión vimos juntos un documental sobre una persona tan obesa que habían tenido que desarmar su casa para poder sacarla y llevarla al médico a iniciar un tratamiento. Y ella dijo: «Ya tengo una nueva meta en la vida».

Nuestra amistad se convirtió en un constante intercambio de bromas y obsesiones compartidas. Nos encantaban los musicales de Stephen Sondheim, y nos vanagloriábamos de que nuestro favorito fuera, en aquella época, el más siniestro de todos: *Merrily We Roll Along* [Felizmente, avanzamos]. Es la historia de tres amigos que se cuenta desde el final: empieza con los personajes principales como cuarentones avejentados, amargados y alcoholizados, y va retrocediendo, escena a escena, hasta que los vemos jóvenes, ingenuos, optimistas, en sus inicios. Una de las canciones, titulada «Old Friends», explica que, aunque uno discuta con sus viejos amigos, siempre van a estar ahí, como estrellas polares que guían nuestra manera de vivir. Yo la consideraba nuestra canción, de Hannah y mía.

Pero entonces ocurrió algo. Cada vez que nos veíamos, a mí me asombraba de nuevo que fuera una de las personas más inteligentes que había conocido en mi vida. Siempre se le ocurrían ideas brillantes, como salidas de la nada. Por ejemplo, el día en que Estados Unidos invadió Afganistán, ella empezó a improvisar, durante la cena, una novela sobre un agente secreto estadounidense en Kabul, escrita en el estilo de Raymond Chandler. Todavía recuerdo cómo empezaba: «Llevaba el burka ceñido y era ligera de cascos». La animé a escribirla y a trasladar al papel todo su talento. Yo por entonces empezaba a tener cierto éxito como periodista, pero ella pasaba muchas horas en casa, sin trabajar, angustiada. A mí me parecía que Hannah había optado por mantenerse oculta. La presionaba para que hiciera más cosas, y cuanto más la impulsaba, más se retiraba ella. Empezamos a discutir. Yo la presionaba para que fuera todo lo que me parecía que podía ser. Al pensar en ello en retrospectiva, quizá a ella le parecía que la juzgaba y la condenaba.

Mi frustración crecía con nuestras discusiones cada vez más frecuentes. Todos los destellos de genialidad que veía en ella me parecían más desperdiciados aún. ¿Por qué solo podíamos disfrutarlos yo y su pequeño círculo de amigos? ¿Por qué dejaba que se los llevara el viento?

En algún momento, aquella dinámica hizo que nos alejáramos el uno del otro. La última vez que recuerdo haberla visto fue en 2008, cuando asistimos a la victoria de Obama en una gran fiesta que organicé en mi departamento. Pero aunque la distancia entre nosotros se había agrandado desde la última vez que nos habíamos visto, estaba convencido de que nuestros caminos volverían a cruzarse en algún momento. Habíamos compartido tantos chistes, tantas bromas, que nuestro vínculo no podía romperse. Muchas veces oía algo gracioso y pensaba: «Tengo que llamar a Hannah y contárselo». En mi mente siempre estaba en alguna parte, parando un taxi, con una malteada en la mano y riéndose, riéndose siempre.

Entonces, una mañana, a principios de 2021, recibí una llamada. La familia de Hannah había publicado en Facebook la noticia de su muerte. En los días que siguieron, telefoneé a los amigos mutuos que seguían en contacto con ella. Ellos me contaron lo que sabían. Hacía unos años se le había desarrollado un dolor de espalda severo y había empezado a tomar analgésicos con opiáceos en su composición. Se volvió adicta y le resultó muy difícil superarlo, pero lo consiguió. Posteriormente, desarrolló diabetes tipo 2. Y más tarde le diagnosticaron un cáncer. Dado que temía recaer si le administraban opiáceos, soportó el duro tratamiento con mucho sufrimiento. La enfermedad la debilitó, pero sobrevivió a ella. Entonces se contagió de coronavirus, y se debilitó aún más, pero también lo superó. Al final, una noche, se atragantó mientras comía y le dio en un paro cardiaco.

Me costaba mucho creer que alguien que disfrutaba tanto de la vida pudiera morir con poco más de cuarenta años. Repetía mentalmente sus viejos chistes y sus ocurrencias, una y otra vez, anotaba todos los que recordaba, como si fueran a esfumarse. Me entristecía profundamente saber que no se había puesto en contacto conmigo cuando se enfermó. Debió de pensar que la juzgaría, o que no iría a verla.

El núcleo de nuestro sentido del humor era nuestro amor por la comida poco sana y nuestro empeño en consumir enormes cantidades épicas. Pensar en ello en ese momento me daba náuseas: todos, independientemente de nuestro peso, podemos atragantarnos, y nuestro corazón puede pararse de pronto. Pero parecía muy probable que su obesidad le hubiera causado la muerte. Aquella sucesión de enfermedades la había debilitado, y la obesidad es un factor de riesgo en el caso del cáncer, y hace que aumente la probabilidad de complicaciones con el covid, y que falle el corazón en una situación comprometida. También sospecho que su manera compulsiva de comer y de introducirse grandes cantidades de alimento en la boca pudo contribuir al atragantamiento.

Leía aquellas bromas que recordaba, las que había anotado en un papel, y quería reírme con ellas una vez más, pero se convertían en polvo en mi boca.

No mucho después me encontraba en Las Vegas investigando para otro libro. Decidí mantener la promesa que nos habíamos hecho y me desplacé hasta el Heart Attack Grill para brindar por nuestra amistad con una malteada de plátano. Al llegar a la puerta me fijé en la gente que se pesaba en aquellas básculas para ganado con la esperanza de superar los 160 kilos para que la comida les saliera gratis. Vi a las meseras vestidas de enfermeras que azotaban a los que no se terminaban sus gigantescas raciones de papas

fritas. Y a los comensales que devoraban unas hamburguesas inmensas, y malteadas enormes, y unos aros de cebolla
que ocupaban todo el plato. No tuve el valor de entrar.
Sentí que, a fin de cuentas, el chiste era a nuestra costa.

Al parecer, Iósif Stalin dijo que una muerte es una tragedia,
pero que un millón de muertes son una estadística. Supongo que desde que era adolescente yo sabía que los principales organismos científicos del mundo advierten que la obesidad mata cada año a una gran cantidad de personas, pero
cuando tenía veinte, treinta años, aquello era algo abstrac-
to para mí. Ahora, Hannah había dejado un vacío en el
mundo. Estoy convencido de que nadie en mi vida podrá
volver a llevarme a esas risas tan entregadas, tan histéricas,
de la infancia a las que ella me llevaba.

La muerte de Hannah debería haberme servido de advertencia. De niño, prácticamente solo comía comida chatarra y alimentos procesados, pero no engordé hasta el final
de la adolescencia, cuando empecé a tomar medicamentos
antidepresivos. Desde entonces, mi peso había fluctuado
entre estar ligeramente por debajo del peso considerado
normal y una obesidad considerable, entre los 90 y los 116
centímetros de cintura.

Cuando la pandemia empezaba a quedar atrás, yo volvía a adentrarme en la zona de peligro. Mido 1.78 metros,
y pesaba 92 kilos, con un índice de masa corporal (IMC)
apenas por debajo de los 30 puntos, lo que no estaba nada
bien. Pero mis otros indicadores estaban aún peor. Cuando, en el gimnasio, mi entrenador me sometió a mediciones para ver qué porcentaje de mi cuerpo era grasa, torció
la cara al ver el resultado: el 32 por ciento. «Si fuera un
bocadillo, sería mejor que no me comieras», le dije con una

sonrisa poco convincente. Después, al buscarlo en Google, me enteré de que el animal más seboso del reino animal, la ballena, tiene un 35 por ciento de grasa corporal.

Sabía bien que, en mi caso concreto, esa realidad no era saludable. Mi abuelo había muerto de un infarto cuando tenía la edad que tengo yo ahora, cuarenta y cuatro años. Mi tío había muerto a los sesenta y tantos, también de un ataque al corazón. A mi padre le habían diagnosticado diabetes y habían tenido que someterlo a un baipás coronario cuádruple a los setenta y pocos. Y lo peor de todo: mi grasa se concentraba en el peor lugar posible para mi salud. La doctora Shauna Levy, especialista en obesidad en la Escuela Universitaria de Medicina de Tulane, Nueva Orleans, me explicó que si la grasa se encuentra uniformemente distribuida por el cuerpo resulta menos perjudicial para la salud que en el caso de la gente con «adiposidad central», es decir, que presenta los brazos y las piernas delgados pero abdomen prominente. Estos tienen mayores probabilidades de sufrir diabetes e hipertensión arterial. Pero a mí me encanta la vida. Quiero tanta vida como sea posible. Quiero seguir en este mundo mucho tiempo (ya me parece oír a Hannah responder a lo que acabo de escribir: «¿De verdad crees que la vida te gusta más que la salsa Big Mac?»).

Ya había recibido avisos sobre mi peso en otras ocasiones, pero no me había dado por aludido. A veces, algún sobresalto me llevaba a reducir el consumo de comida chatarra y a hacer más ejercicio, y cuando lo hacía los resultados eran bastante espectaculares. Hubo incluso algunos años en los que estuve en la franja baja de mi IMC, y hasta se me marcaban los pómulos, que afloraron como el continente perdido de la Atlántida desde las profundidades del mar. Pero tarde o temprano siempre recuperaba peso, y cuando lo hacía me deprimía y me sentía avergonzado. Es cierto que nunca fui tan obeso como Hannah, pero sospechaba que mi riesgo de sufrir problemas cardiovasculares era superior al suyo.

A pesar de todas mis dudas evidentes respecto del Ozempic, también me preguntaba si podía ser una manera de eliminar parte del peligro al que estaba sometida mi salud. Me enteré de que varias personas a las que conocía ya lo estaban consumiendo. Los hombres lo admitían bastante abiertamente, mientras que las mujeres recurrían a largas explicaciones sobre el ayuno intermitente o un *spa* nuevo maravilloso, antes de admitir finalmente que sí, que también lo estaban tomando. Yo notaba que estaban perdiendo peso, y sus médicos les decían que, en su caso, todos los indicadores de salud básicos mejoraban de forma espectacular.

Me asaltaban las dudas sobre mi peso, sobre aquellos medicamentos, sobre el futuro. No dejaba de pensar en Hannah. Permanecía despierto por las noches y marcaba su número de teléfono en el celular. Nos habíamos hecho amigos justo antes de que se extendiera el uso de los celulares, y el suyo era el último que había guardado en la memoria del mío. Pensaba en todas las cosas que habría querido contarle, en todos los chistes que había oído, en todo lo que lamentaba y quería compartir con ella.

Y entonces, de una manera bastante repentina, decidí que sí, que quería empezar a tomar el medicamento. Fue una decisión que tomé de golpe, y posteriormente me di cuenta de que respondía a unos impulsos que en ese momento no entendía bien. Acudí a un médico privado, quien, tras unas breves preguntas y una exploración somera, aceptó recetarme Ozempic. Transcurridos unos días, llegó un mensajero a casa con un paquete blanco. Estaba tan nervioso que no lo abrí ese día. Al día siguiente asistí a la fiesta de un amigo, y allí lo abrimos todos en grupo. Contenía una especie de marcador azul, grueso, y varias agujas blancas muy delgadas. Yo detesto las jeringas —soy el clásico gallina que aparta la mirada y tiene que cantar para sus adentros cuando le sacan sangre—. Pero aquellas agujas eran diminutas. Las instrucciones explicaban que, una vez a la semana, lo único que tenía que hacer era introducir una de aquellas agujas tan delgadas en el extremo del lápiz, clavármela en el estómago y apretar la base del dosificador para que el contenido se introdujera en mi torrente sanguíneo.

Cuando me lo clavé en los rollitos de la cintura, noté muy poca cosa, un piquete que no era peor que el de un insecto. Solo oí una especie de goteo procedente del dosificador en el momento en que se liberaba el medicamento. Y el Ozempic empezó a fluir por mi organismo por primera vez.

Conozco a algunas personas que han tenido experiencias cercanas a la muerte, y que afirman que sí, que vieron pasar destellos de su vida delante de sus ojos. En ese momento, a mí me ocurrió algo parecido con mi vida culinaria. Imaginé toda la comida que había engullido desde que era niño. Vi mentalmente las chucherías, aquellas setas y aquellos platanitos de un amarillo chillón hechos de azúcar que me metía en la boca a los cinco años. Pensé en los palitos de papa con sal y vinagre tan populares en la década de 1980. Me imaginé tanto pollo frito del KFC que ni el famoso Coronel Sanders habría podido imaginarlo junto en sus sueños más húmedos y más descabellados.

Imaginé los centenares de sucursales de McDonald's a las que había acudido por todo el mundo, una especie de útero de plástico en el que siempre podía buscar refugio estuviera donde estuviese. Visualicé el McDonald's situado en el punto más bajo de la tierra, concretamente en el mar

Negro de Israel. Y el primero que abrió en Rusia, símbolo de la libertad occidental, y que había cerrado poco después de que yo lo visitara a causa de la invasión de Ucrania. Me vino a la mente el local de McDonald's que más adoro, ubicado en el Strip de Las Vegas, un poco más allá del Luxor, donde todos los clientes son o bien turistas que se han perdido o bien indigentes que viven en túneles, bajo la ciudad. Y también el más terrorífico de todos los que he visitado, en El Salvador, donde había un guardia en la puerta armado con un enorme machete. Le pregunté por qué lo llevaba y me respondió que era porque las autoridades les habían quitado las ametralladoras. En todo el mundo existen 38 000 locales de McDonald's, y a mí me parecía que podía verlos todos frente a mis ojos, difuminándose lentamente.

Me levanté y me froté el punto del abdomen en el que me había inyectado con aquella aguja. No notaba nada.

Aquel me parecía un momento histórico muy raro: un momento en que casi la mitad de la humanidad estaría dispuesta a inyectarse un medicamento para que se le quitaran las ganas de comer. Me pregunté cómo había llegado a ese punto. Y, más importante aún: ¿cómo *habíamos* llegado a ese punto?

Para entender lo que esos fármacos van a significar para todos nosotros, emprendí un viaje alrededor del mundo y entrevisté a más de cien expertos y personas afectadas por estas cuestiones. Tuve ocasión de conocer a algunos de los científicos que han sido claves para el desarrollo de esos fármacos, así como a algunos de sus mayores críticos. Seguí la estela de sus descubrimientos, que me llevó a algunos lugares inesperados, desde un estadio en Islandia lleno de adolescentes que practicaban el salto de trampolín, hasta un local de Minneapolis en el que una experta en dietas me vio comerme un rollo de canela, pasando por un restaurante de Tokio donde se sirve un pescado venenoso.

Lo que aprendí resulta complejo. Si quien lee estas líneas está buscando un libro que apoye de manera firme esos medicamentos o, al contrario, un texto que los condene, me temo que no puedo ofrecérselo. Cuanto más se profundiza en el tema y más se amplía el debate sobre la obesidad, más complicado se vuelve. Por lo que respecta a la comida y a la dieta, ansiamos encontrar soluciones simples, pero la cuestión está plagada de complejidades, salpicada de signos de interrogación en cada esquina. Inicié mi recorrido lleno de dudas, y lo terminé sabiendo muchas más cosas, pero aun así dominado por la incertidumbre. Espero que, en el fondo, eso sea una fortaleza. Graham Greene, uno de mis escritores favoritos, dijo en una ocasión: «Cuando no estamos seguros, estamos vivos».

Y yo me he sentido extrañamente vivo mientras trabajaba en la preparación de este libro. La verdad es que estos fármacos presentan inmensos beneficios potenciales, pero también inmensos riesgos potenciales, y quien lea este libro los valorará de manera diferente. Mi esperanza es que seamos capaces de abrirnos paso juntos a través de toda esa complejidad.

Si lo hacemos, veremos que estos fármacos resitúan —y, hasta cierto punto, pueden incluso llegar a resolver— algunos de los debates más viejos y más anticuados sobre la obesidad. ¿Por qué hemos ganado tanto peso en los últimos cuarenta años? ¿Qué causa realmente el aumento de peso? ¿Perder peso es cuestión de fuerza de voluntad? ¿Cómo deberíamos pensar en nuestros cuerpos?

Es mi deseo advertir, de entrada, sobre algunos aspectos. En primer lugar, yo no soy científico. Soy un periodista que adquirió una formación rigurosa en ciencias sociales en la Universidad de Cambridge. Los expertos son las personas a las que he entrevistado, no yo.

En segundo lugar, por lo que se refiere a estos fármacos, es mucho lo que no se sabe, e incluso lo que se conoce es objeto de acalorados debates. Los científicos discrepan aun en los aspectos más básicos. Estamos ante un experimento de masas, que se lleva a cabo con millones de personas, y yo soy uno más de sus muchos conejillos de Indias. A lo largo del libro voy a llamar la atención sobre aquello que se sabe hoy en día, y, en relación con los puntos en los que existe discrepancia entre científicos, mi intención es resumir las diferentes posturas de manera comprensiva y respetuosa.

En tercer lugar, la controversia sobre el Ozempic y los demás medicamentos pensados para la pérdida de peso se complica todavía más por el hecho de que este tiene lugar simultáneamente al debate necesario sobre la manera de superar el estigma que recae sobre las personas con sobrepeso y obesidad. En este caso, la discusión es tan sensible que incluso el uso de palabras como *sobrepeso* u *obesidad* disgustará e indignará a algunos. A mí me desagrada enormemente disgustar a gente que ha tenido que soportar la mucha crueldad vertida sobre ella. Entiendo muy bien a quienes abogan por la positividad corporal, y en varios aspectos fundamentales creo que tienen razón, que la ciencia las avala y que debemos hacerles caso. Pero, tras darle muchas vueltas, no creo que tengamos que dejar de usar esas palabras. La Organización Mundial de la Salud (OMS), el organismo médico más importante del mundo, define el *sobrepeso* o la *obesidad* como «una acumulación anormal o excesiva de grasa que plantea riesgos para la salud». Existen abrumadoras evidencias que indican que se trata de un fenómeno real: aumentar de peso más allá de ciertos niveles puede resultar perjudicial para la salud. Las pruebas son tan contundentes como las de que fumar causa cáncer de pulmón. Por ello, los más destacados organismos médicos del mundo siguen advirtiendo de la crisis de la obesidad.

Si renunciamos a ese lenguaje, perdemos la capacidad de describir una parte crucial de la realidad, y aunque pueda proporcionar un alivio psicológico temporal, al final no ayuda a nadie. Por razones que se irán aclarando, considero posible oponerse al estigma tóxico que se impone a las personas con sobrepeso y, a la vez, explicar, con amor y comprensión, las evidencias científicas sobre la obesidad y las razones por las que hace falta buscar soluciones para acabar con ella.

En todas y cada una de las etapas de la elaboración de este libro, regresaba mentalmente a *Merrily We Roll Along*, el musical que tanto nos gustaba a Hannah y a mí. Pensaba una vez más en su trama; al inicio de la obra, conocemos a tres amigos cuando ya son de mediana edad y están avejentados y desencantados y, con cada escena, el reloj va hacia atrás y los vamos viendo volverse más jóvenes y más sanos. En el más optimista de los escenarios, eso es lo que esos medicamentos parecen ofrecernos. Con ellos conseguimos hacer retroceder el reloj y llegar a un mundo en el que personas como Hannah pueden gozar de buena salud.

Pero, como iba a descubrir, en el pasado ya hemos vivido episodios en que otros fármacos nuevos relacionados con la dieta se anunciaban como «píldoras mágicas», y tuvieron que retirarse de los estantes de las farmacias porque resultaban más mortíferos que la propia obesidad.

Las sustancias que nos ocupan pueden considerarse píldoras mágicas en tres sentidos. En primer lugar, podrían ser una solución al problema, una solución tan rápida y tan sencilla que parece casi milagrosa. En segundo lugar, podrían acabar siendo, sin pretenderlo, algo ilusorio que, tras una inspección más detallada, no fuera lo que parece. Quizá no siempre funcionen como se afirma, o podrían venir acompañados de efectos adversos no siempre apreciables a primera vista. Pero también podrían ser mágicas en un tercer sentido: quizá una de las historias más conocidas sobre la magia es *Fantasía*, la película de animación de Disney. Se trata de una parábola sobre lo que ocurre cuando se desencadena una fuerza desconocida como es la magia, que puede descontrolarse muy fácilmente y causar unos efectos que en un principio no podían preverse.

Por eso, al notar que el Ozempic empezaba a circular por mis venas, sentí la necesidad de saber cuál de las tres clases de magia era aquella.

I

Encontrar el cofre del tesoro

Cómo funcionan los fármacos

Abrí los ojos y al momento me di cuenta de que había algo raro. Apagué el despertador y seguí en la cama cinco minutos más, intentando descubrir qué era. Hacía dos días que había empezado a tomar Ozempic. Sentía unas ligerísimas náuseas, nada grave; si me hubieran dado cualquier otro día, no me habrían impedido hacer nada. Así que no, no era eso. Tardé un rato en darme cuenta. Yo siempre me despierto con un hambre feroz, pero esa mañana no tenía nada de apetito. Nada. Se había esfumado.

Me levanté de la cama y, en piloto automático, inicié mi rutina matutina. Salí de casa y me dirigí a la cafetería local, que atiende una mujer brasileña llamada Tatiana, donde siempre pido lo mismo: un pan tostado con pollo y mayonesa. Mientras estaba ahí sentado, leyendo el periódico, me trajeron el desayuno y yo lo miré. Sentí como si estuviera contemplando un bloque de madera. Di un bocado. Sabía bien. Normal. Di tres o cuatro bocados más y noté que ya estaba lleno. Dejé casi todo el pan en el plato. Cuando ya me iba, Tatiana me gritó: «¿Te encuentras bien?».

Llegué a mi oficina y me pasé tres horas escribiendo. Por lo general, antes de las doce me tomaba un tentempié, algo pequeño y dulce, y poco después de la una bajaba a comer en un café turco de la calle. Pero eran las dos de la tarde y no tenía nada de hambre. Aun así, la fuerza de la costumbre se impuso, una vez más, me metí en el café y pedí lo de siempre: la ración grande de cordero mediterráneo con arroz y pan. Conseguí comerme una tercera parte. Por primera vez lo encontré demasiado salado, como si hubiera tragado agua de mar.

Escribí un poco más, y a las siete de la tarde salí de la oficina porque tenía una cita con un amigo en Camden Market, uno de mis lugares favoritos de Londres. Recorrimos los locales, contemplando las comidas de todo el mundo que se ofrecían en ellas. Normalmente me habría llenado comiendo de tres puestos distintos, pero esa noche no tenía hambre. Apenas fui capaz de dar cuatro bocados. Llegué a casa agotado y me acosté muy temprano, a las nueve, algo insólito.

Cuando hubo pasado la primera semana, me sentía como si las persianas de mi apetito se hubieran cerrado y solo pudieran atravesarlas unos pequeños haces de luz. Tenía un 80 por ciento menos de hambre de lo que era habitual en mi caso. La ligera sensación de náuseas seguía yendo y viniendo.

Cuando me subía al autobús, o a algún coche, me mareaba exageradamente. Y cada vez que comía me llenaba enseguida. La mejor manera que tengo de transmitirlo es pedirte que imagines que te acabas de comer toda una comida navideña, sin saltarte nada, y que entonces alguien llega y te ofrece otra comida completa, desde el principio. Hay gente que explica que el Ozempic hace que la comida le resulte desagradable. En mi caso, más allá de unas cantidades muy pequeñas, me resultaba inasumible.

La quinta noche, una amiga vino a casa a ver una película y entramos a Uber Eats con la idea de pedir algo de cenar. La aplicación me sugirió mis opciones de siempre. Vi claramente que en ese momento no podría comer nada de todo aquello. Así pues, ella pidió un kebab y yo una sopa de verduras. Al sexto día vi a mis ahijados, y me dijeron que querían ir a un McDonald's. Ellos se pidieron sus Cajitas Felices, y al ver que yo no pedía nada, uno de ellos me dijo, desconfiado: «¿Tú quién eres? ¿Y qué le hiciste a Johann Hari?».

Me interesaba saber qué le estaba ocurriendo a mi cuerpo. Suponía que las personas que mejor podrían ilustrarme al respecto eran los científicos que habían hecho los descubrimientos que condujeron al desarrollo del Ozempic y los demás medicamentos concebidos para perder peso. Así pues, empecé a localizar a muchos de ellos y a entrevistarlos, lo que también hice con otros importantes científicos especializados en el mismo campo. Casi todos ellos han recibido financiación de las compañías farmacéuticas que en la actualidad se benefician de esos fármacos, un dato a tener muy presente si vamos a escuchar lo que dicen.

Ellos me contaron que todos aquellos efectos extraordinarios eran consecuencia de manipular una hormona diminuta conocida como péptido similar al glucagón tipo 1 (GLP-1, por sus siglas en inglés), que existe en mis intestinos y en mi cerebro, y en los tuyos. Para comprenderlo mejor, creo que ayudará que expliquemos cómo se descubrió.

Un día de 1984, un investigador canadiense de veintiocho años, delgado, entró en un laboratorio del Hospital General de Massachusetts y, sin saber por qué, instintivamente, se sintió incómodo. A Daniel Drucker le habían asignado un trabajo en uno de los inmensos edificios de la institución, y esperaba encontrarse con unas instalaciones relucientes y modernas. Pero al llegar descubrió que el lugar estaba viejo y descuidado. Desde su sitio oía los arrullos de unas palomas que habían anidado en el tejado, justo por encima de su cabeza, y que amenazaban con defecar y contaminar cualquier experimento que pudiera llevar a cabo.

Sabía que, para empezar, si él había llegado hasta ahí había sido porque el destino había dado unas cuantas vueltas. Su madre había nacido en Polonia y había huido de los nazis por poco. De hecho, un día después de su salida del gueto, a su madre y a su hermana las mataron a tiros. Ella sobrevivió escondiéndose en desvanes. Incluso cuando ya se hallaba a salvo en Canadá, y ya sabía que sus familiares habían sido asesinados, nunca dejó de buscarlos. A su hijo le decía: «¿Y si el testigo que vio cómo las mataban se equivocó y todavía están vivas en alguna parte, buscándome a mí?».

Daniel se formó como especialista en la tiroides, y quedó sorprendido y decepcionado cuando el director del laboratorio le informó que en el hospital no había ningún proyecto relacionado con la tiroides y le asignó otro. El cuerpo humano está formado por células, y en la década de 1970, la ciencia había descubierto nuevas herramientas con las que entender por primera vez qué ocurría en su interior. Había expertos que se dedicaban a descifrar muchas de ellas, y a Daniel lo destinaron a desentrañar el funcionamiento interno de algo conocido como el gen glucagón, que se produce en el páncreas. Se sabía muy poco de su estructura profunda. Y le pidieron que averiguara más.

Se trataba de algo que no le entusiasmaba especialmente, pero era trabajo, de modo que se puso manos a la obra. Le resultaba difícil. A mí me contó que en cuestiones de medicina clínica «era muy capaz», pero cuando entraba en el laboratorio, se sentía totalmente incapaz. «Nunca había realizado ese [tipo de] trabajo antes. Y me costaba». Cuando consiguió llevar a cabo con éxito un experimento que desvelaba el funcionamiento de aquella célula en concreto, se sintió aliviado por haber «conseguido hacer algo con estas manos mías tan torpes»... y por que las palomas no se hubieran cagado en los resultados.

A medida que investigaba sobre el gen glucagón, empezó a fijarse en un aspecto en concreto. Sabía que el gen comprendía varias partes constitutivas diferentes —se trata de una cadena larga—, y una de ellas, situada en un extremo, era un fragmento de código genético general, etiquetado como GLP-1. Daniel y los demás científicos de su equipo pretendían determinar si aquella parte del gen era solo un fragmento de código inerte o redundante que no hacía nada por sí mismo, o si podía descifrarse e investigarse como algo por derecho propio. Tras mucho experimentar, descubrió que, de hecho, podía separarse del código más amplio.

Una vez que supo que sí podía hacerse, pasó a preguntarse qué es lo que hace en realidad el GLP-1. Decidió empezar por ponerlo en placas de Petri a fin de observar cómo interactuaba con diferentes elementos químicos que se encuentran en esa parte del cuerpo.

Fue una de aquellas tardes cuando intentó algo que, según me contaría años más tarde, sería su «momento eureka», un momento que remodelaría su carrera profesional y las vidas de millones de personas, incluida la mía.

Al mezclar el GLP-1 con ciertas células productoras de insulina, comprobó que ocurría algo asombroso: el GLP-1 estimulaba la creación de insulina. Había algo en aquella diminuta hormona gastrointestinal capaz de estimular la fabricación de otra hormona, en este caso esencial para regular nuestros niveles de azúcar en la sangre y mantenernos con vida.

Pensó al momento en la diabetes, el trastorno médico por el que el cuerpo no es capaz de producir suficiente insulina, lo que conduce a una gran variedad de efectos desastrosos para la salud. En aquella placa de Petri que tenía delante, veía que el GLP-1 «fabricaba más insulina». Así pues, ¿podría usarse para tratar a los diabéticos? Otra científica del equipo, Svetlana Mojsov, trabajó con un grupo de colaboradores para introducir GLP-1 en el páncreas de una rata. Y descubrió que, también ahí, este conducía a la creación de más insulina. Eso implicaba que no solo funcionaba en una placa de laboratorio, sino también en un ser vivo.[1] Más o menos de manera simultánea, un equipo de Copenhague introdujo el GLP-1 en el páncreas de un cerdo. Y constató que se generaba el mismo efecto.[2]

Pero encontrar la manera de aplicar el hallazgo a personas diabéticas iba a ser un camino muy largo, y antes de emprenderlo se presentarían unos giros de lo más surrealistas.

A casi cinco mil kilómetros de donde se encontraba Daniel, en el londinense Hospital Hammersmith, John Wilding se sentía perplejo. Era un médico joven, y un día, a principios de la década de 1990, le informaron que había un hombre al que debía atender sin demora en urgencias, un hombre al que habían llevado hasta allí de una manera muy poco habitual.

Cuando el equipo médico llegó al domicilio del paciente, descubrió que su grado de obesidad era tal que no pasaba por la puerta principal. Al ver que no había más opciones, llamaron a los bomberos para que rompieran las ventanas para así poder sacarlo con grúa.

John diagnosticó que el paciente padecía algo llamado hipoventilación por obesidad severa, un trastorno que a veces afecta a personas que ganan muchísimo peso y que consiste en que respiran con lentitud excesiva, lo que impide que el oxígeno llegue correctamente al organismo. Una vez diagnosticado, el paciente le contó a John que tenía un apetito insaciable: sentía que no podía dejar de comer, por más que lo intentara. Y, en efecto, el médico era testigo de que el paciente comía un sándwich tras otro. Poco después falleció a causa de una embolia pulmonar masiva.

John también se dedicaba a la investigación científica en el mismo hospital, y seguía con gran interés los primeros estudios sobre el GLP-1. Una vez que Daniel Drucker identificó que la hormona podía aislarse y que presentaba aquellos asombrosos efectos, los científicos empezaron a indagar otra cuestión, preguntándose dónde y cuándo se fabrica el GLP-1 en el cuerpo humano.

E hicieron un descubrimiento crucial.

Después de comer, nuestros niveles de GLP-1 se disparan en nuestro intestino. Ellos querían saber si se trataba de algún tipo de señal natural indicativa de que debemos dejar de ingerir alimentos, que ya hemos tenido suficiente, que estamos llenos.

Así pues, John se preguntaba: si el GLP-1 se segrega cuando comemos, ¿podríamos reducir el apetito de la persona provocando un aumento artificial de este? Inyectó GLP-1 en ratas y constató que, como sospechaba, ejercía un impacto drástico en su apetito. Era «un efecto bastante potente, en realidad», contó. Aquella fue la primera serie de pruebas que mostraban que el GLP-1 no solo afectaba a la insulina y al azúcar en la sangre; parecía presentar unos efectos que potenciaban la saciedad, la sensación de sentir el estómago lleno.[3]

A partir de ahí, los científicos se preguntaron si el GLP-1 podría usarse para ayudar a personas como el paciente de John, que había muerto en unas circunstancias tan espantosas.

El laboratorio prosiguió con sus investigaciones. Inyectaron GLP-1 directamente a personas, inyectándoselo en el abdomen con unas agujas diminutas. Y, por increíble que parezca, la cosa funcionó: se sentían más saciadas y comían menos. Pero había un problema: el GLP-1 aumenta en el estómago de manera muy brusca y después desaparece rápidamente. En cuestión de minutos se elimina del organismo. Así pues, para conseguir que la gente comiera menos debían inyectarles el péptido tres veces, y aun así su apetito solo quedaba saciado un breve periodo de tiempo. Resultaba prometedor, pero también frustrante. Aquellos experimentos demostraban que el GLP-1 ejercía un efecto real sobre el apetito humano, pero nadie se inyectaría nada tres veces al día para reducir mínimamente su apetito. Sus hallazgos no parecían apuntar a resultados prácticos en el mundo real.

A la luz de esos experimentos, el interés del GLP-1 como tratamiento potencial contra la obesidad empezó a decaer. En cambio, la investigación se concentró en otras hormonas gastrointestinales descubiertas recientemente, que según algunos científicos podían resultar más útiles. Parecía que aquella historia había terminado, y que la investigación sobre el GLP-1 era uno de los muchos callejones de la investigación científica que no conducían a ninguna parte.

Pero entonces, desde un campo totalmente diferente, llegó un descubrimiento.

Después de que Daniel y otros científicos de su laboratorio publicaran el código genético del GLP-1, en el Bronx, un bioquímico llamado John Eng se percató de algo raro: era casi idéntico al de una sustancia química que él había descubierto en el veneno del lagarto más mortífero de Estados Unidos.[4]

El monstruo de Gila es un reptil de movimientos lentos que habita los desiertos de Arizona y Nuevo México, y que en la edad adulta llega a alcanzar más de medio metro de longitud. Si alguien es lo bastante valiente como para cazar uno y le extrae el veneno, obtendrá una copia del GLP-1, aunque con una diferencia fundamental: si bien el GLP-1 natural se degrada en el cuerpo humano en cuestión de minutos, el veneno del lagarto es más potente y dura varias horas. Así pues, si se inyecta en un ser humano, será posible averiguar qué ocurre si sus niveles de GLP-1 se mantienen elevados durante un periodo de tiempo más largo del que se conseguiría de manera natural.

Después de leer la investigación de John Eng, Daniel Drucker —que seguía muy interesado en determinar si aquellos descubrimientos podían usarse para ayudar a los diabéticos— entendió qué debía hacerse con aquellos monstruos, intentarlo. Era fácil decirlo, pero no tanto hacerlo. Se trata de criaturas mortíferas, y su comercio está fuertemente regulado. Probó con algunos «traficantes de lagartos» que inspiraban poca confianza y que encontró en el directorio telefónico, en áreas donde estos reptiles vivían en libertad, pero constató que no podrían proporcionarle la documentación que necesitaba a fin de usarlos en sus investigaciones universitarias. Al final, Daniel convenció a la dirección de un zoológico del oeste del país para que le vendieran uno. «La verdad es que no sabía bien qué pensar —me contó—, porque yo no dejaba de repetirle al director:

"Ya sabe que voy a aplicarle la eutanasia a este animal, ¿verdad?". Yo, ingenuamente, creía que los zoológicos eran protectores de la vida salvaje. Pero él se limitó a decirme: "Son 250 dólares"». Uno de los colegas de Daniel se desplazó en avión hasta allí para recoger a la desafortunada criatura, y metió el lagarto en uno de los compartimentos superiores del avión en el viaje de vuelta. Cuando Daniel lo vio, ya en el laboratorio, quedó admirado por su belleza.

Gracias a ese pequeño monstruo que habitaba en el desierto, científicos de todo el mundo pudieron averiguar qué ocurre si se consigue que los efectos del GLP-1 duren más. Y descubrieron que cuanto más tiempo se mantiene en el organismo el GLP-1 (o una copia de este), más insulina produce el cuerpo. Así pues, las empresas farmacéuticas empezaron a hacer algo extraordinario: mejoraron la fabricación de copias del GLP-1 que duraran más y más en el organismo. De pronto, en vez de solo unos minutos, como el GLP-1 real, o unas cuantas horas, como el veneno de aquel lagarto, inventaron nuevos «agonistas» (o copias) de aquel capaces de permanecer en el organismo una semana entera antes de descomponerse. Recurriendo al veneno del lagarto y a otros métodos, crearon fármacos que contenían esas réplicas del GLP-1. En 2005, esos medicamentos fueron aprobados para el tratamiento de la diabetes, y su uso se extendió rápidamente por todo el mundo. Funcionaba. Los fármacos controlaban enormemente el azúcar en la sangre de los diabéticos y reducían sus problemas de manera significativa. «Se trataba de algo increíble, muy estimulante», comentó Daniel.

No tardaron en darse cuenta de otra cosa. Aquellos diabéticos también perdían mucho peso. Nadie les había pedido que se controlaran más, ni parecían estar haciendo grandes cambios en su estilo de vida, pero los kilos iban cayendo. Así que, en el Hospital Hammersmith, el equipo de John Wilding se interesó por saber si, al administrar ese mismo fármaco a personas obesas, y no a diabéticos, estas también perderían peso. Consiguieron la financiación de la farmacéutica danesa Novo Nordisk para llevar a cabo sus investigaciones.

Tuvieron que enfrentarse a un obstáculo importante e inmediato. Cuando la gente empieza a tomar esos medicamentos, muchas veces experimenta efectos secundarios desagradables. El más frecuente de ellos es la sensación de náusea, que puede ser muy acusada. Ello implicaba que los investigadores debían ir aumentando las dosis de manera muy lenta. Lo hicieron gradualmente, a lo largo de 16 semanas, hasta llegar a la dosis de 2.4 miligramos, que era la buscada. «Algunas personas perdían 25 o 30 kilos, algo que no habíamos visto nunca en ensayos clínicos —comentó John—. Estábamos muy impresionados, realmente». Un día de 2022, los ejecutivos de Novo Nordisk, desde sus oficinas centrales de Copenhague, convocaron a los científicos que trabajaban en ese campo, a través de una videoconferencia, para anunciar un hecho histórico. Al fin disponían de los resultados oficiales del mayor ensayo realizado administrando semaglutida a personas obesas.* Habían descubierto que las personas que habían participado en el experimento durante 68 semanas y habían recibido el fármaco real, perdían un promedio del 15 por ciento de su peso corporal, cifra que contrastaba con la de aquellas a las que se había administrado solo placebo, que era del 2.4 por ciento.[5]

---

* La semaglutida es un medicamento antidiabético que se usa para el tratamiento de la diabetes tipo 2 y la obesidad. Es un análogo del péptido similar al glucagón tipo 1 (GLP-1). *(N. del T.)*.

Aquello significaba que la semaglutida era el fármaco adelgazante más exitoso de toda la historia.

«Casi todos nos quedamos con la boca abierta —recordaba Robert Kushner, que llevó a cabo las últimas etapas de los ensayos clínicos—. Era como... Vaya... ¡Guau!». Fue como ese momento de un concurso en el que uno se da cuenta de que se ganó el premio mayor.

Según dijo: «Lo primero que pensé fue que aquello lo cambiaba todo».

Cada vez se sabían más cosas. Esas hormonas gastrointestinales crean en el cuerpo las señales naturales que nos dicen que dejemos de comer. Los científicos habían demostrado que si se crean réplicas de esas hormonas, se introducen en el organismo y se mantienen en él durante una semana, comemos mucho menos. Pero ese fármaco parecía cambiar no solo los cuerpos de los pacientes: también parecía cambiar sus mentes.

Robert me explicó que, antes, la gente que participaba en los ensayos clínicos estaba en muchas ocasiones obsesionada con la comida. Pero después, cuando tomaba el medicamento, contaba: «Toda esa comida que prefería y que siempre tenía ganas de comer... ya no me interesa. No pienso tanto en la comida».

La importancia de ese hecho, de que ese fármaco cambiara la manera de pensar de los pacientes, solo se hizo evidente más adelante, como veremos en otro capítulo.

En otros varios ensayos clínicos también se investigó un aspecto que resultaría de gran importancia para las personas que deseaban usar el medicamento. ¿Qué ocurre cuando se deja de tomar?

Resulta que la gente, en su mayoría, gana dos terceras partes del peso perdido en el año siguiente.[6] Un portavoz de Novo Nordisk me explicó que los ensayos clínicos «demuestran la probabilidad de recuperar el peso perdido una vez que se interrumpe el tratamiento con Wegovy. Los expertos clínicos consultados por Novo Nordisk consideran la obesidad una enfermedad crónica que debe abordarse de manera similar a otras cuestiones de salud a largo plazo, como la diabetes y la hipertensión».

Ello implica que para que el medicamento funcione hay que tomarlo para siempre. No es como ingerir un fármaco para tratar la malaria, que consiste en recibir un tratamiento, que termina y consigue la curación del paciente. En ese caso, la administración se parece más a la de las estatinas para la reducción de los niveles de colesterol, o a la de las pastillas de la presión arterial, que hay que seguir tomando porque, de lo contrario, pierden su efecto.

Dicho de otro modo, este medicamento no es un romance de verano; es un matrimonio para toda la vida.

Poco después de aquella reunión en Copenhague, Daniel Drucker, el científico canadiense que había sido el primero en identificar el GLP-1 en aquel laboratorio polvoriento y rodeado de palomas en 1984, escribió: «Se han necesitado casi cuatro décadas y la dedicación de miles de científicos para cambiar lentamente las opciones de personas con diabetes tipo 2, enfermedad cardiovascular y, ahora, obesidad».

En la actualidad, Novo Nordisk fabrica y comercializa dos formas de semaglutida: el Ozempic, para diabéticos, y el Wegovy, para personas con obesidad. Son el mismo fármaco, pero se venden para propósitos diferentes, y el Wegovy puede recetarse en dosis más elevadas.

Daniel me explicó que a menudo la gente se le acerca para preguntarle cosas sobre ese medicamento. Hace poco fue al dentista, y este lo acribilló a preguntas sobre el Ozempic, a pesar de que él tenía la boca llena de objetos metálicos y apenas podía hablar. «Actualmente, me resulta algo incómodo asistir a fiestas familiares. Me acorralan». Tiene un amigo en el club de golf que siempre ha comido mucho, y un día a Daniel le asombró que, de repente, le propusiera compartir una *pizza*. En veinte años de amistad, jamás le había ofrecido compartir una comida. Acto seguido, el tipo se volteó hacia sus compañeros golfistas y anunció: «Empecé a tomar el medicamento de Drucker. ¡Y ya no tengo hambre!».

Los científicos implicados creen que es solo el principio. En los últimos años, investigadores que trabajan para otra empresa farmacéutica, Eli Lilly, han empezado a experimentar con un fármaco llamado Mounjaro, que simula no solo el GLP-1, sino también otra hormona gastrointestinal conocida como polipéptido inhibidor gástrico (GIP, por sus siglas en inglés). Por increíble que parezca, las personas a las que se administró el medicamento perdieron, en promedio, el 21 por ciento de su peso corporal durante los ensayos clínicos.[7] Esa misma empresa ha desarrollado también otro fármaco conocido como «triple G», que estimula el GLP-1, el GIP y una tercera hormona llamada glucagón. Los primeros estudios apuntan a que con él se consigue una reducción de peso del 24.2 por ciento.[8] Robert Kushner, que participó en uno de aquellos estadios clave de los ensayos con fármacos contra la obesidad, me comentó: «Es como si por fin hubiéramos encontrado el cofre del tesoro

[...]. Lo que regula el peso corporal [...]. Las hormonas gastrointestinales». Como consecuencia de ello, actualmente hay en desarrollo más de setenta fármacos contra la obesidad.

Daniel me explica que pronto no harán falta inyecciones. «Es posible que, dentro de unos años, dispongamos de pastillas que se tomarán una vez al día, y esperamos que tengan unos efectos muy similares y potentes. En ese momento, en lugar de unas inyecciones que cuestan cientos de dólares al mes, o miles de dólares si uno vive en Estados Unidos, esas pastillas costarán entre uno y dos dólares al día». Como muestra de lo rápidamente que avanza esta historia, solo unos meses después de que me lo contara, se publicaron dos importantes estudios en los que se revelaba que unas pastillas de semaglutida (conocidas como Rybelsus) funcionan con la misma eficacia que las inyecciones.[9] Como explica Carel Le Roux, científico que ha desempeñado un papel fundamental en el desarrollo de estos fármacos: «Cuando se desarrolla un bebé, empieza gateando. Gatea mucho tiempo, y, sin más, un día se pone de pie y camina. Nosotros nos encontramos en ese punto de inflexión. Lo que ocurra en los próximos tres años va a ser increíble. Es muy emocionante».

A medida que esos medicamentos empezaban a usarse ampliamente en todo el mundo, los analistas financieros comenzaron a estudiar cuáles serían las implicaciones para la economía global. Unos estrategas del Barclays Bank instaron a los inversores a abandonar los mercados de la comida rápida y los *snacks*. Ya se ha producido una disminución del valor de los *stocks* de la empresa de donas Krispy Kreme, que los analistas han atribuido directamente a la creciente popularidad del Ozempic. De modo análogo, Mark Schneider, director ejecutivo de Nestlé, declaró que «las categorías relacionadas con alimentos y *snacks* son las más perjudicadas. En nuestro caso, afectará a la comida congelada, los dulces y, hasta cierto punto, los helados». Morgan Stanley ha calculado que, dado que la gente consume menos alcohol cuando se trata con esos medicamentos, la reducción del mismo en el mercado alcanzará los 35 000 millones de dólares en Estados Unidos en un periodo de dos años.

Los efectos se extienden en una onda expansiva que afecta a sectores imprevistos de la economía. Las empresas que se dedican a la venta de dispositivos para la implantación de prótesis de cadera y rodilla han visto disminuir drásticamente su valor, porque la obesidad causa graves daños en esas partes del cuerpo. Un analista que trabajaba para Jefferies Financial manifestó que las compañías aéreas se preparan para ahorrar millones de dólares al año, porque cuando los aviones los ocupan personas delgadas se ahorra en combustible. Incluso los joyeros han experimentado un cambio en su negocio, pues los dedos de las personas se encogen cuando estas pierden peso, por lo que contratan sus servicios para que les adapten los anillos de boda.

Cuando llevaba menos de seis meses tomando Ozempic, mi amiga Danielle quedó embarazada, y a medida que su embarazo se desarrollaba, me comentaba que ella y yo íbamos en trayectorias opuestas. Mientras a ella le crecía el abdomen, el mío menguaba. Había perdido casi 10 kilos. Según la tabla del IMC, había pasado de obesidad (que se marca con un color rojo chillón) a un sobrepeso medio (indicado en amarillo), y a medida que pasaban los meses y yo perdía otros 10 kilos, me situé en el extremo superior del peso saludable (representado con un color verde tranqui-lizador). Mi porcentaje de grasa corporal pasó del 32 al 22 por ciento. Era la pérdida de peso más rápida y más drástica de mi vida.

Me sentía más ligero, más veloz y, por tanto, más segu-ro de mí mismo, hasta el punto de empezar a pavonearme un poco. La gente se estaba dando cuenta: «Vaya, pero si estás adelgazando...», me decían mis conocidos cuando se encontraban conmigo en la calle. Uno de mis ahijados me comentó: «¡Eh, Johann, no sabía que tuvieras cuello!». Al tercer mes, el jardinero de mi vecino, que está guapísimo, se puso a ligar conmigo y me pidió mi teléfono.

Me di cuenta de que eso era exactamente lo que quería, y estaba entusiasmado (sobre todo por lo del jardinero). Al empezar el tratamiento me decía a mí mismo que lo hacía sobre todo por una cuestión de salud, pero ahora veía que, en mi caso, el deseo de verme mejor había sido una gran motivación desde el principio. Me sentía sinceramente agra-decido cuando entrevistaba a los científicos que habían de-sarrollado el fármaco. Mientras me hablaban de sus descu-brimientos, yo notaba los efectos literalmente en acción al posar la mano en el abdomen. Conversé con una de las científicas que habían trabajado en el desarrollo del GLP-1 en un café de Londres, y mientras ella me explicaba los efectos potencialmente revolucionarios del fármaco, veía pasar a la gente por aquella calle tan concurrida. La mayo-ría de los transeúntes no habían oído hablar aún del Ozem-pic ni de los demás medicamentos adelgazantes. Muchos de ellos tenían sobrepeso o eran obesos, y yo pensaba: «No saben lo que está a punto de ocurrir. No saben cómo está a punto de ayudarlos a cambiar».

Pero me sorprendió constatar que, a la vez, muchas ve-ces también me notaba desconcertado y algo malhumorado. No sentía la urgencia de recomendar el Ozempic a otros.

De hecho, me sentía reflexivo y tenso. No lo entendía. Había obtenido lo que quería: una inyección para mi salud y para mi autoestima. Así pues, ¿por qué albergaba unos sentimientos tan contradictorios?

Al principio creía que era por los efectos secundarios, que se habían revelado muy persistentes. Mis náuseas, que al principio eran ligeras, aumentaban de pronto en momentos aleatorios y me hacían sentir como si estuviera en un barco en plena tormenta. En el caso del Ozempic o el Wegovy, todo el mundo empieza tomando una dosis de 0.25 miligramos por semana, que transcurrido un mes pasa a ser de 0.50 miligramos, y 1 miligramo al cabo de dos meses (hay personas que toman una dosis aún mayor pasado ese tiempo).

Cada vez que aumentaba mi dosis, pasaba al menos una semana sintiéndome claramente peor. Una noche tuve náuseas, aunque no llegué a vomitar, junto a una maceta del aeropuerto de Zúrich, mientras una mujer suiza, que sin duda creía que estaba borracho, me miraba feo. Aquellos mareos eran intermitentes, y la mayoría de las veces no los notaba en absoluto, pero cuando los tenía resultaban espantosos. Y se daban acompañados de otros efectos «raros». A veces, por las noches, permanecía despierto y no paraba de eructar. En los peores episodios, los eructos venían acompañados de bilis, y era como si estuviera a punto de vomitar. Además, sufría estreñimiento.

En mi caso, el peor efecto secundario era de otra naturaleza. A mucha gente le ocurre que, cuando toma esos medicamentos, su ritmo cardiaco en reposo aumenta.[10] Yo estaba sentado, por ejemplo, leyendo un libro, o acostado en la cama, y notaba que se me aceleraba el corazón. Mi mente lo interpretaba como un síntoma de ansiedad, y también se aceleraba mucho para dar alcance a la velocidad de mis latidos. Tuve que reducir la ingesta de cafeína para contrarrestar ese efecto, y ni siquiera así solucioné del todo el problema: siempre que aumentaba la dosis del fármaco me sentía ansioso al menos una semana entera, e incluso después mi sensación era que me costaba menos que antes angustiarme.

Además, durante la semana posterior al aumento de la dosis, más o menos en torno a media tarde, o al anochecer, me sentía algo confundido y me mareaba. Se lo comenté a mi médico, y me dijo que era algo que ocurría a menudo cuando el consumo de calorías se reducía de manera significativa: el cuerpo no obtiene su fuente habitual de combustible, se siente confundido, el depósito parece estar vacío. Incluso cuando me acostumbraba, la sensación no remitía del todo.

En el 5-10 por ciento de los casos, los efectos secundarios de las personas que toman el fármaco son tan extremos que deciden que no les compensa seguir adelante.[11] Tuve la ocasión, en Vermont, de conversar con una mujer llamada Sunny Naughton, que mide algo menos de un metro cincuenta, y que cuando llegó a los 86 kilos se dio cuenta de que su peso se estaba descontrolando. Así pues, en 2018, desesperada, consiguió Saxenda, uno de los primeros agonistas del GLP-1, que debía inyectarse diariamente. Durante los primeros dos meses perdió más de 13 kilos, pero, según me explicó, se sentía siempre mal. Tenía retortijones. Vomitaba. Eructaba sin poder evitarlo, y la boca le sabía a «cosas raras». Siempre tenía un «sabor metálico».

En el trabajo, acababa retorciéndose en el suelo, debajo de su escritorio, por culpa de aquellos retortijones, tan fuertes que su colega debía llevarla a casa en coche. «Era como si alguien se me metiera en las entrañas y me las retorciera con fuerza», me dijo. Aquello no se parecía a nada que hubiera experimentado, hasta el punto de sentir que «un alien» se le había metido en el estómago y le hacía algo en el cuerpo. «Tenía la sensación de que había algo que vivía en mi estómago, que lo rompía todo y que se libraba de todo lo que había en él, y que después me dejaba sin energía». Sunny se obligó a resistir durante ocho meses, porque su pérdida de peso estaba siendo espectacular. «Pero era la peor enfermedad física que había padecido en mi vida... Del uno al diez, era un cincuenta. Era horrible. Y la gente que tenía cerca no dejaba de decirme: "¿Tienes que seguir con esto?"». Un día, sin darse cuenta, se inyectó una dosis doble. «Se suponía que debía impartir una clase dos días después, pero me sentía tan mal que no pude levantarme de la cama. Sudaba. Tenía náuseas. Me metí en la tina. Casi no me podía sostener. Llamé a mi madre y le dije: "Creo que tengo que ir a urgencias". Aquel medicamento me tenía muy enferma».

Poco después se dijo: «Tengo que vivir una vida natural», y tiró a la basura las inyecciones que le quedaban. Casi de inmediato empezó a ganar el peso que había perdido, que es lo que les ocurre a prácticamente todas las personas que dejan estos fármacos, pero el «alien» también abandonó su cuerpo.

Aunque mi experiencia era mucho menos severa, me interesaba comprender por qué se producían aquellos efectos secundarios. Carel Le Roux, uno de los especialistas que habían jugado un papel más importante en el desarrollo de los fármacos, me lo explicó. A él le gusta decir que existen dos tipos de medicamentos: los que no funcionan y los que tienen efectos secundarios. En este caso, el estreñimiento se da porque el aumento de GLP-1 ralentiza el intestino y su proceso de evacuación. El alimento y el residuo permanecen más tiempo en el interior, y les resulta más difícil salir. De manera similar, los eructos se producen porque «la válvula que se sitúa en el fondo del estómago no se abre tan rápidamente. El aire tiene que salir por algún sitio, por lo que en lugar de hacerlo hacia abajo, en dirección al intestino delgado, la gente empieza a eructar». Las náuseas aparecen porque el fármaco crea una sensación de saciedad extrema, de que estamos llenos y ya no podemos comer más. El cerebro humano lucha para distinguir entre la extrema saciedad y las ganas de vomitar: son dos señales que se confunden fácilmente, razón por la cual, incluso en el caso de personas que no toman esos fármacos, tras una comida copiosa es posible sentir ciertas ganas de vomitar.

Pero añadió que en la mayoría de los ensayos clínicos, esos efectos secundarios remitían con relativa rapidez. El cuerpo se acostumbraba, y los efectos negativos desaparecían, o al menos se reducían hasta niveles tolerables (en este momento, las empresas farmacéuticas se dedican a afinar los fármacos para reducir las náuseas, y lo hacen añadiendo una hormona llamada amilina; mientras redacto estas líneas se están realizando ensayos clínicos con ella).

Aun así, no me parecía que mis sentimientos encontrados pudieran explicarse exclusivamente en función de los efectos secundarios que experimentaba. Había algo más, aunque tardé cierto tiempo en averiguar de qué se trataba. Cada vez que aumentaba la dosis, aquellos efectos adversos empeoraban, pero es cierto que transcurrido un tiempo remitían, por lo que confiaba en que, si era capaz de resistir, con el tiempo disminuirían o llegarían a desaparecer. Entonces, ¿por qué no me sentía tan contento como debería? ¿Por qué, además de aquellos momentos de ale-

gría, experimentaba otros de profunda preocupación en
relación con lo que estaba haciendo? ¿Por qué a un caballo
regalado (perder peso sin esfuerzo era uno de los sueños
de los seres humanos desde tiempos inmemoriales) le miraba tanto los dientes?

Empecé a intuir la respuesta cuando decidí regresar
exactamente a lo que, en mi caso, era el origen de aquella
historia. Me pregunté por qué, de entrada, me sentía gordo. Y, más importante aún, por qué nosotros, como parte
de una cultura, engordamos tanto y en un periodo tan breve de tiempo.

Y descubrí que no podremos entender esos fármacos a
menos que, antes, dediquemos un momento a entender las
fuerzas que, de entrada, nos han llevado a tantos de nosotros a necesitarlos. Solo al abordar esta cuestión, algunos
de los misterios en torno a esos medicamentos empezaron
a desvelarse.

2

Cheesecake Park

Por qué hemos engordado

Yo nací en 1979, aproximadamente el año en el que algo sin precedentes empezó a ocurrirles a los seres humanos. Desde que existe nuestra especie, siempre ha habido algunas personas obesas. Eso lo sabemos porque ocasionalmente aparecen en los registros históricos —alguna escultura antigua, una pintura del siglo XVI, una novela de Charles Dickens—. Esas personas podían incluirse en un pequeño número de categorías. Las había que pertenecían a una élite reducidísima de superricos. Por ejemplo, Guillermo el Conquistador, el rey inglés del siglo XI, ganó tanto peso que cuando murió e intentaron enterrarlo en un sepulcro de piedra, el cadáver explotó. Otros, casi con total seguridad, padecían enfermedades genéticas muy poco habituales, que aún existen en la actualidad. Hay personas incapaces de segregar una hormona llamada leptina, por lo que tienen un apetito voraz y constante. Los hay que sufren el llamado síndrome de Prader-Willi, que consiste en que, en un cromosoma clave, se da la falta de material genético, lo que hace que casi literalmente no puedan dejar de comer. Allí donde vivían esas personas obesas se veían como rarezas, pues eran muy escasas.

Pero, según científicos de los Institutos Nacionales de Salud de Estados Unidos, eso empezó a cambiar a finales de la década de 1970.[1] Seguramente, la obesidad había ido aumentando muy lentamente desde principios del siglo xx, pero, de pronto, el incremento fue increíblemente veloz.[2] Entre el año en que nací y el que me vio cumplir los veintiuno, la obesidad se duplicó con creces en Estados Unidos, pasando del 15 al 30.9 por ciento.[3] La tasa de obesidad severa experimentó un aumento especialmente preocupante: entre mis veintiún y mis cuarenta y un años, prácticamente se duplicó.[4] El estadounidense adulto medio pesa 10 kilos más que en 1960,[5] y más del 70 por ciento de todos los estadounidenses tienen sobrepeso o son obesos.[6]

Inglaterra ha seguido una tendencia similar. En 1980, el 6 por ciento de los hombres eran obesos. En 2018, la cifra era del 27 por ciento.[7,*]

Se trata de algo que ocurre casi en todos los lugares en los que se experimenta un cambio fundamental, que abordaré en un momento. Como consecuencia de ello, la OMS afirma que, desde 1975, la obesidad prácticamente se ha triplicado a nivel mundial.[8] Es algo que, en los trescientos mil años de existencia de nuestra especie, nunca había ocurrido. E implica que nuestro aspecto es diferente, que nos movemos de forma diferente y que padecemos enfermedades diferentes. Como me explicó Jerold Mande, especialista de Harvard y responsable de diseñar la etiqueta

* En España, entre 1987 y 2014, la obesidad y la obesidad mórbida aumentaron de forma continuada: el 0.50 por ciento y el 0.030 por ciento —respectivamente— al año en los varones, y el 0.25 por ciento y el 0.042 por ciento al año en las mujeres. El IMC aumentó 0.10 puntos al año en varones y 0.26 en mujeres. Véase <https://secardiologia.es/blog/rec/11223-exceso-de-peso-en-espana-situacion-actual-y-preocupaciones-para-2030>. (N. del T.).

nutricional que figura en todos los productos alimentarios en Estados Unidos: «En las décadas de 1970 y 1980 no se produjo ningún cambio genético. No se dio ningún gran cambio en la fuerza de voluntad. Y sin embargo, de pronto, la gente empezó a engordar de manera rápida». Si pudiéramos construir una máquina del tiempo y traer a nuestros ancestros desde el pasado reciente para que nos vieran, creo que lo que más les asombraría no serían ni nuestros teléfonos inteligentes ni nuestros coches rápidos, sino nuestra transformación física. Durante mucho tiempo, cada vez que engordaba algún kilo, sentía que había fracasado personalmente, pero por lo que se ve, yo era, de hecho, un producto típico de mi tiempo.

Así pues, lo que me interesaba saber era qué nos había ocurrido. A fin de solucionar cualquier problema, siempre ayuda saber cómo se ha generado. ¿Qué había suscitado la necesidad del Ozempic? ¿Era algo a lo que podía ponerse solución de alguna manera menos arriesgada y menos cara?

Ese cambio se produjo de una manera lo suficientemente rápida como para causar asombro, pero lo suficientemente lenta como para aceptarlo aparentemente sin excesiva reacción ni oposición: fuimos engordando juntos, despacio. Y si se nos ocurría echarle la culpa a alguien, seguro que era a nosotros mismos: «No soy lo suficientemente disciplinado; necesito más fuerza de voluntad». Probamos una sucesión de dietas y programas de ejercicio. Pero, sobre todo, lo aceptamos con cierta incomodidad, como si se tratara de algo natural, o al menos inevitable.

Con todo, hubo al menos un lugar en el que ese cambio se combatió con gran vehemencia: el seno de mi propia familia. Era fuente de fortísimas discusiones, y causaba intentos violentos de contener la marea. La historia de mi infancia es rara por muchos motivos, pero creo que puede servir como un microcosmos que nos ayude a ver las fuerzas que, en el breve lapso de tiempo que ha sido mi vida, nos han cambiado a todos.

Mis padres se conocieron cuando tenían poco más de veinte años, en la pista de baile de una discoteca, cerca de Carnaby Street, en el West End de Londres, en 1967. Los dos huían de algo.

Mi madre se había criado en Escocia, en un húmedo bloque de viviendas de alquiler, y estaba destinada a la vida corriente que se ofrecía a las mujeres de clase trabajadora de su generación: matrimonio, semiservilismo, trabajo duro..., todo ello aliviado apenas por algunas dosis de humor ácido y montañas de carbohidratos. Un día, su prometido rompió bruscamente su compromiso, y ella decidió que había llegado el momento feliz de largarse de allí y huir a Londres.

Mi padre había crecido en una granja de madera, en la ladera de una montaña de los Alpes suizos. Sus padres trabajaban de sol a sol cultivando la tierra y alimentando a su ganado. Se daba por sentado que, desde los cinco años, sus cinco hijos trabajarían también en la granja. Mi padre consideraba que la vida era algo más que alimentar a los cerdos, por lo que recorrió Europa pidiendo aventón, en dirección a la capital británica, donde había oído que la vida era una fiesta.

La noche en que se conocieron, mi padre sabía apenas diez palabras en inglés, y mi madre no hablaba nada de francés ni de alemán. Incluso hoy, muchas veces llora y dice: «Parecía tan agradable cuando no entendía lo que decía...». Vivieron lo que mi madre define como «una serie de rollos de una noche», concepto que he intentado explicarle que no tiene sentido. Quedó embarazada y pensaron que debían formalizar su relación. Su primera pelea de casados se produjo tan pronto como ella hubo firmado el acta matrimonial. Ella usó su nombre de soltera. «¡Qué tonta! —le gritó él—. ¡Ya no te llamas así! ¡Ahora llevas mi apellido!». «¡Vete al diablo!», contraatacó ella. Y desde entonces no han dejado de gritarse. Una vez que él aprendió inglés y ella pudo entender lo que le decía en todo momento, las cosas empeoraron significativamente.

Mi padre era chef, y juntos viajaban por todo el mundo y se instalaban allí donde lo contrataran para trabajar en alguna cocina. Lo hizo en hoteles de Londres, Berlín, Lausana, Dallas, Alejandría, Teherán, Johannesburgo y —en el momento de mi nacimiento— Glasgow. Mi padre era chef del hotel Albany, y la primera fotografía de prensa en la que aparezco me la tomaron cuando tenía aproximadamente un año; en ella, él lleva su gorro de chef y me está dando de comer algo con una cuchara. En la imagen, sonríe. Es la primera y la única vez en que lo recuerdo sonriendo por algo que yo comiera.

Mis padres provenían de culturas alimentarias diametralmente opuestas. En Kandersteg, el pueblo alpino en el que mis antepasados paternos llevaban siglos viviendo, se comía lo que se cultivaba, lo que se criaba, lo que se sacrificaba. Plantaban y cultivaban sus propias verduras, cebaban y sacrificaban sus propios animales para disponer de carne. Toda la comida se preparaba fresca, partiendo de cero, el mismo día que se consumía. Un investigador que, en la década de 1930, se dedicó a comparar culturas alimentarias de todo el mundo descubrió que aquella era la más saludable del planeta, junto con la de los pueblos aborígenes de Australia.

En las clases trabajadoras escocesas, la comida era algo totalmente diferente. Allí, mis antepasados, exhaustos, maltratados, se habían adelantado a la tendencia global, iban a la cabeza de quienes consumían grandes cantidades de carbohidratos salados y fritos. Les encantaba llenarse de comida que sacia el hambre. Y esta tenía que ser barata, y tenía que durar mucho, por lo que cocinaban en una sentada para numerosas veces, razón por la cual casi nunca comían productos frescos. No es casualidad que esa sea la tierra en la que se inventó la barra de Mars empanizada y frita y, también, según un informe de su propio organismo de salud pública, la que presenta los segundos niveles más elevados de obesidad en el mundo desarrollado.

Desde el año de mi nacimiento, la dieta del mundo occidental cambió repentinamente, pasando de parecerse mucho a aquella con la que se crio mi padre a la de mi madre. En general, la gente dejó de comprar ingredientes frescos y de cocinarlos para preparar su comida. Y empezó a adquirir productos envasados y preprocesados. Esa comida era muy distinta a la que había antes, y lo era de diversas maneras, todas ellas importantes.

A mi madre y a mi abuela materna —que vino a vivir con nosotros porque mi madre, muchas veces, se sentía muy mal—, ese cambio les pareció una liberación. Mi abuela llevaba desde los trece años trabajando hasta la extenuación (limpiando baños, lavando pisos), y el día en que llegó el microondas a su casa fue uno de los más felices de su vida. «¡Es comida, pero no hay que hacer nada!», decía, aplaudiendo de felicidad a la espera del sonido alegre del timbre. Mi madre y ella me daban de comer productos de aquel nuevo sistema alimentario industrial, sinceramente convencidas de que se trataba de un regalo abundante tanto para ellas como para mí. Los sabores de aquellas comidas hacen que aún hoy se me humedezcan los ojos de nostalgia: empanadas crujientes congeladas de Findus —una especie de empanada rellena de carne de ternera precocinada—; Micro-Chips, una marca de papas fritas que se calentaban en solo un par de minutos; Angel Delight, un polvo rosado que se añadía a la leche y se convertía en un postre azucarado.

A mi padre aquella comida lo enfurecía y lo indignaba. Llegaba a casa después de un día entero trabajando como chef y me veía alimentarme con lo que en su opinión no era ni siquiera comida. Y gritaba: «¡Se va a morir si nunca come verdura!». Esa cuestión era motivo de discusiones entre mis padres: ella insistía en que un niño debía divertirse con lo que comía, mientras que mi padre insistía en que la diversión no tenía nada que ver con ello y en que me estaban envenenando. No era capaz de comunicarme su preocupación de una manera que yo, que era pequeño, pudiera entender como algo distinto de una humillación. Él se había educado en un entorno suizo, donde no hacía falta intentar convencer de nada a los niños; bastaba con amenazarlos, con asustarlos y, si era necesario, con obligarlos físicamente. En las granjas suizas se curtía deliberadamente a los niños mediante la brutalidad: por ejemplo, cuando mi padre era pequeño y su gata tenía gatitos, lo obligaban a asistir a la escena en la que su padre los ahogaba en un bote, uno por uno. En nuestra casa cocinaba comidas con productos frescos, y cuando yo me negaba a comérmelos y pedía más Angel Delight, él me sentaba a la fuerza e intentaba obligarme a abrir la boca para meterme las hojas de la ensalada.

Así era como la propia dureza de su infancia lo había preparado para tratar a los niños; pero todo aquello chocaba con el mundo en el que vivía yo. Toda la gente a la que conocía comía como yo. ¿Por qué a él le parecía mal? Cada vez que encendía la tele había anuncios que me explicaban que aquella comida era fantástica. ¿Qué le ocurría a mi padre? Cuando iba a la escuela, las meriendas estaban igualmente llenas de grasas, carbohidratos y frituras. ¿Acaso nos darían todo aquello si fuera tan malo? Yo no podía evitar concebir su comida fresca como una agresión inexplicable.

Para entonces ya vivíamos en una zona residencial del norte de Londres, y por primera vez estábamos rodeados de locales de comida rápida. Abrían por todas partes: un McDonald's, un KFC, un Wimpy. El Chicken McNugget se inventó cuando yo tenía dos años. Descubrí que podía atormentar a mi padre negándome a cenar nada a menos que me llevara en coche al KFC o al McDonald's y me comprara algo ahí. Aquello se convirtió en un estira y afloja de voluntades entre los dos. A veces, él claudicaba y me veía engullir aquellos muslitos de pollo y me preguntaba: «Pero ¿qué te pasa?». En otras ocasiones se salía con la suya y yo pasaba hambre, hasta que mi abuela, en secreto, me traía algo calentado en el microondas cuando ya era muy tarde y me susurraba: «No le digas nada».

Para mi padre, nada en aquel nuevo estilo de alimentación tenía sentido. Durante su infancia nadie comía *snacks*. En cambio, yo daba por sentado que debía comerme uno cada pocas horas. Él se había criado sabiendo de dónde venía casi todo lo que comía, y le desconcertaba que yo tuviera la misma falta de curiosidad por la procedencia de mi comida que por la de la electricidad o la ropa que usaba. En Kandersteg se consideraba gula comer cualquier cosa que no fuera una pequeña porción de algo, incluso a las horas de las comidas. Pero en aquella nueva cultura alimentaria, uno podía atiborrarse en cualquier momento. A mi padre le escandalizaba la rapidez con la que yo comía, y me pedía a gritos que lo hiciera más despacio. Para mi madre y mi abuela, que se habían criado en la pobreza, mi manera de comer era lógica. ¿Por qué no comer cuando se puede? ¿Quién rechaza una comida? ¿A quién se le antoja dedicar más tiempo a preparar la comida del estrictamente necesario?

Todos los días, a mi padre le parecía que lo habían expulsado sin su consentimiento de una cultura alimentaria saludable para llevarlo a otra que era enferma y que lo sacaba de quicio. En cambio, yo sentía que mi padre era de los Picapiedra en la era de los Supersónicos, que intentaba obligarme a comer carne cruda de dinosaurio. En una ocasión, trajo a casa una cabeza de cerdo e intentó obligarnos a mi hermana y a mí a comérnosla, mientras nosotros gritábamos y llorábamos.

Como casi siempre estaba fuera de casa, trabajando, yo comía lo que quería sin ningún freno —una mezcla de botanas de queso, palitos de papa con sal y vinagre, Coco Pops, Krispies de arroz, bombones bañados en chocolate y pan procesado—. En medio de aquel ambiente tan estresante (con mi madre, que no estaba bien, con mi padre resentido, y con los dos a menudo enojados), aquella comida me reconfortaba mucho, y no veía por qué debía reprimirme a la hora de consumirla.

Una sensación física en concreto me causaba un gran placer: la de comer hasta hartarme. Atiborrarse, empacharse, es una forma muy concreta de comer: se trata de no parar hasta estar lleno y, entonces, seguir comiendo más y más. Cuando lo hacía, sentía que me dilataba por dentro, que se me distendía el estómago, que me llenaba hasta el esófago. Era una sensación que me calmaba. Atiborrarse a comer es lo contrario de saborear la comida: no le prestas atención al alimento o a su sabor; simplemente, te atiborras. Solo ocasionalmente intuía que no todo el mundo comía como yo. Una vez, un niño de mi escuela con ciertas dotes de emprendedor empezó a traer pasteles y a vender rebanadas a la hora del recreo. Yo se las compraba sin parar, y recuerdo que él me decía que me calmara, que me enfermaría, y yo no entendía qué quería decir con eso. Al salir de clase, todos los días pasaba por McDonald's camino a casa y me empachaba. Después, mi abuela y yo nos recostábamos en el sillón a ver telenovelas australianas y a atiborrarnos de *snacks*.

A veces, cuando mi madre y mi abuela no estaban en casa y yo me quedaba solo con mi padre, él me preparaba la comida fresca que según él debía comer. Yo me negaba a hacerlo. Prefería morirme de hambre.

Yo estaba absolutamente convencido de que vivía en plena sintonía con la cultura en la que me encontraba, y de que mi padre estaba fuera de ella. Tras el hundimiento de la Unión Soviética, su último líder, Mijaíl Gorbachov, apareció en un anuncio de Pizza Hut. Había pasado de gobernar un imperio comunista que cubría una cuarta parte de la superficie terrestre a hacer propaganda de unas porciones grasientas de queso procesado. Yo consideraba, orgulloso, que era un símbolo de la victoria de nuestro estilo de vida.

Curiosamente, aquella comida no me engordaba, y no empecé a ganar peso hasta el final de la adolescencia. Tenía la cara redonda y las mejillas redondeadas, pero nada más. No me parecía que aquello tuviera la menor importancia para mi salud. Si alguien me lo hubiera preguntado, habría respondido que me preocupaba mucho por mi salud: bebía Diet Coke, y no la Coca-Cola normal, con todo su azúcar. Además, igual que mi madre, todas las mañanas me tragaba montones de multivitaminas que, no sé por qué, creía que tenían el poder mágico de contrarrestar el efecto de todo lo demás.

Quizá a quien lea esto le parecerá que se trata de un caso muy extremo, y en ciertos aspectos lo es, pero la experiencia de mi familia solo es atípica en dos sentidos: en primer lugar, yo me aferré con más fuerza y más deprisa que otros a la nueva cultura de la comida chatarra procesada; y en segundo lugar, había un adulto que intentaba, a su manera (una manera profundamente errónea), impedírmelo y devolverme a la cultura alimentaria que casi todo el resto de los seres humanos había conocido durante trescientos mil años de vida en la Tierra.

Dado que yo nací ya inmerso en esta revolución en la manera de comer de los seres humanos, me costaba captar lo drástico que había sido ese cambio, y hasta qué punto lo que yo comía era diferente de lo que consumían mi padre, mis abuelos y mis antepasados. Mi padre no dejaba de preguntarme: «¿De dónde crees que viene esa pinche comida?».

Y resulta que la respuesta a la pregunta de mi padre es clave para comprender cómo nos afectan esos productos. Cuando él me la planteaba, a mí no me importaba, pero sospecho que, si me lo hubiera cuestionado un poco, se me habría ocurrido fácilmente una imagen mental. Evidentemente, en alguna parte había, básicamente, una cocina grande, llena de actividad, donde preparaban todas aquellas cosas, que después se enviaban a nuestro supermercado local. La brecha entre lo «cocinado en casa» y lo «preparado en fábrica» debía de ser, sin duda, cuestión de escala. Él preparaba sus platillos en una cocina pequeña. Lo que yo comía se hacía en una cocina grande. Y punto final. Pero hace una década, la periodista Joanna Blythman consiguió acceder a varias de las fábricas de alimentos que han proliferado en todo el mundo occidental, situadas en polígonos industriales anónimos a las afueras de nuestras ciudades, y lo hizo con la intención de ver cómo se confecciona realmente lo que comemos. En su excelente libro *Swallow This* [Trágate eso] describe lo que descubrió, y muestra hasta qué punto yo estaba equivocado.

Una vez en su interior, descubrió que los lugares en los que se produce nuestra comida no se parecen en nada a cocinas. A ella le recordaron más bien a fábricas de ensamblaje de vehículos, a refinerías de petróleo o a una de esas plataformas de lanzamiento de misiles que salen al final de una película de James Bond. Inmensas cantidades de productos químicos irreconocibles se introducen en procesadores y en tanques a través de tubos metálicos. Las personas que están a cargo de esas fábricas no usan para nada el término *cocinar*: para ellas, lo que hacen es *manufacturar* comida, y a Joanna le parecía que eso era lo que hacían exactamente.

Todo se reduce a sus partes constitutivas (o a sus réplicas), y después se ensambla para obtener comida. Casi nada es lo que uno esperaría que fuera. Si se observa, por ejemplo, la elaboración de una malteada de fresa, cabría esperar que en cierto momento, por alguna parte, apareciera alguna fresa triturada y procesada. Pero, de hecho, en una malteada típica con sabor a fresa, solo el saborizante está compuesto de hasta cincuenta productos químicos, y ninguno de ellos es una fresa.

Los fabricantes lo hacen así, sobre todo, por una razón: la comida fresca se pudre rápidamente, y esas fábricas preparan alimentos que deben permanecer semanas, meses o años en los estantes de los supermercados. Para conseguirlo, deben alterarlos de manera drástica. Si llenas la comida de azúcar y grasa, reduces el crecimiento bacteriano, y si le añades sal, dura más en el estante sin pudrirse. Así pues, nuestra comida está llena de cantidades inéditas de esas tres cosas.

Existe, además, otro desafío. Para fabricar comida barata a esa escala, hay que reducirla a sus componentes químicos, recibirlos al por mayor y ensamblarlos para lograr una aproximación a la comida que se pretende conseguir —una especie de sucedáneo de curry, una réplica de *pizza* con jitomate y queso, fabricados a partir de decenas o centenares de productos químicos—. Pero, según expone Joanna, al principio ese proceso crea una comida que ni se parece ni sabe a comida: «La cuestión en términos simples es que las temperaturas extremas y el estrés que se producen en la manufactura de la comida procesada causan daños físicos graves a los ingredientes naturales, dañan de manera irrevocable sus texturas internas, sus sabores y sus aromas». Quedan poco apetecibles, incomestibles. Así pues, resulta necesario añadir grandes cantidades de colorantes para que su aspecto sea el de la forma original del alimento en cuestión. Por ejemplo, «un toque de rojo hace que parezca que la salsa para pasta contiene más jitomate del que realmente lleva».

Con frecuencia, esos procesos industriales hacen que la comida adquiera un sabor metálico o amargo, por lo que hay que añadir «hasta 6 000 aditivos alimentarios: saborizantes, agentes de recubrimiento, potenciadores, antiapelmazantes, disolventes, conservadores, colorantes, ácidos, emulgentes, agentes liberadores, antioxidantes, espesantes, blanqueadores, edulcorantes, quelantes. Como expresó un científico especializado en industria alimentaria: «Nuestra misión consiste en que una cosa sepa a algo, aunque no lo sea».

Uno de los saborizantes artificiales más comúnmente usados en nuestra comida es la vainillina, una forma falsa de vainilla creada químicamente a partir de elementos petroquímicos, pasta de madera o aserrín. Para conseguir sabor a mantequilla no hace falta mantequilla, sino un 0.002 por ciento de «extracto de mantequilla», que se obtiene a partir de grandes cantidades de aditivos.

Mientras recorría los lugares en los que se unía todo aquello, a Joanna le sorprendía constatar que, «en realidad, es relativamente poco frecuente ver allí algo que se parezca a la comida tal como la conocemos».

Tras pasar un tiempo en aquellos lugares de «construcción» de comida, consiguió infiltrarse en una de las grandes ferias de exhibición de la industria alimentaria, a las que no tienen acceso las personas ajenas a ella. Se trataba de un evento bautizado como Food Ingredients (Ingredientes alimentarios), en el que las empresas propietarias de esas fábricas obtienen sus materias primas. En un estand representativo se explicaba que los componentes químicos que vendían para utilizar en la alimentación humana tenían muchos otros usos: alardeaban de que aquellos productos químicos podían emplearse en panadería o industria cárnica, pero también en «aerosoles insecticidas, ambientadores, selladoras de regadera, desodorantes, cubiertas de computadoras, protectores contra rayaduras para coches, pinturas y pegamento». Joanna se enteró de que, para conseguir que la carne dure más tiempo en los estantes de los supermercados, hay que inyectarle mucha agua, pero que esta solo permanece en su sitio si se combina con un «pegamento cárnico», una sustancia tan desagradable como su nombre da a entender. Hay otras carnes a las que les inyectan grandes cantidades de gas de hidróxido de amonio para matar las bacterias que hayan aparecido, lo que crea algo que un ejecutivo de la industria alimentaria llamó *baba rosa*, y que compone hasta el 15 por ciento de ciertos productos realizados a base de carne de ternera picada.

Un producto similar, llamado *emulsión cárnica* —elaborado a partir de pollo licuado y emulsionador—, se usa para manufacturar los *nuggets* de pollo más baratos.

Los productos que resultan de ese proceso de manufacturación han recibido a veces el nombre de *comida Frankenstein* o *sustancias con apariencia de comida*, que es como las denomina el escritor Michael Pollan. Joanna escribe: «La *pizza*, el curry y el *cheesecake* resultantes retienen solo un débil y borroso recuerdo de su equivalente preparado con productos frescos. Esos ingredientes preprocesados que ahorran trabajo no son frescos, sencillamente, y el hecho de almacenarlos los priva de su chispa inicial.

Pero los aditivos que se les añaden crean algo nuevo que los hace apetitosos de otra manera, una manera que mi paladar estaba entrenado para desear. Los científicos que trabajan para esos fabricantes han estudiado cuidadosamente cómo crear lo que denominan *puntos de dicha*, momentos durante el consumo de esos productos en los que sentimos el golpe de azúcar, o un instante de felicidad en la boca, o un posgusto salvajemente excitante; y todo ello construido a partir de esos baños de productos químicos. Invierten años buscando la combinación perfecta entre lo crujiente y lo cremoso, entre el azúcar y el chocolate, algo que estalle en la boca.

A medida que entrevistaba a personas que han estudiado cómo se fabrica la comida procesada y cómo esta nos afecta, me sentía algo perdido. Me explicaban que, durante toda mi vida, yo había estado comiendo una especie de mejunje químico para nada natural, lleno de cosas que no se dan en la naturaleza y que eran desconocidas por mis antepasados.

Aquello implicaba que la comida con la que me había criado y que tanto adoraba no era en absoluto comida, o al menos no lo era en cierto sentido.

Me sentía desorientado y a la deriva, como si acabara de descubrir que mis amigos de siempre, los más queridos, hubieran sido desde siempre criminales sin que yo lo supiera.

Muchos de los científicos que han estudiado esa clase de comida afirman que esas nuevas formas manufacturadas a escala industrial nos afectan de manera muy distinta que la comida de tipo tradicional. Existe un efecto del que tuve conocimiento y sobre el que, más que en los demás casos, no dejaba de reflexionar en relación con el Ozempic y otros medicamentos pensados para perder peso. Para entenderlo, creo que nos ayudará fijarnos en un experimento en concreto.

En el año 2000, un joven científico llamado Paul Kenny se trasladó a San Diego desde Dublín para proseguir con sus investigaciones sobre neurociencia. Y no tardó en darse cuenta de algo. En general, los estadounidenses no se alimentan como los irlandeses. Comen más, y consumen sobre todo más azúcares y más grasas. Al principio le costó, pero se adaptó pronto, y al cabo de dos años ya había engordado casi 14 kilos. «Dios mío, ¿qué está pasando aquí?», me contó.

En el trabajo fueron ascendiéndolo, hasta que llegó a convertirse en el jefe del Departamento de Neurociencia de la Escuela Icahn de Medicina en Monte Sinaí, Nueva York. Durante ese proceso, fue sintiendo una creciente curiosidad por algo. ¿Aquella dieta estadounidense diferente modificaba el cerebro? Una vez que empezamos a comer de esa manera —mucha comida procesada, azucarada, con grasa—, ¿nos resulta más difícil parar? Junto con sus colegas, diseñó un experimento para examinar la cuestión.[9]

Criaron a un grupo de ratas de laboratorio y las alimentaron exclusivamente con una comida específica preparada para ellas. «Era saludable y equilibrada», comentó Paul; el equivalente en roedores de lo que mi padre comió durante su infancia. Cuando no tenían más que eso, los animales comían hasta saciarse, y entonces su instinto natural hacía acto de presencia y paraban. Nunca llegaban a la obesidad.

Pero entonces introdujo a aquellos animales en la dieta estadounidense «hipertrofiada». Compró *cheesecake*, barras de Snickers y tocino frito. Dividió a las ratas en dos grupos. Al primero se le facilitó el acceso a la comida chatarra estadounidense durante una hora al día. Al segundo se le permitió acceder a ella durante prácticamente todo el día. Simultáneamente, a los dos grupos se les dio vía libre para consumir toda la comida saludable que quisieran.

Podríamos llamar a esas jaulas «Cheesecake Park», un lugar en el que las ratas comían igual que nosotros. Paul observó a aquellos animales, que empezaron a olisquear la tarta, los Snickers y el tocino, y empezaron a comer. Y a comer. Y a comer.

Las ratas que solo disponían del *cheesecake* una hora al día «hundían la cabeza en ella» en cuanto llegaba, «y prácticamente no paraban hasta que se terminaba —contaba Paul—. Les quedaba la cabeza manchada de *cheesecake*. Se atiborraban» y quedaban «embadurnadas». Las que tenían acceso a lo largo de todo el día comían aún más, y la consumían de manera diferente. Comían un poco, la dejaban un rato y luego volvían por más. Se llenaban con frecuencia de azúcar y de grasas.

En ambos casos, en cuanto tuvieron acceso a la dieta estadounidense perdieron interés por la comida saludable de antes. La evitaban. Las aburría. Las ratas que disponían de *cheesecake* durante una hora al día obtenían solo una tercera parte de sus calorías de la comida saludable. Las que podían consumirla durante todo el día obtenían solo el 5 por ciento de las calorías de su comida de antes. Perdieron la capacidad de controlar lo que comían. Sus viejos instintos, que las mantenían saludables, dejaron de funcionar. Ahora, simplemente, devoraban hasta hartarse.

Como consecuencia, «ganaron mucho peso y muy deprisa», explicó Paul. A las seis semanas, sus tasas de obesidad se habían disparado y empezaron a tener problemas de salud. «Eran hiperleptinémicas e hiperglucémicas. Presentaban todos los marcadores de la obesidad». Le sorprendió la rapidez con la que se pasaban a la comida nueva. «La verdad es que empezaron a atiborrarse muy muy deprisa, y se veían unas diferencias muy acusadas [...]. En cuestión de unos pocos días eran unos animales distintos. Su fisiología se vio profundamente alterada, y de manera muy rápida. Era bastante sorprendente. E impactante». De todas las opciones poco saludables de alimentación, se volvían locas sobre todo por el *cheesecake*. «¿Qué tenía esa comida? —se preguntaba Paul—. Era la más densa en energía de todas las que pudimos encontrar que no fuera directamente grasa pura. Se trataba, básicamente, de un aceite emulsionado que se mantenía unido con azúcar. Esa mezcla de grasa y azúcar resultaba simplemente asombrosa. Por decirlo de algún modo, es algo así como la comida perfecta».

Entonces, una vez que las ratas estaban extremadamente gordas y se habían acostumbrado a comer la comida procesada durante unos meses, Paul optó por una decisión drástica: se la quitó toda. Cortó en seco el suministro de comida chatarra, y las ratas se quedaron solamente con su pienso nutritivo, saludable, el que llevaban toda la vida consumiendo, hasta hacía poco tiempo.

Paul estaba bastante convencido de lo que ocurriría a continuación; comerían porciones más abundantes de su comida convencional que antes, lo que demostraría que la comida chatarra había provocado que aumentara su apetito y que tuvieran más ansia. Se trataría, sin duda, de un efecto preocupante.

Pero no fue eso lo que ocurrió. Lo que sucedió realmente fue algo más extremo. En ausencia de su adorada comida chatarra, las ratas se negaban a comer prácticamente nada. Según Paul, parecían perdidas y enojadas. «Básicamente, preferían morirse de hambre a comer la comida de antes. La rechazaban. Les parecía horrenda».

Era como si hubieran olvidado qué era la comida de verdad y ya no la reconocieran como tal. «Empezó a observarse una pérdida de peso muy acusada. Los animales pasaban hambre», explicó. Solo cuando llegaban a ese punto en el que «si no comían algo, morirían de hambre [y] no tenían otra alternativa», regresaban a regañadientes al alimento nutritivo y comían un poco de su pienso de antes.

Así pues, antes de verse expuestos a la nueva dieta estadounidense, aquellos roedores tenían la capacidad natural de limitar las cantidades que ingerían, y a pesar de disponer de abundancia de alimento, nunca sufrían obesidad. Pero una vez que quedaban expuestas a ella —mucho azúcar y muchas grasas, todo ello en presentaciones muy procesadas—, las ratas se obsesionaban, comían mucho más que antes, ganaban muchísimo peso y se enfermaban. Además, después de probarla, si no se estaban muriendo de hambre, no regresaban a su manera de comer de antes.

Mientras me lo contaba, a mí me venían a la mente los momentos en que mi madre y mi abuela no estaban en casa y mi padre me preparaba ensaladas, y yo me ponía a llorar y me iba a mi habitación muerto de hambre.

Entonces Paul descubrió que aquella comida generaba algo más en las ratas.

Volvió a llevar a cabo el experimento, pero introduciendo un cambio. Puso dos jaulas: una en la que las ratas obtenían su pienso habitual y otra en la que recibían *cheesecake*. Acto seguido trucó el suelo de ambas jaulas e instaló sendas trampas. Ocasionalmente, mientras comían, los roedores recibían una desagradable descarga eléctrica, a la vez que se les mostraba una luz amarilla. No hace falta hacerlo muchas veces para que las ratas empiecen a asociar la visión de la luz amarilla con la descarga eléctrica, y para que se muestren muy asustadas.

Posteriormente, un día, Paul les dio su comida (pienso en el caso de un grupo, *cheesecake* en el del otro) y les mostró la luz amarilla, pero sin electrocutarlas. Las asustaba mucho, pero sin desencadenar los efectos físicos de la descarga eléctrica, para ver qué ocurría. Las ratas que solo recibían el pienso se espantaban y salían huyendo. El placer de la comida se veía superado por el deseo de evitar el dolor de una descarga eléctrica. Pero las ratas que recibían *cheesecake* se quedaban y seguían comiendo. Ignoraban «la advertencia que estaban adiestradas para temer», según Paul. Las ratas querían su dosis de azúcar y grasa, y el miedo a una descarga eléctrica dolorosa no las detenía. Así pues, Paul llegó a la conclusión de que, si alguien se ve expuesto a ese tipo de comida durante un tiempo, el deseo de consumirla es tal que ignorará toda clase de consecuencias negativas.

En numerosas ocasiones se han llevado a cabo experimentos similares con ratas, y los científicos siguen encontrando resultados parecidos. Por ejemplo, esos animales suelen detestar salir al aire libre, y siempre procuran circunscribirse a lugares limitados, o con paredes. Pero si les proporcionas Froot Loops, después, cada vez que los ven, los desean tan imperiosamente que son capaces de salir a un espacio abierto para consumirlos.[10] Por poner otro ejemplo, Barry Levin, profesor de la Facultad de Medicina de Nueva Jersey, crio una variedad de ratas cuyos genes las predisponían a generar resistencia a la obesidad (unas ratas que, por expresarlo en nuestros términos, eran flacas por naturaleza).[11] Pero una vez expuestas a una dieta rica en grasas y en azúcares, se volvían tan obesas como las demás.

Cuando concluyó el experimento, Paul ya no se sintió capaz de volver a comer *cheesecake* en su vida. «No después de haber visto cómo lo devoraban aquellas ratas», comentó, meneando la cabeza.

Tras años indignándose al verme comer, mi padre, gradualmente, fue rindiéndose. Dejó el trabajo de cocinero y se hizo conductor de autobús. Empezó a comer peor, engordó bastante y poco después de cumplir setenta años tuvo que pasar por el quirófano por problemas cardiacos.

Yo lo visualizaba en la cama de hospital, atravesado de cables y de tubos, y pensaba: «Cuesta mucho resistirse al Cheesecake Park».

3

Muerte y resurrección de la saciedad

La curiosa relación entre los alimentos procesados
y los nuevos fármacos

Parece claro que esa nueva clase de comida ultraprocesada, manufacturada en fábricas, está desencadenando una fiebre en muchos de nosotros que es como la que experimentaban aquellas ratas. Dunkin' Donuts vende actualmente una cantidad tal de donas que con ellos podrían darse dos vueltas a la Tierra, y Ronald McDonald es la segunda imagen más reconocida del mundo, superada solo por la de Santa Claus. Son más las personas que reconocen la «M» dorada de McDonald's que la cruz como símbolo de la cristiandad. En el Strip de Las Vegas existe una réplica gigante de la Estatua de la Libertad, pero en su base no figura la inscripción «Denme a sus pobres, a sus masas hacinadas anhelando respirar en libertad...». Allí lo que hay son personas que se dedican a entregar vales de descuento de Denny's. Cada vez que paso delante pienso: «Sí, ese es el verdadero símbolo de nuestra cultura en el siglo XXI. No estamos aquí para ser libres; estamos aquí para comer».

El profesor adjunto de Nutrición Jerold Mande me dijo: «Hay algo en lo que comemos y en el nuevo diseño de la comida que nos está diciendo que sigamos comiendo

ADELGAZAR A CUALQUIER PRECIO

a pesar de que nuestro cuerpo debería habernos pedido que paremos». Ese efecto constituye el meollo de por qué tantos de nosotros, en la actualidad, sentimos que nos hacen falta fármacos para perder peso.

Pero ¿por qué esa comida nos trastoca el apetito? El primer atisbo de respuesta se descubrió en 1995, cuando la investigadora y médica australiana Susanna Holt, que trabajaba en la Universidad de Sídney, decidió averiguar qué comidas hacen que nos sintamos saciados y cuáles nos dejan con ganas de más.[1] Se dedicó a repartir a una serie de personas diferentes comidas, todas ellas en porciones de 240 calorías, y realizó un seguimiento tanto de lo saciadas que se sentían al tomarlas como del tiempo que tardaban en alcanzar aquella sensación de saciedad. Y constató que hay un tipo de comida que nos hace sentirnos llenos muy deprisa: los alimentos reales, con los que mi padre se crio; cosas como filetes, papas, fruta fresca, pescado. Los comes, te sacias y quieres dejar de comer. En el otro extremo del espectro, descubrió que otra clase de comida no sacia durante mucho tiempo: la mayoría de los alimentos procesados, con los que yo crecí —galletas, cereales procesados, pasteles, yogures de sabores, cuernitos—. Los comemos y queremos más y más.

Los alimentos que antes dominaban nuestra dieta nos hacían sentirnos saciados, mientras que la comida que la domina actualmente hace que notemos un agujero en el estómago. Paul Kenny, la persona encargada de llevar a cabo el experimento del Cheesecake Park, me explicó que, cuando las personas se exponen a esa clase de comida, «a sus cuerpos les resulta difícil informarles de cuándo tienen esa sensación de plenitud, de saciedad».

Se trataba de un concepto realmente importante, un concepto que expresaron casi todas las personas a las que entrevisté en relación con el cambio de nuestra dieta. *Saciedad* —la sensación de que ya no se nos antoja seguir comiendo— no es un término que utilicemos a menudo en la vida diaria, pero yo seguía oyéndolo en dos contextos. El primero era el estudio de la comida procesada, porque resulta que esta está diseñada para erosionar la saciedad. El segundo era el estudio de los medicamentos para la pérdida de peso, porque estos están pensados para potenciarla. Me costó un poco empezar a rastrear las conexiones entre ambos.

Cuando la persona no se siente saciada, come más y, con el tiempo, engorda. A medida que leía investigaciones científicas y entrevistaba a expertos, fui descubriendo que, de hecho, eran siete las maneras en que esa nueva clase de comida procesada podía estar erosionando nuestra sensación de saciedad. Una de las personas que me ayudó a comprenderlo fue Tim Spector, profesor de Epidemiología Genética del King's College de Londres. En su caso, descubrió esos conocimientos mediante el estudio de miles de pares de gemelos idénticos, en un intento de averiguar por qué algunos engordaban y otros no. Según razonaba, si se conseguía determinarlo, se podría averiguar por qué aquello era algo que nos ocurría a tantos de nosotros. Lo entrevisté en su oficina, donde decenas de fotografías de gemelos idénticos me contemplaban sonrientes desde las alturas. La sensación era ligeramente inquietante. Mientras yo evitaba aquellos pares de ojos, Tim me ayudaba a comprender algunas de las razones que explicaban por qué llevaba toda mi vida pasando tanta hambre, mucho más que mi padre, o mi abuelo, o mi bisabuelo.

El primer factor que explica por qué la comida ultraprocesada va en contra de nuestra saciedad es de una curiosa simplicidad: masticamos menos. Según Tim, «suele ser muy blanda [...], es como alimento de bebés, pero para adultos». Cuando comemos, nuestro cuerpo registra que la comida entra y nos envía la señal de que hemos tenido suficiente. Si debemos masticar la comida, y tardamos más en comerla, la señal para que paremos aparece en el momento adecuado, cuando estamos saciados. Pero cuando no tenemos por qué masticar —cuando la comida resbala por la garganta con pasmosa facilidad—, esa señal de parar no nos llega hasta que ya hemos ido demasiado lejos y nos hemos atiborrado con comida. Tim me explicó que masticar es un freno necesario contra el exceso de comida, y que los alimentos procesados han alterado ese freno.[2]

Cuando me lo contó, me vino algo a la cabeza. Con cierta frecuencia, para la preparación de mis libros, emprendo largos viajes por Estados Unidos, y hace unos años me obsesioné con un producto que se vendía en casi todos los 7-Eleven, una cosa llamada Fruit Squeeze. Se presenta en un paquete metálico de color verde y contiene la pulpa de una media docena de manzanas, que van directamente a la boca. Cuando me como una manzana entera, mordisco a mordisco, y mastico para extraer la pulpa yo mismo, nunca me como más de dos de una sentada. Pero en el caso de esos tubos flexibles llenos de manzanas semilíquidas, puedo ingerir docenas de manzanas de una vez, como si acabara de ganar un campeonato de Fórmula 1 y eso fuera champán. A causa del procesado de alimentos, la mayor parte de lo que comemos se parece menos a una manzana y más a un Fruit Squeeze.

El segundo factor que explica esa erosión de nuestra saciedad es que esas comidas manufacturadas suelen contener una potente combinación de azúcar, grasa y carbohidratos, que es única y que parece activar en nosotros una sensación primigenia. Es algo que nos entusiasma como no lo hacen otras comidas. El doctor Giles Yeo, investigador sobre obesidad al que entrevisté en su laboratorio de la Universidad de Cambridge, me habló de la que según su intuición es la causa de que eso sea así. Que se sepa, solo existe un alimento en la naturaleza «en que están presentes carbohidratos y grasas mezclados de manera natural, constituyendo una unidad»: la leche materna. Se trata del primer alimento que consumimos casi todos nosotros. Nos calma. En cuanto especie, los seres humanos nunca habíamos tenido acceso a esa combinación aparentemente única de azúcar y grasa después del destete..., hasta ahora. Así que nos aferramos como el recién nacido al pecho, y tragamos.

El tercer factor es que los alimentos procesados parecen afectar de manera diferente nuestros niveles de energía. Cuando ingerimos comida, el cuerpo la descompone en azúcar en sangre —la principal fuente de energía— y la envía por todo el organismo para proporcionarnos fuerza a lo largo del día. Cuando los niveles de azúcar bajan, nos quedamos sin energía y recibimos la señal de que queremos volver a comer. La clase de comida a la que mi padre se acostumbró de niño libera la energía de manera lenta y sostenida, y si la comemos, los niveles de azúcar en sangre descenderán dos o tres veces al día, aproximadamente a la hora de las comidas, y solo tendremos hambre en torno a esos momentos. Pero si comemos las cosas a las que yo me acostumbré durante mi infancia, ocurre algo muy distinto. Muchos hemos experimentado esa sensación de devorar un paquete entero de Pringles y sentirnos llenos durante media hora, pero al cabo de ese tiempo nos morimos de ganas de comer más. Esto es así porque las Pringles nos proporcionan una inyección repentina de energía y azúcar en sangre, pero después ese azúcar se desploma rápidamente y, enseguida, volvemos a tener hambre. Tim me explicó que «si tenemos muchos picos breves» como ese, «es mucho más probable que activemos el apetito» una y otra vez. Dado que gran parte de nuestra dieta ha acabado pareciéndose a las Pringles, acabamos viviendo en lo que el nutricionista Dale Pinnock denomina «montaña rusa» de picos y desplomes de energía a lo largo del día, lo que desencadena mucho más el apetito.

El cuarto factor es que la comida procesada carece de dos cosas que nos hacen mucha falta: proteínas y fibra. El efecto que está teniendo en nosotros es algo que ha investigado David Raubenheimer, profesor de Ecología Nutricional de la Universidad de Sídney. La proteína es una molécula compleja que todos necesitamos para generar músculo y huesos sanos, y David se preguntaba si existía una razón subyacente profunda que explicara por qué comer alimentos procesados bajos en proteínas (algo que la mayoría de nosotros hace en la actualidad) podía llevarnos a comer más de la cuenta. ¿Y si tenemos más de una clase de hambre? Todos sabemos que experimentamos un hambre natural de calorías, que son las que nos aportan energía, pero además el cuerpo sabe que para funcionar correctamente también necesita proteínas. Así pues, Raubenheimer se preguntaba: «¿Y si nuestro cuerpo nos hace sentir hambre no solo de calorías en general, sino también de proteínas, y nos deja insatisfechos hasta que le proporcionamos ambos elementos de manera suficiente?». Si eso era así, podía surgir un problema en un entorno lleno de productos procesados. Imaginemos una mesa en la que, a la izquierda, dispongamos de alimentos ricos en proteínas, los que comía mi padre de niño, y a la derecha tengamos los alimentos bajos en proteínas que comía yo en mi infancia. Para llevar al organismo la misma cantidad de proteínas, la cantidad de comida de la derecha tendría que ser mucho mayor. Tendríamos que comer mucho más.

Para determinar si era así, David ideó un experimento modesto pero inteligente.[3] Separó en dos grupos a una serie de personas. A las del primero les dieron una dieta rica en proteínas, y a las del segundo, una pobre en proteínas. A todas les dijeron que podían comer tanto como quisieran. Los monitorearon para ver cuánto consumían. Y resultó que ambos grupos ingerían la misma cantidad de proteínas, pero que, para obtenerlas, las personas que comían la comida procesada tenían que consumir un 35 por ciento más de calorías en total.[4] Según me explicó, aquello demostraba que cuando consumimos comida procesada, comemos más «para obtener nuestra ración de proteínas».

Además, la fibra es una clase de carbohidrato que no somos capaces de digerir totalmente, por lo que, cuando la comemos, la comida tarda más en pasar por el organismo, y todo el proceso digestivo se ralentiza. David me explicó que (como en el caso del masticado) esto actúa como «un freno» a la hora de comer. Cuando nuestra dieta no incluye suficiente fibra, volvemos a tener hambre más deprisa y comemos más. La comida procesada suele ser baja en fibra.

El quinto factor es que muchas de las bebidas que consumimos actualmente contienen productos químicos que pueden estar desencadenando en nosotros un mayor apetito.[5] En mi caso, hasta que empecé a estudiar los aspectos científicos relacionados con los refrescos no empecé a entender este punto. A lo largo de mi vida, mi consumo de refrescos se ha triplicado, aproximadamente. Resulta mucho más fácil consumir muchas calorías en forma líquida que en forma sólida: pensemos en lo sencillo que nos resultaría tomarnos una bebida azucarada de 2 000 calorías, si lo comparamos con lo que representa ingerir la misma cantidad de calorías en forma de un filete grande con papas fritas. Ese aumento rápido del consumo de refrescos ha provocado un tsunami en la ingesta de calorías: por cada refresco adicional que un menor se bebe al día, el riesgo de obesidad aumenta un 60 por ciento.[6]

Pero yo, en ese sentido, me sentía bastante ufano. Creía que, de todas las causas de la obesidad, aquella era de la que, sensatamente, más me había librado. Como ya he comentado anteriormente, no tomo refrescos azucarados. Consumo siempre las variedades *diet*, las que llevan anunciado en la lata que contienen «cero calorías». Así que, en ese aspecto, era una persona «pura».

Pero ahora viene lo raro. Los datos científicos son confusos y su calidad no siempre es óptima, pero algunos estudios rigurosos parecen sugerir que incluso esas bebidas «dietéticas» pueden llevarnos a engordar considerablemente. Por ejemplo, Susan Swithers, profesora de Ciencias Psicológicas de la Universidad Purdue de Indiana, ha llevado a cabo experimentos en los que administra a unas ratas o bien azúcar o bien edulcorantes artificiales: y las ratas que reciben estos últimos engordan más.[7] Según explica, los edulcorantes parecen causar un «desajuste metabólico» en las ratas. La primera vez que lo leí, me pareció que no podía ser cierto. ¿Cómo iba a engordar más una bebida con cero calorías que otra azucarada llena de calorías?

Es algo que Tim quiso investigar, y para hacerlo empezó experimentando consigo mismo. Se conectó a un monitor de glucosa y se tomó una mezcla de agua y uno de los edulcorantes artificiales más comunes. Se trata de unos productos químicos que se venden como «inocuos», es decir, que no ejercen ningún efecto en nuestro organismo, que solo pasan por él, como ese buen turista que deja el paisaje que visita tan impoluto como cuando llegó.

Pero al registrar sus niveles de glucosa, Tim se sintió desconcertado: subían más de un 30 por ciento.[8] Según me comentó: «Evidentemente, no son productos inocuos. Algo hacen». En un estudio publicado en 2022, un equipo de científicos israelíes dividió a 120 personas en grupos.[9] Dos veces al día les administraban o bien cuatro edulcorantes artificiales o bien azúcar real. Aquellos provocaban un efecto sorprendente: dos de ellos elevaban el azúcar en sangre de todas las personas que los bebían, y todos alteraban las bacterias intestinales, como les ocurre a las personas hiperglucémicas.

¿Cuál es la causa? Tim sospecha que, en parte, esto es así porque esos productos químicos ejercen cierto efecto sobre el cerebro. Cuando bebemos algo dulce, este espera obtener un pico de energía a partir del azúcar. En nuestra evolución, todo nos prepara para ello. Y cuando ese pico no llega, cuando el cerebro se da cuenta de que lo engañaron, responde haciéndonos sentir más hambre para obtener ese nuevo golpe de energía que esperaba, por lo que «de pronto se nos antoja un pastel». Los reveladores estudios de Susan la han llevado a creer que la presencia de edulcorantes artificiales en nuestra dieta puede ser uno de los grandes motores de la crisis de obesidad.[10]

Tardé un tiempo en comprender del todo el sexto factor. Esa nueva clase de comida ha provocado un hecho sin precedentes: ha separado el sabor de la calidad subyacente de nuestra comida. El nutricionista Jerold Mande tuvo la paciencia de explicármelo. A lo largo de centenares de miles de años, me dijo, hemos evolucionado para adquirir una cualidad que denominamos *sensatez nutricional*. Cuando nuestros antepasados se encontraban con algo potencialmente comestible, contaban con una serie de instintos bien afinados que les ayudaban a decidir: «¿Esto me lo como o no?». Por ejemplo, si es dulce y blando, probablemente sea fruta fresca, que es buena para mí, por lo que debería comérmelo. «Contamos con millones de receptores en la nariz y la boca, que básicamente son como lectores de códigos de barras —comentó Jerold—. Cada vez que comemos algo, nos permiten saber qué contiene lo que comemos. Nos permiten ser nutricionalmente sensatos. Nos permiten saber que, si no estamos consumiendo suficiente vitamina C, o vitamina D, ello nos conducirá hasta ese alimento, y lo comeremos». Pero, según me explicó, las nuevas formas de comida lo han alterado todo. La comida que se manufactura en fábricas «ha separado los sabores de los alimentos. Por lo que actualmente los sabores no nos dicen nada». Hoy, el sabor dulce no es indicativo de fruta fresca. Puede indicar bombón, o una lasaña del microondas, o un licuado de plátano de 3 000 calorías. En efecto, el sistema que antes servía para decirnos que comiéramos fruta fresca ahora nos dice que tomemos Fruit Loops.

Ello significa que nuestros instintos, que tan sensatamente nos han guiado durante tanto tiempo, son actualmente como una especie de GPS experimental que antes nos decía cómo regresar a casa, pero que ahora nos dice que nos precipitemos por un acantilado. Lo que antes nos llevaba a buen recaudo (y seguiría haciéndolo, en un entorno lleno de alimentos naturales) nos conduce hacia la enfermedad.

El séptimo factor es que esas comidas parecen llevar a un mal funcionamiento de nuestros intestinos, y lo hacen erosionando la sensación de saciedad. Tim se ha situado en la vanguardia de los estudios de este aspecto, y explica que en el fondo de los intestinos existe una parte del cuerpo que es tan importante como el cerebro. Se trata del microbioma intestinal. En ese lugar «es donde habitan la mayoría de nuestros microbios intestinales. Se alojan ahí, en la oscuridad, en nuestro colon, y son centenares de billones». Descomponen los alimentos que ingerimos, y liberan en el organismo toda clase de sustancias químicas que nos resultan esenciales para vivir y operar plenamente. Resultan «absolutamente cruciales para nuestro sistema inmunitario, para combatir el envejecimiento, para nuestro metabolismo, para el control de nuestra energía, así como para digerir la comida y obtener de ella lo que conviene. Sin microbioma no podemos vivir. Cuando más sano está, más sanos estamos nosotros». Y resulta importantísimo destacar que su salud proviene de su diversidad: cuanto más amplio sea el abanico de bichitos saludables que viven en nuestro intestino, mejor funcionará.

Pero en nuestros intestinos ha ocurrido algo muy extraño. Actualmente tenemos unos microbiomas mucho menos diversos que nuestros antepasados. De hecho, en promedio, hemos «perdido alrededor del 40 por ciento» de la diversidad de vida de nuestros microbiomas», explicó Tim.[11] Pero ¿por qué? Para rendir al máximo, al intestino hay que alimentarlo con una gran diversidad de tipos de comida (lo ideal sería darle unas treinta variedades de plantas por semana). Pero la comida procesada y la comida chatarra están confeccionadas a partir de unos bloques de construcción muy limitados: «El 80 por ciento de la comida procesada está hecha solo a partir de cuatro ingredientes: maíz, trigo, soya y carne», aclara.[12] Sus investigaciones han mostrado que, si empezamos a comer alimentos procesados, al cabo de pocos días la salud de nuestro intestino empieza a cambiar drásticamente.

Hambrientos de diversidad, nuestros intestinos se enferman, como un huerto rociado con pesticida. Después de décadas encabezando la investigación en este campo, Tim se ha convencido de que estamos «envenenando» nuestros microbiomas con «comida chatarra, edulcorantes y azúcar». Como consecuencia de ello, nuestros intestinos funcionan mal, y no son capaces de controlar nuestro apetito ni nuestra energía tan bien como lo hacían antes. Según él, «es probable que esa sea la causa de gran parte de nuestra epidemia de obesidad».

Todo ello se combina con otro efecto desconcertante: en un estudio se descubrió que la comida procesada nos lleva a comer diariamente, en promedio, 500 calorías más que si tomamos solo alimentos similares no procesados.[13] Es aproximadamente el equivalente a añadir una Big Mac completa a nuestra dieta diaria. Imaginemos esa cantidad sumándose a lo largo de toda una vida. Bien, en mi caso, a mí no me hacía falta imaginármelo. Me sentí perplejo al darme cuenta de que esos factores me habían estado afectando desde que era muy pequeño. Los seres humanos comemos, al menos en parte, para saciar el hambre. Pero ahora me percataba de que, durante todos esos años, yo había estado comiendo de tal manera que lo que había hecho había sido potenciar el hambre. Era como haber intentado saciar la sed bebiendo agua de mar.

Empecé a considerar la cuestión relacionándola con otra cosa que ha ocurrido mientras engordábamos. A lo

largo de los últimos cincuenta años, la industria agropecua-
ria ha avanzado mucho a la hora de conseguir unos animales más grandes y corpulentos. Lo hacen por varias razones. Cuanto más grande es un animal, más carne puede
extraerse de él, por lo que podrán obtenerse más productos
de una vaca gorda que de una flaca. Además, uno de los
mayores costos de esa industria es el alojamiento del ganado. Así pues, cuanto antes se consiga que los animales al-
cancen el peso deseado, menor será ese costo. Y la industria ha logrado con extraordinaria eficiencia esa ganancia
de peso masiva. Hace treinta años, hacían falta 12 semanas
para que un pollo criado en una granja industrial alcanzara
su peso de sacrificio, y en cambio ahora solo se necesitan
entre cinco y seis semanas.[14] Los pollos, hoy, contienen el
triple de grasa que cuando yo nací,[15] y en la actualidad el
pavo de granja normal posee unas pechugas tan desarrolla-
das que apenas puede mantenerse en pie.[16]

¿Cómo lo consiguen? Pues, en parte, restringiendo el
movimiento de los animales: muchos de ellos no pueden
siquiera darse la vuelta en sus jaulas. Pero más importante
aún es que sus dietas se han transformado por completo. Si
alimentamos a una vaca con la comida real que, durante su
evolución como especie, está adaptada para comer, tardará
más en alcanzar su peso de sacrificio que si la alimentamos
con algo diferente: una nueva clase de alimento ultraproce-
sado, compuesto de cereales, productos químicos, hormonas y antibióticos. Dado que a los animales no les gusta el
sabor de esa comida falsa, las empresas agropecuarias suelen añadir edulcorantes artificiales (uno de los más populares
es el polvo de gelatina, sobre todo con sabor a fresa y plátano). Al mezclar un compuesto de sabor dulce en su comida procesada, los corderos suman rápidamente un 30 por
ciento a su peso corporal.[17]

Si nuestra intención es conseguir que un animal engorde, suprimimos lo que comían sus antepasados y le proporcionamos una réplica ultraprocesada y edulcorada artificialmente. Dicho de otro modo, la ganadería industrial hace con los animales exactamente lo mismo que la industria alimentaria de los procesados hace con nosotros y con nuestros hijos todos los días.

Al salir de la oficina de Tim Spector, vi que todos aquellos gemelos me miraban por última vez y pensé en su advertencia: que como consecuencia de muchos de esos factores, en la actualidad vivimos en una «tormenta perfecta de obesidad». Según él, si la comida ultraprocesada fuera una droga, la retirarían del mercado, porque se consideraría demasiado peligrosa para su consumo.

Durante los primeros meses de mi investigación para la elaboración de este libro me dediqué a entrevistar a personas sobre lo que a mí me parecía que eran dos cuestiones bastante diferentes. Conversé con científicos que investigan cómo nos afecta la comida, y con otros especialistas sobre cómo nos afecta la nueva generación de fármacos para perder peso. Consideraba que se trataba de vías paralelas. Pero a cada paso del camino siempre aparecía la misma palabra: *saciedad*. Aquellas dos vías estaban cada vez menos separadas, y cada vez las veía más como partes entrelazadas de una trenza.

Carel Le Roux, uno de los científicos que ha desarrollado esos medicamentos, me explicó que, con frecuencia, los que se dedican a este campo llaman a los GLP-1 y los demás elementos químicos intestinales *hormonas de la sacie-*

dad, porque esa es precisamente la sensación que parecen devolver a la gente. Daniel Drucker, que desempeñó un papel fundamental en el descubrimiento del GLP-1, me contó que muchas personas «ya habían renunciado a experimentar de nuevo esa sensación de saciedad» hasta que esos fármacos se la devolvieron.

La relación entre ambas cosas empezaba a hacerse evidente. Llevamos cuarenta años consumiendo unos alimentos que erosionan nuestra sensación de saciedad de manera sistemática. Ahora, como reacción a ello, exigimos que nos proporcionen fármacos que nos devuelvan esa saciedad perdida. Una cosa ha producido la otra. Si no se hubiera dado esa transformación en lo que comemos, el mercado de los medicamentos adelgazantes se habría visto confinado a un pequeño número de personas.

Una vez que me di cuenta, mi decisión de empezar a tomar Ozempic empezó a parecerme ridícula. Michael Lowe es profesor de Psicología Clínica de la Universidad Drexel, en Filadelfia, y desde hace cuarenta años es uno de los principales investigadores en la cuestión del hambre. Se trata de un hombre enérgico de más de setenta años que ha dedicado su vida a estudiar la dieta desde todos los ángulos. A medida que conversábamos, me iba ayudando a conectar los puntos. Según él, esos medicamentos para perder peso son «una solución artificial para un problema artificial... La obesidad es un problema artificial en el sentido de que [actualmente comemos] alimentos de elevada densidad energética que normalmente [no existen] en la naturaleza. En nuestros días de cazadores recolectores no existía prácticamente ninguno. Y ahora encontramos una solución artificial, que consiste en reparar la saciedad artificialmente erosionada a través de un fármaco diseñado artificialmente».

Cree que algo funciona mal «siempre que una sociedad tiene un problema que, según reconoce todo el mundo, se basa en gran medida en el entorno, y esta tiende cada vez más a medicalizarlo». Ello nos lleva a pasar por alto lo que, de entrada, causa ese problema. «Si uno se encuentra metido en una zanja, lo primero que hay que hacer es dejar de cavar. Pero nosotros seguimos cavando». Las empresas alimentarias siguen encontrando la manera de llenarnos de comidas irresistibles. «Las pastillas, claro está, no hacen nada para modificar el entorno». Esa industria consigue que nuestros hijos sean cuanto más gordos, mejor; cuanto antes, mejor. Y entonces, años después, buscamos la manera de solucionar el problema, pero no socialmente, sino en el interior de nuestro intestino.

En opinión de Michael, la respuesta a un problema causado por un sistema alimentario tóxico pasa por arreglar el sistema alimentario. Se trata de algo extremadamente difícil de lograr si lo hacemos como individuos aislados, pero que como sociedad podemos conseguir si estamos decididos (más adelante supe que existen lugares donde lo han hecho, como veremos). Insiste en que es posible hacerlo, pero «básicamente, los Gobiernos han tirado la toalla. Eso es lo que me preocupa. Vivimos en un mundo de maravillas médicas, donde se nos cura de toda clase de enfermedades. Pero ¿dónde ponemos el límite a la hora de decir: "Vivamos como nos dé la gana, y dependamos de la industria farmacéutica para que nos salve de nosotros mismos"? Porque eso también es lo que estamos haciendo. En cuanto cultura, me temo que hemos renunciado a toda idea de prevención». Lo que hacemos, en cambio, es confiar en soluciones arriesgadas y rápidas.

«Una parte de mí dice: "Cuidado con lo que deseas". ¿Este va a ser nuestro planteamiento a la hora de abordar la epidemia de obesidad? ¿Vamos a diseñar unos tratamientos cada vez más caros [y] permanentes?».

Suspiró. «Quizá es que yo, simplemente, estoy fuera del mundo. Quizá aplico los valores con los que me crie. Pero se supone que no debemos adentrarnos sin más en el futuro sin intentar siquiera cambiarnos; esto es, sin cambiar nuestra sociedad, nuestros restaurantes, nuestras empresas alimentarias, nuestros hijos. Ni siquiera lo intentamos». En lugar de tratar de solucionar el problema, lo que hacemos es medicarnos. «¿Es así como queremos avanzar como especie?». Cuando piensa en esos medicamentos, lo que se le ocurre es que «son como la respuesta de un niño a los problemas de la vida. No modificamos lo que los genera... Es como si fuera un reino mágico, en el que basta con desear algo para que se haga realidad». La alternativa pasa, de hecho, por solucionar el problema subyacente, para que «dentro de cincuenta años el 80 por ciento de nosotros no consumamos medicamentos adelgazantes».

A mí me parecía que había expresado muy bien mis temores latentes. Son muchas las personas que llevan tiempo estudiando la obesidad y que han dado voces de alarma similares. Robert Lustig, profesor de Pediatría que lleva décadas en primera línea advirtiendo que la comida nos está matando, declaró en el periódico *The Guardian* que cree que esos fármacos son «un curita. Ofrecer un medicamento solo para perder peso es, en esencia, como cerrar los ojos y confiar en que todo estará bien». Insistía en que la respuesta pasa por cambiar lo que comemos. Henry Dimbleby, director de una encuesta encargada por el Gobierno británico sobre cómo resolver la crisis de obesidad, advertía que el país no puede «salir del problema a base de medicamentos». Según defendía, basarse en ese planteamiento es «descabellado», y afirmaba que lo que debía hacerse era seguir la estela de Japón, que ha mantenido la obesidad en niveles bajos de una manera totalmente diferente, una manera que pronto experimentaría yo mismo.

Particularmente, creo mucho en abordar los problemas difíciles de frente y, a partir de ahí, tratarlos desde su raíz. Ya había escrito algunos libros explicando por qué debemos rechazar las soluciones superficiales a nuestras crisis por depresión, ansiedad y adicción, y concentrarnos sobre todo en tratar sus causas subyacentes, psicológicas y sociales. Y empezaba a pensar que tomar Ozempic era una traición a mis valores.

Cada vez que me lo inyectaba, me sentía un estafador.

Pero entonces ocurrió algo que me llevó a replantearme las cosas una vez más.

Hace siete años, a una de mis mejores amigas (la llamaré Judy) le diagnosticaron cáncer de mama y estuvo a punto de morir. La acompañé durante la quimioterapia, la caída del cabello, su doble mastectomía, y también (gracias a Dios) asistí a su recuperación plena. Como la ayudé a pasar por su crisis de salud, ella —muy afectuosamente— lleva un tiempo diciéndome que le preocupa la mía. «Creo que la historia genética de tu familia —los problemas cardiacos— es suficiente para que sepas que de ninguna manera debes tener sobrepeso». Había asistido al aumento de mis niveles de grasa corporal, y sabía que con ella aumentaba también mi riesgo de padecer enfermedades, y de sufrir una muerte prematura. Se ofreció a enseñarme a cocinar de manera saludable, a bailar y a practicar otros ejercicios divertidos. Yo le di las gracias y no le hice caso. Cuando empecé a tomar Ozempic se mostró entusiasmada.

Una tarde fui a verla y le comenté que me estaba planteando dejar de tomar el medicamento porque me parecía que no era una solución a la raíz del problema; no me estaba enfrentando a las causas subyacentes. Si yo sufría sobrepeso se debía a unas fuerzas mucho mayores, y eran estas las que debía abordar.

Judy se mostró alarmada y me dijo: «Hay algo en Gran Bretaña que hace que una de cada siete mujeres sufra cáncer de mama.[18] No era así hace diez años, hace veinte años, y mucho menos hace doscientos años.[19] Y no es así en Japón. Parece claro que, socialmente, hay algo que funciona mal, que está espantosamente mal, en este país. Pero, Johann, cuando yo supe que tenía cáncer de mama, tú no me dijiste: "Qué carajos, tú ahora estás pasando por esta situación tan horrible, con cáncer, y ahora te quieren llenar de quimioterapia para intentar salvarte la vida. ¡Dedícate a abordar las causas sociales profundas del cáncer! ¡Luchemos por eso!". No. Lo que tú me dijiste fue: "Tienes que seguir el tratamiento porque, en esta situación tan horrible, es la mejor opción que tienes a tu alcance". Mira, Johann, a mí me encantaría vivir en un país en el que no hubiera una de cada siete mujeres con cáncer de mama. Creo que debemos investigar cuáles son las razones y abordarlas. Pero no lo hemos hecho, y yo vivo en este país, y tuve cáncer. Así que hice lo que tenía que hacer para sobrevivir».

Y sí, claro, añadió, mi exceso de peso no era una crisis tan inminente como había sido su cáncer, pero podía llegar a serlo. «Seguirás aumentando de peso a menos que hagas algo al respecto. Creo que si pierdes el exceso de peso a tu edad, como estás haciendo, es más probable que lleves una vida saludable, que comas sano a partir de ahora. Si no lo haces, te expones a una vida más corta. Y yo quiero tenerte por aquí mucho tiempo».

Seguimos conversando, y mientras lo hacíamos, mi mente regresaba a los temores expresados, entre otros, por Michael Lowe. Judy recalcaba que estaba totalmente de acuerdo con ellos, que sí, que las causas son ambientales, y que deberíamos abordarlas. Debíamos luchar por ello. Era necesario. Pero ese argumento no impedía que yo, además, adoptara remedios urgentes en ese momento. «Si se está incendiando mi casa, podrías decir: "Estaría muy bien que se usaran otros materiales de construcción menos inflamables; estaría muy bien que instaláramos mejores sistemas antiincendios". Esas son, sin duda, excelentes ideas. Pero en este momento la casa se está quemando. Llama a los bomberos, y que empapen bien la casa de agua». Me habló de la gran cantidad de niños en la clase de su hijo que son obesos, y comentó: «La crisis es de un nivel importantísimo. No entiendo que haya alguien que no se alarme ni se asuste con lo que está ocurriendo. Empapa bien la casa, ahora mismo».

Judy me dijo que tenía que ser sincero conmigo mismo. Si dejaba de tomar Ozempic, volvería a ganar todo el peso que había perdido, y seguramente seguiría engordando a los cuarenta y a los cincuenta, y se enfermaría. «Eres una de las personas más disciplinadas que conozco. Te fijas metas y las persigues. Centras tus esfuerzos en las cosas que te importan y obtienes resultados. Pero en este aspecto de tu vida, en el cambio de dieta, no creo que puedas. Es el único aspecto. Lo has intentado en serio. Te he visto perder peso a veces. No es que te falte fuerza de voluntad. Es que, en el mundo que hemos construido, perder peso es lo más difícil que hay. Sinceramente, en esta sociedad me parece más fácil dejar la heroína que dejar toda esa comida chatarra, porque al menos, si dejas la heroína, no te encuentras en un entorno en el que esta está por todas partes, constantemente». Si me alejaba de «la pérdida de peso sin esfuerzo» del Ozempic, debía saber que estaba optando «por un camino peligroso», me dijo. «No hay nada perfecto, pero lo que tenemos es tan catastróficamente imperfecto que, en mi opinión, estos fármacos ofrecen una versión mejor de la imperfección».

Estuve varias semanas repitiéndome mentalmente los argumentos de Judy, sin resolver el conflicto. Pero entonces, después de hablar con un hombre llamado Jeff Parker, empecé a pensar en otros términos sobre lo que ella me había dicho. Parker es un diseñador de iluminación jubilado, de sesenta y seis años, que vive en San Francisco y que, hace dos, sufría obesidad y pesaba algo más de 100 kilos. «Mi peso me limitaba». Le costaba caminar, y cuando lo hacía le dolían mucho las piernas. «Lo había probado todo. Lo había intentado con las dietas, con la restricción de calorías. Había probado Noom y otras aplicaciones; contar calorías; apuntar». Pero nada le funcionaba durante mucho tiempo, y el efecto del sobrepeso severo sobre su salud era horrible. Su médico le informó que tenía problemas serios en los riñones, el hígado y la presión sanguínea, sufría gota y se enfrentaba a complicaciones cardiacas graves. Debía tomar diariamente un montón de pastillas.

Entonces, un día, su amiga Mel le contó que llevaba un tiempo tomando Mounjaro, un fármaco adelgazante. Había empezado a aumentar la dosis, por lo que le quedaban unos cuantos aplicadores de 5 miligramos sin usar, y lo animó a probarlo. «En mi primer mes, perdí 9 kilos —me dijo—. Así que el ciclo de retroalimentación positiva empezó de inmediato». Pudo volver a pasear y a practicar algo de ejercicio. Me sugirió que intentara llevar encima, du-

ADELGAZAR A CUALQUIER PRECIO

rante un día entero, a todas partes, un saco de 9 kilos de arroz, o de comida para perros, y que por la noche lo soltara. El alivio que experimentaría era el que sentía él en aquel momento. «Es un peso que te quitas de encima de los hombros. Ya no te sientes incapacitado. Puedes hacer las cosas que te dan alegría».

Al seguir perdiendo peso con una rapidez considerable, pudo empezar a sacar a pasear a su perrito por el Golden Gate, en un recorrido muy agradable, mientras tomaba el sol. Jeff consiguió un suministro continuado del fármaco, y cuando él y yo conversamos, ya había perdido casi 23 kilos. Su médico se mostró sorprendido con los resultados de sus análisis médicos. «Me redujo a la mitad la dosis de pastillas para la hipertensión. Y lo mismo con las estatinas. Me dijo: "Es muy probable que vuelva a reducirte a la mitad su dosis". Todo mi síndrome metabólico estaba remitiendo. Así pues, casi todo lo que me provocaba dolencias se estaba resolviendo gracias a la pérdida de peso. Era milagroso». Sus dolores persistentes remitieron. Había empezado a montar en bicicleta por las colinas de San Francisco. «Ahora tengo la sensación de que voy a poder disfrutar de mi jubilación».

Compartí con Jeff que a mí me parecía que debíamos abordar las causas ambientales profundas, y que, según algunos, hay que dar prioridad a eso, y no a medicar a la gente. Él me sonrió y me dijo: «Creo que es una buena meta, y les deseo toda la suerte del mundo. Los apoyaré. Pero solo tengo una vida. Tengo sesenta y seis años y quiero disfrutarla ahora. Estoy totalmente a favor de reconstruir la manera de comer, totalmente a favor de suprimir el azúcar de todas las cosas que lo llevan (todo lleva azúcar), pero yo vivo hoy, no en una utopía futura en la que todo el mundo cultiva kale en el jardín de su casa. Yo vivo ahora.

Necesito mejorar mi salud y mi capacidad para disfrutar ahora. La vida es un recurso limitado».

Me pareció un argumento difícil de rebatir. Daniel Drucker, el primero en descubrir el GLP-1, me dijo: «Mientras esperamos a que unas soluciones mágicas sean capaces de revertir la totalidad de nuestra epidemiología global y nuestra incidencia de obesidad a los niveles existentes en las décadas de 1960 y 1970, contamos con algo para mejorar la salud».

La doctora Shauna Levy, especialista en obesidad que receta Ozempic, manifestó, contundente: «Habla con el Gobierno. Habla con todas esas personas que han convertido nuestra comida en algo nocivo y han descontrolado el tamaño de las raciones que consumimos. Ve a hablar con ellos». Pero «hasta que no se produzcan esos cambios, ¿no se supone que nosotros debemos solucionar nuestro problema, un problema causado por el ser humano?». Con un movimiento de mano desdeñó la sugerencia, por absurda.

Al reflexionar algo más sobre la cuestión, me preguntaba: «¿Te opones a que los diabéticos tomen Ozempic para controlar su azúcar en sangre? No. Pero ¿acaso la diabetes no se relaciona también con causas ambientales? ¿Acaso, cuando se trata de la diabetes tipo 2, no viene motivada por los mismos factores que conducen a la obesidad? Sí. Las evidencias son claras en ese sentido. ¿Entonces? ¿Por qué aceptas de buen grado que los diabéticos lo usen para tratar un problema desencadenado por factores ambientales y en cambio dudas de que las personas obesas lo tomen para tratar el suyo?».

Ello me llevó a formularme una pregunta incómoda: «¿No tendrás una objeción psicológica al uso de esos medicamentos porque, a cierto nivel, crees que esas personas obesas no merecen estar sanas?».

Lo cual me llevó a enfrentarme a algo más profundo en mi psique. Si soy totalmente sincero, en cierto modo, me parecía que al tomar esos fármacos estaba haciendo trampa. La pérdida de peso debía llegar con esfuerzo, con dieta y ejercicio. Un piquetito a la semana es demasiado fácil. Me sentía ligeramente avergonzado.

Y no soy el único que se siente así. Cada vez que, actualmente, una persona famosa publica fotos suyas en las redes sociales mostrando el peso que ha perdido, la acusan automáticamente de usar Ozempic y, por tanto, de hacer trampa. Jono Castano, entrenador personal de Hollywood, con el mérito de haber ayudado a la actriz Rebel Wilson a perder peso, ha manifestado que esos medicamentos son una señal que demuestra que «la gente es perezosa y no quiere esforzarse».

En realidad, no entendí por qué pensaba de ese modo hasta que empecé a conocer de qué manera, históricamente, se nos ha enseñado a pensar en la gordura. Porque, aunque en el pasado era excepcional, ya existía, y se veía como una ofensa contra la naturaleza. El primero en enumerar los siete pecados capitales fue el papa Gregorio I en el siglo VI, y uno de ellos era la gula. Según él, comer mucho es pecado, y los pecados exigen castigo antes de obtener la redención. Está muy arraigada en nuestra cultura esa creencia de que la obesidad indica que la persona es glotona, por lo que el sufrimiento es una respuesta justa y necesaria.

Las únicas formas de perder peso que admiramos son las que implican dolor: programas de ejercicio extremo, o restricción extrema de calorías. Si nos sometemos a ellas, nos perdonarán. Pero adelgazar así, de pronto, sin pagar un precio en dolor, en sudor... Eso es indignante.

Me di cuenta de que había interiorizado ese planteamiento. Me sentía avergonzado por estar gordo y, a cierto nivel inconsciente, creía que merecía un castigo. Pero al tomar Ozempic me estaba saltando ese castigo, había conseguido la tarjeta del Monopoly para salir gratis de la cárcel. Al tomar conciencia de esas ideas, al llegar a expresarlas en voz alta, empecé a cuestionármelas.

Se trata de algo sobre lo que tuve ocasión de reflexionar con mayor profundidad al leer un ensayo de la periodista irlandesa Terry Prone sobre un debate similar que tuvo lugar hace doscientos años.[20] Cuando empezó a implantarse la anestesia moderna, muchos médicos se resistían a ofrecer esas opciones analgésicas a las mujeres que estaban a punto de dar a luz porque consideraban que el sufrimiento era parte fundamental del parto. Cristo había sufrido en la cruz y las mujeres debían sufrir al traer hijos al mundo. Sufrir ennoblecía (sospecho que también había algo de misoginia y puritanismo: una mujer que daba a luz a un hijo había mantenido relaciones sexuales, y también eso debía venir seguido de la experiencia del dolor). Tener un hijo sin dolor significaba hacer trampa con las leyes de la naturaleza. Esas creencias cambiaron de manera muy lenta. Un momento clave llegó cuando la reina Victoria reveló que había usado anestesia en sus partos. En la actualidad, son pocas las personas que dirían que una mujer «hace trampa» si reduce la agonía del parto con fármacos, y si alguien dijera que una mujer que tiene un hijo merece sufrir, se le consideraría un loco y un misógino.

Así pues, me preguntaba: ¿por qué la pérdida de peso debe conllevar dolor? ¿Realmente creo que Jeff merece sufrir? ¿O mi difunta amiga Hannah? ¿O mi abuela, que fue obesa durante gran parte de su vida adulta, lo que le destrozó las rodillas y seguramente contribuyó a su proceso de demencia? ¿Creo que son pecadores que merecen castigo, o ya he superado las ideas de un papa del siglo VI?

Un día, John Wilding, uno de los científicos que ha tenido un papel fundamental en el desarrollo de esos fármacos, me comentó: «¿Por qué tenemos que ponerle las cosas muy difíciles a la gente? ¿Es que estamos castigándola?». A él, aquello le parecía una idea desquiciada que debe superarse. «Yo opino que debemos facilitárselas. Y de ese modo conseguiremos que mejore su salud».

Y así, inseguro, inestable, procurando procesar todos aquellos sentimientos contradictorios, decidí seguir dando una oportunidad a aquellos fármacos, de momento...

4

Vivir en un estado de inflamación

¿Qué les ha ocurrido a nuestros cuerpos?
¿Esos medicamentos sirven para revertirlo?

Las comidas ultraprocesadas han modificado nuestros cuerpos y nuestras mentes y, a corto plazo, estos fármacos parecen ser de las pocas opciones disponibles para revertir sus efectos en nosotros. Pero, sin duda, también vienen acompañados de toda clase de riesgos propios. Así pues, a fin de plantear exhaustivamente la cuestión debemos sopesar esas dos formas de riesgo que compiten entre sí y contraponerlas. Y bien, ¿los riesgos de la obesidad superan a los del Ozempic y sus fármacos hermanos?

Yo, en gran parte, no tenía ganas de saber de qué manera afectaba a la salud ese peso adicional. Y no las tenía por una serie de motivos. El primero es que muchas de las personas a las que quiero sufren sobrepeso o son obesas, y asusta que te digan que están sometidas a daños constantes por parte de unas fuerzas muy poderosas. El segundo es que la comida con la que me he criado constituye una gran fuente de consuelo y placer para mí. No quería que me dijeran que mi colchón de bienestar podía, en realidad, ser un veneno. El tercero es que el mundo está lleno de personas odiosamente crueles con la gente que tiene sobrepeso, y usan los conocimientos científicos sobre los peligros de la obesidad como un recurso para atacarla. Se trata de una manera de proceder que ha dado en definirse con el término *concerncontrolling*, por el que alguien finge estar preocupado por la salud de otros para poder, de hecho, avergonzarlos y humillarlos. A mí me preocupaba que tener conocimiento de esas evidencias pudiera servir, sin pretenderlo, para proporcionar munición a esa gente.

Pero, al final, el argumento a favor de explorar la verdad fue superior al que me llevaba a esconderme de ella. Todos sabemos que a veces hay que enfrentarse a hechos desagradables. Resulta tentador ocultar la factura que no vamos a poder pagar, o ignorar la llamada del médico que puede ser portadora de malas noticias. Pero abrimos el sobre y descolgamos el teléfono, porque sabemos que si no lo hacemos, tarde o temprano nos enfrentaremos a problemas peores.

Así pues, me dediqué a entrevistar a numerosos expertos sobre los efectos del sobrepeso y la obesidad en el organismo, y a leer con detalle los mejores estudios científicos sobre la materia. Me sorprendió descubrir que existe un amplísimo consenso científico sobre las cuestiones principales. Como me dijo Max Pemberton, uno de los médicos más conocidos de Gran Bretaña (y al que voy a citar asiduamente en este capítulo), las evidencias científicas indican que el sobrepeso y la obesidad ejercen un impacto significativo a largo plazo en la salud, y de maneras diversas. No existe ningún debate al respecto en la comunidad científica. Lo mejor que podemos hacer para mantener unos resultados positivos de salud a largo plazo es mantenernos dentro de un margen de peso saludable.

Existe un pequeño número de activistas que han intentado poner en duda ese robusto consenso. Según aseguran, la idea de que la obesidad es perjudicial es un mito promovido por el estamento médico y motivado por un prejuicio muy profundo contra la gordura. En el presente capítulo pretendo analizar qué dicen los científicos y después, en un capítulo posterior, veremos la respuesta de esos activistas. Particularmente, me he acercado a ambos con una mentalidad abierta.

El efecto del sobrepeso más común sobre la salud es el desarrollo de la diabetes. Confieso que yo, sin haberle dedicado demasiada atención al tema, había dado por sentado que se trataba de un problema bastante menor. Si te la diagnostican, ¿no basta con inyectarse insulina para volver a la normalidad? Siempre y cuando uno mantenga unas dosis constantes y seguras, ¿acaso no es la vida del diabético igual que la del no diabético?

Max me explicó que eso es lo que cree mucha gente, pero que como médico que ha tratado a una gran cantidad de pacientes con diabetes, sabe que dicha creencia es un error catastrófico. Y me expuso cómo actúa la enfermedad. En el páncreas, nuestro organismo fabrica una hormona llamada insulina, que tiene una misión muy importante: ayuda a la glucosa (la principal fuente de energía del cuerpo) a llegar a las células. Hay personas que, de manera natural, tienen un problema con la fabricación de insulina, y sufren diabetes tipo 1. En el caso de muchos otros, a medida que adquieren sobrepeso, a su organismo le cuesta más procesar la insulina correctamente, y desarrollan diabetes tipo 2. Cuando esto ocurre, significa que la glucosa no penetra en las células, y algunas partes fundamentales del cuerpo se quedan sin la energía que necesitan. Ello pone en peligro los ojos, el corazón, los riñones y el sistema nervioso. Graham MacGregor, uno de los máximos expertos en presión arterial de Gran Bretaña, me dijo que mucha gente «no acaba de ser del todo consciente de cómo afecta a las personas la diabetes tipo 2». Es una de las principales causas de ceguera en el Reino Unido. «Y la principal causa de diálisis renal. Y también de la amputación bilateral de piernas». Como consecuencia de la diabetes tipo 2, anualmente, en Estados Unidos, deben amputar alguna extremidad inferior a más de 120 000 personas.[1]

Max comentó que, incluso cuando está bien tratada, los efectos de la diabetes son tan graves que él, personalmente, ha llegado a la conclusión de que preferiría ser seropositivo que diabético. Sabía que resultaba chocante, pero me pidió que me limitara a valorar los hechos. «Hablo estrictamente desde un punto de vista médico. En este momento, las personas con VIH [que reciben tratamiento] viven tanto como las que no lo tienen. ¿Qué ocurre en el caso de la diabetes? En promedio, los diabéticos viven quince años menos» si contraen la enfermedad cuando son adultos jóvenes.[2] Y no es solo que mueran mucho antes. Es que existen muchas más probabilidades de padecer complicaciones muy graves, a menudo durante años. «Si nos fijamos en los últimos años de vida de las personas con diabetes», es mucho más probable que «se encuentren con discapacidades severas. Pueden acabar con ceguera. O con insuficiencia renal. Esas son complicaciones de la diabetes [...]. Es posible que tengan que amputarles una pierna. Pueden sufrir un ictus y quedar paralizadas de un lado del cuerpo. Pueden sufrir demencia vascular. Son muy diversas las complicaciones que pueden afectar a una persona con diabetes antes de que la enfermedad acabe con su vida».

Las probabilidades de que un hombre obeso desarrolle diabetes son seis veces superiores que las de un hombre sin obesidad, y las probabilidades de que la desarrolle una mujer obesa son doce veces superiores.[3] Un sondeo científico realizado a partir de 2.3 millones de individuos con diabetes tipo 2 halló una fuerte asociación «lineal positiva entre masa corporal y diabetes» —a medida que la masa corporal aumenta, también lo hace el riesgo de diabetes—.[4] Si el IMC de una persona supera los 35 puntos a los dieciocho años, existe un 70 por ciento de probabilidades de que esa persona desarrolle una diabetes en algún momento de su vida.[5]

Y resulta de una facilidad pasmosa empezar a transitar por ese camino. En un sencillo experimento, un equipo de científicos seleccionó a seis hombres sanos y les pidió que se acostaran en la cama e ingirieran 6000 calorías al día. Transcurridas cuarenta y ocho horas, habían desarrollado resistencia a la insulina, el primer paso de la diabetes.[6] Se trata de algo muy común en la actualidad: más de una tercera parte de la población estadounidense se encuentra hoy en un estado prediabético,* en el que los niveles de azúcar en sangre empiezan a descontrolarse a causa de cierta resistencia a la insulina, al tiempo que entre el 12 y el 14 por ciento ha desarrollado ya una diabetes completa.[7]

El segundo efecto más común asociado al aumento de peso consiste en un incremento del dolor físico. Se fuerzan la espalda, las rodillas, las caderas. En mi caso, mi etapa de máxima gordura (antes de cumplir los treinta años llegué a pesar 95 kilos) me trajo un dolor agudo en la zona lumbar que no me dejaba dormir por las noches. Cuanto más engordamos, más limitada se ve nuestra capacidad de llevar

---

* En España, según datos del estudio de Di@bet.es, un 13.8 por ciento de la población adulta padece diabetes, y un 14.8 por ciento, algún tipo de prediabetes (intolerancia a la glucosa, glucemia basal alterada o ambas). Véase <https://www.elsevier.es/es-revista-avances-diabetologia-326-articu lo-consenso-sobre-deteccion-el-manejo-S1134323014001501>. (N. del T.).

una vida plena. Hace unos años visité el Gran Cañón del Colorado. El viaje en minibús desde Las Vegas era de siete horas. Iba con un pequeño grupo, y uno de sus integrantes era un niño divertido y encantador de nueve años. No paraba de compartir datos sobre el Gran Cañón, que llevaba todo un año estudiando en clase. También era muy obeso. Cuando llegamos, el conductor nos dejó en un punto, y se suponía que debíamos caminar por el perímetro del parque a lo largo de un kilómetro y medio, aproximadamente, antes de reencontrarnos con él en un punto más abajo. Hacia la mitad del recorrido, aquel niño brillante ya estaba sin aliento, cubierto en sudor, y nos dijo que le dolían tanto los pies que ya no podía seguir caminando. Ya no contemplaba el Cañón admirado. Estaba a punto de llorar, y sus padres, a los que también les faltaba el aire, parecían humillados y avergonzados. Llamaron al conductor, que se acercó todo lo que pudo para recogerlos.

A medida que envejecemos, ese exceso de peso nos daña las rodillas y las caderas, por simple desgaste. «Tiene que ver simplemente con el peso que deben soportar nuestras extremidades», me explicó Max. Cuando las piernas soportan más peso, el cartílago se corroe. Por ello, un hombre con sobrepeso tiene una probabilidad 176 veces superior de necesitar una prótesis de rodilla o de cadera, y si es obeso, la probabilidad aumenta hasta el 320 por ciento.[8]

Otra importante consecuencia del sobrepeso es el riesgo al que se expone el corazón. Era algo que a mí me tocaba muy de cerca porque, como ya he mencionado, eso fue lo que mató a mi abuelo cuando era algo más joven de lo que yo soy ahora. Max explicó que es algo que puede producirse de diversas maneras: «El corazón bombea sangre por todo el cuerpo, pero en esencia es un músculo. Y necesita su propio suministro de sangre». La obesidad «causa un estrechamiento de los vasos sanguíneos que proporcionan sangre al corazón». Con el tiempo, ello puede implicar que «el corazón no disponga de sangre suficiente que pase por él. En ese caso se produce la angina de pecho. Es algo que se parece mucho a un calambre, porque no recibe suficiente oxígeno». Por otra parte, el aumento de peso conlleva «una elevación de la presión sanguínea, lo que afecta al corazón. Se multiplica el riesgo de padecer arteriosclerosis, porque se forman placas en los vasos sanguíneos, lo que puede desembocar en un infarto».

Por cada aumento de cinco puntos en el IMC, las probabilidades de insuficiencia cardiaca se incrementan un 41 por ciento. Se trata de un problema que crece en paralelo a la obesidad: la cantidad de estadounidenses cuya muerte causada por una enfermedad cardiaca fue atribuida a la obesidad por los médicos se triplicó entre 1999 y 2020.[9]

Max y yo nos dedicamos a repasar la lista de enfermedades que a todos nos causan más temor —el infarto cerebral y el cáncer, por ejemplo—, y él me indicó que las evidencias científicas sugieren que su probabilidad se incrementa enormemente con el aumento de peso. En un metaanálisis que cubría a más de dos millones de personas se constató que «aquellas con sobrepeso y obesas tenían, respectivamente, un 22 y un 64 por ciento más de probabilidades de sufrir un accidente cerebrovascular isquémico, comparadas con sujetos de peso normal».[10]

Graham MacGregor me comentó: «Esa es una de las cosas que preocupan a los médicos; que la persona sufra un ictus y sobreviva. Paralizada. Incapaz de hablar el resto de su vida. Puede vivir cinco, diez años más dependiendo totalmente de otras personas. Una pesadilla absoluta».

«La gente, en su mayoría, no se da cuenta de que la obesidad está estrechamente relacionada con el cáncer», expuso Max, pero lo cierto es que entre el 4 y el 8 por ciento de los casos de cáncer son atribuibles a ella, que es, además, la segunda causa de cáncer en países como Estados Unidos y Gran Bretaña.[11] En un extenso metaanálisis se hallaron «contundentes evidencias» que vinculaban la obesidad no solo con uno, sino con nueve tipos de cáncer.[12] La principal organización benéfica que lucha contra el cáncer en el Reino Unido, Cancer Research UK, explica que «si tenemos sobrepeso, es más probable que se nos desarrolle un cáncer que si nos mantenemos en un peso saludable [...]. Tener sobrepeso no significa necesariamente que uno vaya a desarrollar cáncer, pero a mayor sobrepeso, mayor es el riesgo, como también lo es cuanto más se prolonga el periodo de tiempo en el que uno se mantenga en él. El exceso de grasa en el cuerpo no se limita a permanecer ahí, sin más; esa grasa está activa y envía señales al resto del organismo. Las señales pueden consistir en pedir a las células que se dividan más a menudo, lo que puede conducir a un cáncer».[13] Además, puede causar inflamación, lo que hace que las células se dividan más rápidamente.

Según supe, este concepto, el de *inflamación*, es crucial para comprender gran parte del perjuicio que experimentamos cuando ganamos peso. El doctor Giles Yeo, investigador sobre obesidad en la Universidad de Cambridge, me explicó que cada vez que se produce una herida en el cuerpo, la zona afectada se inflama. Si nos cortamos en un dedo, este se inflama y pasa un tiempo así. Se trata de una parte fundamental del proceso de curación: la inflamación es la señal de alerta que indica al cuerpo que existe un problema para que pueda enviar los recursos de urgencia a la zona dañada a fin de devolverle la salud. Cuando la herida se cura, la inflamación remite. Pero, según explicó Giles, la obesidad parece alterar ese proceso, y la razón es simple.

Cuando aumentamos de peso, las células de grasa se expanden, pero no pueden hacerlo ilimitadamente. «A medida que las células de grasa empiezan a alcanzar el límite de su capacidad para expandirse, el cuerpo percibe ese estiramiento como un daño». Como sabe que algo está mal, el cuerpo inunda la zona de inflamación, pero en ese caso, dado que el estiramiento no remite, la inflamación tampoco desaparece. Cuando esto ocurre, los procesos de curación del cuerpo pueden trastocarse. Nuestro sistema inmunitario ya no es capaz de seguir reparando los daños. Los procesos que en teoría deberían curarnos empiezan a perjudicarnos. La brigada antiincendios se convierte en el fuego. Esa es una de las razones de que aumente el riesgo de cáncer, y de muchos otros peligros a los que se enfrenta la gente obesa.

Me sentí un tanto aturdido al ser consciente de que los efectos negativos del sobrepeso y la obesidad parecen no tener fin. Hacen que aumente la probabilidad de sufrir asma, apnea del sueño (por la que la persona no respira bien cuando duerme, lo que hace que se despierte exhausta), artritis, problemas renales, de fertilidad, piedras en la vesícula, trombosis y demencia, seguramente la enfermedad que a mí me causa más pavor.

Para compensarlo, existen unos pocos beneficios para la salud derivados del sobrepeso y la obesidad. Por ejemplo, las probabilidades de romperse un hueso o desarrollar osteoporosis son menores que en personas con un peso normal o bajo, porque tener que trasladar todo ese peso supone un esfuerzo que hace que los huesos se fortalezcan. Sin embargo, existe un gran consenso científico de que los riesgos del sobrepeso son significativos y superan esos beneficios relativamente pequeños. Un extenso estudio llevado a cabo por el Instituto Nacional del Cáncer de Estados Unidos hizo un seguimiento de medio millón de estadounidenses durante diez años, y descubrió que si alguien tiene sobrepeso, sus probabilidades de morir por cualquier causa en los siguientes diez años aumentan entre un 20 y un 40 por ciento. Si la persona es obesa, estas aumentan entre un 200 y un 300 por ciento.

A medida que hablaba con los científicos que habían intervenido en aquellos lúgubres descubrimientos, me sorprendía constatar que muchos de ellos habían perdido a sus padres siendo jóvenes. Muchas veces, las causas de aquellas muertes eran las mismas sobre las que ellos, en la actualidad, intentaban advertir al mundo. El padre de Graham había muerto de un infarto antes de llegar a los sesenta años. Tim Spector perdió al suyo a causa de una enfermedad cardiaca. Tenía apenas cincuenta y siete. Lo que los motiva es el amor, y el deseo de impedir el sufrimiento a los otros.

Cuando analizamos esas evidencias sin miedo, los argumentos a favor de usar esos medicamentos se vuelven evidentes. Quizá el mejor grupo de control activo lo constituyen las personas que han pasado por una cirugía bariátrica. Todas empiezan siendo obesas y, en promedio, tras la cirugía, pierden el 27.5 por ciento de su peso corporal, es decir, solo ligeramente más de lo que se pierde con los fármacos para perder peso más recientes, según muestran los ensayos clínicos. Así pues, a mí me interesaba saber qué cambia —si es que cambia algo— en la salud después de tan espectacular pérdida de peso.

Los hallazgos son desconcertantes.[14] El 75 por ciento de la gente que tenía diabetes la ve desaparecer por completo. El 60 por ciento de los pacientes con hipertensión dejaron de sufrirla. Se produce una enorme reducción del dolor físico: en un estudio se vio que en dos terceras partes de los sujetos, el dolor de espalda desaparecía por completo. Pero los resultados más asombrosos son los relacionados con las enfermedades mortales. Otro estudio realizado con más de 15 000 personas constató que la probabilidad de morir de diabetes disminuye un 92 por ciento; un 60 por ciento en el caso del cáncer; y un 56 por ciento en el de las enfermedades coronarias. Son efectos tan drásticos que, en los siete años posteriores a la intervención quirúrgica, en el caso de personas con obesidad severa, la probabilidad de morir por cualquier causa se reduce un 40 por ciento.

La cirugía bariátrica es una operación seria, que presenta numerosos inconvenientes. Conlleva la extracción de partes importantes del interior del organismo, y una de cada mil personas que se someten a ella muere en el quirófano o por complicaciones derivadas. Después, dado que el estómago reduce su tamaño, si la persona intenta comer más de una cantidad limitada, la sensación es muy desagradable. En una minoría, pequeña pero significativa, pueden aparecer problemas psicológicos (que exploraremos más adelante, porque se pueden establecer ciertos paralelismos con el caso de estos medicamentos que sirven de advertencia). En este punto, no me manifiesto a favor ni en contra de esta clase de cirugía. Pero la espectacular mejoría en la salud de las personas que se someten a ella demuestra un punto importante: si la obesidad se revierte con éxito, también lo hacen la mayoría de los perjuicios para la salud que he descrito a lo largo del presente capítulo. Y eso significa que no es inevitable que una persona quede atrapada para siempre en ese riesgo elevado de sufrir diabetes, cáncer o demencia, y de morir.

Los científicos empiezan a detectar mejoras similares en la salud de personas que recurren a esos nuevos medicamentos para perder peso. En agosto de 2023 conocimos los resultados del primer gran estudio sobre la incidencia del Wegovy (que contiene el mismo fármaco que el Ozempic, pero se comercializa para personas obesas, no para diabéticas) a mediano plazo.[15] Durante cinco años, un grupo de científicos que trabajaba para la empresa farmacéutica Novo Nordisk realizó el seguimiento de 17 000 adultos de más de cuarenta y cinco años con un IMC de 27 o superior. A algunos de ellos se les administró placebo, y a otros el fármaco real, y se registraron los cambios en su salud. Al concluir el estudio se vio que la gente a la que se había administrado el fármaco tenía un 20 por ciento menos de probabilidades de sufrir un ictus. Su presión arterial había bajado, se había reducido la cantidad de inflamación en su organismo y se habían producido cambios positivos en el equilibrio de sus lípidos en sangre. Así pues, en efecto, mejoraba la salud de la gente ateniéndose a la medición de veintiocho parámetros, entre ellos la insuficiencia renal.

Conviene mostrar cautela en este punto, porque se trata de un estudio de la propia empresa, y todavía no ha aparecido en ninguna publicación tras una revisión por pares. Pero sí ha sido realizado por científicos serios que saben que pronto será publicado y sometido a escrutinio, y en cualquier caso se trata de un hallazgo asombroso. De confirmarse, significa que con el uso de estos medicamentos podría prevenirse uno de cada cinco infartos o ictus que afectan a personas con obesidad o sobrepeso.[16] De ese modo, solo en Estados Unidos se salvarían 1.5 millones de vidas en una década.

Eso es lo que ocurre si se consume Wegovy, con el que, en promedio, se consigue una reducción de la obesidad de entre el 10 y el 15 por ciento. ¿Qué se conseguirá con la siguiente generación de fármacos, pensados para reducir la obesidad hasta en un 30 por ciento?

Cuando compartí estos hallazgos con un amigo, me comentó: «¡Guau! Este medicamento tiene unos efectos asombrosos. Como si hiciera magia». Pero yo le expliqué que no era que el fármaco causara esos veintiocho efectos a la gente que lo consumía. Lo que ocurría era que la obesidad provocaba una cantidad extraordinaria de daños, en toda clase de parámetros, y que lo que el fármaco hacía, sobre todo, era una sola cosa: reducir la obesidad. Y por eso parecía procurar un espectro tan amplio de efectos.

A pesar de todas mis dudas sobre aquellos fármacos, había algo que debía reconocer: por primera vez a lo largo de mi investigación para la preparación del libro, sentía una punzada real de entusiasmo. Dado el historial de enfermedades cardiacas en mi familia, a mí podía salvarme la vida. Volví a pensar en todas las personas que conozco que han experimentado los efectos negativos de la obesidad —como Hannah, muerta a los cuarenta y seis años, o como otra amiga, ya mayor, que sufre muchísimo por culpa de las rodillas y ahora vive casi recluida en su casa, incapaz de subir ni bajar las escaleras—. Para ellas ya es demasiado tarde, pero ¿podía cambiar de arriba abajo las vidas de personas como ellas? ¿Podía salvar a ese niño que soñaba con ver el Gran Cañón, pero que no pudo recorrerlo más que unos pocos minutos?

Ya me habían quedado claras las ventajas de aquellos medicamentos. Ese era un lado de la balanza. Ahora necesitaba investigar cuáles eran los riesgos. ¿Es realmente posible obtener unos beneficios tan ingentes sin pagar ningún precio? ¿Puede ser todo tan fácil?

5

¿Se repite la vieja historia?

*Los riesgos de los medicamentos para adelgazar
de antes y de ahora*

En el siglo xx surgió un modelo que se repetía: los científicos anunciaban un nuevo medicamento milagroso para perder peso; la gente empezaba a consumirlo y descubría que funcionaba de verdad; adelgazaba; lo tomaba cada vez más gente... hasta que se descubría un defecto fatal en el producto, que debía retirarse del mercado. Entonces, durante una década, seguía una desilusión general sobre los fármacos adelgazantes. Pero pasado un tiempo se anunciaba otro igualmente milagroso y la rueda volvía a ponerse en marcha.

Así pues, incluso cuando me pasaba la mano por el abdomen plano, me preguntaba: «¿Y si todo esto no es más que una vieja historia que se repite?».

La historia de los medicamentos adelgazantes modernos se inició en una fábrica francesa en plena Primera Guerra Mundial, cuando tuvo lugar un raro accidente. Unos hombres que fabricaban munición y usaban para ello un polvo amarillo explosivo llamado dinitrofenol se dieron cuenta de que habían empezado a perder peso rápidamente. Resultó que lo absorbían tanto a través de la piel como por inhalación, lo que les provocaba pérdida del apetito. Un grupo de científicos de la Universidad de Stanford tuvo conocimiento de ello y empezó a investigar el potencial del explosivo como fármaco adelgazante. Descubrieron que las personas que lo tomaban en forma de pastilla perdían aproximadamente un kilo a la semana sin esfuerzo, y sin la menor sensación de hambre. Posteriormente desentrañaron el mecanismo de funcionamiento: si lo consumías, el metabolismo se aceleraba entre un 30 y un 50 por ciento.

Las empresas farmacéuticas de la época sacaron partido de ello y empezaron a distribuir el producto químico con el nombre comercial de Redusols, «una manera nueva y segura de perder peso», y una «terapia antiobesidad». Se convirtió en un fármaco muy popular, teniendo en cuenta que la obesidad estaba mucho menos extendida que en la actualidad. En 1934, ese medicamento era consumido por 100 000 personas. Pero entonces la gente empezó a notar que tenía otros efectos. Si se consumía en dosis bajas, solía provocar una intensa sudoración, o se perdía el sentido del gusto. Si la dosis era media, se desarrollaban cataratas y con frecuencia la gente perdía la visión. Ese fármaco funcionaba, en parte, elevando la temperatura corporal (no olvidemos que se trataba de un explosivo), y los médicos no tardaron en constatar, horrorizados, que si se consumía en dosis elevadas, podía, literalmente, cocer a la gente por dentro. El historiador Hillel Schwartz explica que, en el caso de los consumidores de dosis elevadas, se producía «una hiperpirexia mortal». Es decir, el cuerpo sucumbía «a una fiebre extraordinariamente elevada. Se quemaba». En 1938 se prohibió el Redusols. Siguió usándose durante años como potente pesticida, porque es muy eficaz cuando se trata de acabar con cualquier vestigio de vida.

Unos años después se produjo otro hallazgo. Durante la Segunda Guerra Mundial, a los soldados estadounidenses les administraban con frecuencia pastillas de anfetamina para mantenerlos en estado de alerta cuando debían llevar a cabo tareas aburridas pero esenciales, como monitorear radares para detectar buques enemigos. También en este caso se comprobó que adelgazaban. Una vez terminada la guerra, no tardaron en comercializarse esas pastillas como tratamiento contra el sobrepeso, dirigidas sobre todo a mujeres. Se conocían como «la pequeña ayuda para madres», ya que procuraban un beneficio doble: aquellas píldoras quitaban el hambre de manera drástica, y al mismo tiempo proporcionaban una gran inyección de energía, potenciando una especie de hiperactividad acusada. Las pastillas se hicieron tan populares que, en 1952, solo para adelgazar se fabricaron alrededor de 2 000 millones de unidades. En verano de 1970, el 8 por ciento de todas las recetas extendidas en Estados Unidos fueron de anfetaminas.

Pero si se consumían muchas anfetaminas durante un periodo de tiempo prolongado, se desarrollaba un rasgo conocido como *tolerancia*. El doctor Robert Kushner, que las había recetado, me explicó: «Muchas veces, la gente me decía: "Ya no me funcionan tan bien". Si conoces a alguien adicto a las anfetaminas, sabrás que deben tomar dosis más altas para conseguir el mismo efecto. Pues creo que en este caso seguramente ocurre lo mismo». El cuerpo se acostumbra a los fármacos. Ello, por lo general, implicaba que al tomarlos, entre las primeras 6 y 10 semanas, se perdía mucho peso, pero después había que tomar una decisión: o bien mantenerse en la misma dosis y ver cómo se recuperaban los kilos perdidos, o bien aumentar la dosis. La gente no tardó en descubrir que ese medicamento conllevaba otros problemas asociados: a medida que se aumentaba la dosis, lo hacía también notablemente la probabilidad de experimentar paranoia, ansiedad, psicosis y daños cardiacos.[1]

A principios de la década de 1970, una de las primeras grandes cruzadas del movimiento conocido como Fat Pride (Orgullo Gordo) —un grupo de personas gordas unidas en la lucha contra el estigma y la discriminación— fue advertir que el consumo de esas pastillas era peligroso, y que no debía presionarse a la gente para que las tomara. Y estaban en lo cierto: a medida que más gente se volvía adicta o enloquecía, el uso de aquellos fármacos adelgazantes a base de anfetaminas fue restringiéndose drásticamente. Algunos de esos fármacos aún pueden recetarse en Estados Unidos para perder peso. Shauna Levy, que receta uno de ellos a regañadientes, me contó que «la mayoría de los pacientes, de entrada, experimentan una pérdida de peso, pero a largo plazo no parecen capaces de mantenerla». Acelera el ritmo cardiaco de los pacientes, acuciados por una mayor ansiedad. «En algunos se produce un aumento de la presión arterial, dolores de cabeza e insomnio». El único beneficio es que son «bastante baratas, por lo que, si uno no tiene seguro médico o este no las cubre, las puede adquirir y pagar de su bolsa»: «Sé que es su única opción [por razones económicas], pero cuando tengo delante a los pacientes, nunca me parece que sea una opción genial».

En su lugar, en la década de 1970, fue ganando popularidad una serie de alternativas peculiares. Una de ellas se conoció como la «dieta de la Bella Durmiente». Se basaba en una idea de extraordinaria simpleza: si estás en estado inconsciente, no puedes comer. La gente empezó a tomar unos somníferos que la mantenían inconsciente veinte horas al día, o incluso se sometían a estados de coma inducidos médicamente. Aquello generó una gran adicción a los somníferos, pero no una pérdida de peso duradera.

Quizá el «tratamiento» más espantoso de todos era el de cerrar la boca con alambres. El dentista colocaba unos brackets metálicos en los dientes centrales superiores e inferiores, y los fijaba con alambres para dejar solo una pequeña apertura. La idea era impedir que la persona siguiera introduciéndose grandes cantidades de comida en la boca y comiera menos. Costaba hablar, cepillarse los dientes y consumir cualquier alimento que no fuera en forma líquida. No tardó en descubrirse que si la persona vomitaba con la boca entrecerrada de ese modo, podía atragantarse y morir. Aun así, hubo médicos que siguieron aplicando esa técnica a sus pacientes durante años. Pero invariablemente, transcurridos seis meses del fin del «tratamiento», el peso perdido ya se había recuperado, y el trauma perduraba.

El siguiente gran «descubrimiento» en relación con las dietas llegó en la década de 1990 con el anuncio del denominado fen-phen,* que combinaba dos tipos de compuestos químicos que existían desde hacía años. Los científicos sabían desde hacía tiempo de la existencia de un supresor del apetito llamado fenfluramina, que reducía con éxito el hambre. Pero tenía un inconveniente: también atontaba a la gente, por lo que no se usaba mucho. Así pues, a un científico se le ocurrió combinarlo con la fentermina. Supuso que constituiría una mejora por los dos lados: la anfetamina contrarrestaría la somnolencia causada por el supresor del apetito, además de suprimir el apetito por sí mismo. Cuando administró la mezcla a 120 personas obesas, comprobó que tenía un éxito increíble. En promedio, quienes la consumían perdían casi 15 kilos.

---

* Acrónimo en inglés de dos compuestos químicos: la fenfluramina y la fentermina. (*N. del t.*).

A partir de ese pequeño estudio, la empresa farmacéutica que la producía anunció que se había descubierto una cura contra la obesidad, y los medios de comunicación picaron el anzuelo: la revista *Time* publicó un reportaje en portada titulado «¿El nuevo medicamento-milagro?». Fue una locura: en 1995, solo en Estados Unidos se extendieron 18 millones de recetas de fen-phen. Las farmacéuticas informaban a la gente que no causaba «efectos adversos [...], solo un leve mareo, y quizá la boca algo seca. Quizá un poco de sueño».

El tratamiento funcionó extraordinariamente bien, y por todo Estados Unidos los índices de pérdida de peso fueron elevadísimos. Mucha gente que tomaba el medicamento sentía que al fin se había librado de la esclavitud que para ellos, a lo largo de toda su vida, había sido comer más de la cuenta. Richard Atkinson, director del Obtech Obesity Research Center, explicó en su día: «Todos los que hemos tratado a pacientes con obesidad y les hemos recetado fen-phen hemos oído a alguno decir "me he sentido normal por primera vez en la vida"». No se trataba de que pudieran usar su fuerza de voluntad para resistirse a unas donas —insistían los pacientes— era que, muchas veces, por primera vez en su vida, no se les antojaban las donas.

Mary Linnen era un caso típico de persona que consumía el medicamento. Su historia la expuso de manera brillante la periodista de investigación Alicia Mundy en su obra *Dispensing with the Truth* [Prescindiendo de la verdad]. Se trataba de una mujer de Massachusetts que no había cumplido los treinta años y que, en cuanto se comprometió para casarse, decidió que debía perder unos 10 kilos para el día de la boda. Su médico le recetó fen-phen. Once días más tarde, se encontraba con sus padres en el campo, subiendo una colina, cuando les dijo de pronto: «No puedo respirar. Creo que voy a desmayarme». Todos pensaron que era algo pasajero, que la había picado un bicho o algo así. Pero el malestar no remitía, y veintitrés días después acudió al médico, que le dijo que dejara de tomar el medicamento. Aun así, aquella sensación física tan desagradable no disminuía. Al subir escaleras se sentía agotada, y a veces notaba unas punzadas en el pecho.

Al final le diagnosticaron hipertensión pulmonar primaria, un trastorno por el que los vasos sanguíneos pulmonares se estrechan y en su interior se acumula una gran tensión. Le informaron que debería pasar el resto de su vida conectada a una máquina de oxígeno, y que no podría tener hijos.

Mary le dijo a Tom, su prometido, que no tenía por qué casarse con ella. Él reaccionó comprándole un anillo de compromiso.

Pero entonces, unos pocos días después, mientras estaba repasando la lista de invitados, dijo: «No estoy bien. No puedo respirar». En la ambulancia, le confió a Tom que le daba mucho miedo morirse, y le suplicó que encontrara la manera de salvarla. Murió horas después.

Resultó que el fen-phen causaba dos problemas de salud muy graves. Al consumirlo, las probabilidades de desarrollar una hipertensión pulmonar primaria se multiplicaban por treinta, y además alteraba el funcionamiento cardiaco en una tercera parte de las personas que lo tomaban. Se trataba de unos efectos de los que las compañías farmacéuticas no habían informado, como tampoco habían hecho las agencias reguladoras, y que habían sido detectados por unos médicos de cabecera en Fargo, Dakota del Norte, preocupados al constatar que muchos de sus pacientes parecían presentar problemas cardiacos después de consumirlos. Fueron ellos quienes dieron la voz de alarma y pidieron que se investigara.

Cuando los investigadores quisieron saber cómo era posible que un fármaco tan peligroso hubiera llegado a comercializarse, se supo que tanto las farmacéuticas como el organismo regulador tenían buenas razones para ser conscientes desde el principio de aquellos riesgos. Como expuso Alicia Mundy, un consultor contratado por una de las compañías había «destacado la valvulopatía» como un riesgo ya en una etapa bastante inicial, y otra de las empresas manifestó, en un informe interno: «Si contamos lo que sabemos [...] realmente, la atención de los médicos se centrará en el riesgo de hipertensión pulmonar primaria [...]. Tendrá efecto en los beneficios». En otro correo electrónico interno, uno de los administradores escribió: «¿Qué ganas puedo tener de pasarme mis últimos años firmando cheques a personas gordas por su ligero temor a un problema de pulmón sin importancia?».

Finalmente, se supo que cuando la Administración de Alimentos y Medicamentos de Estados Unidos (FDA, por sus siglas en inglés) evaluó el fármaco en un primer momento, su comité votó a favor de rechazarlo por cinco votos a tres, y precisamente a causa de esas dudas de seguridad, según reveló una investigación posterior llevada a cabo por el *New York Times*. Sus propios informes internos habían indicado que existían «dudas reales [...] sobre la cuestión de la hipertensión pulmonar». Pero después de que el comité votara en contra de autorizar su venta, uno de sus miembros hizo un llamamiento a los demás. Manifestó que la obesidad causaba tantos perjuicios a la salud que debían aprobar el medicamento. Convencidos por su elocuencia, los demás cambiaron de opinión y votaron a favor de aprobar su venta.

Las empresas y los médicos responsables de esos medicamentos tuvieron que pagar más de 12 000 millones de dólares a los miles de personas perjudicadas gravemente, en el mayor caso de compensación económica de la historia hasta ese momento.

Una vez que tuve conocimiento del caso, pensé: «¿Qué probabilidades hay de que, dentro de diez años, más o menos, nos encontremos hablando en los mismos términos de los nuevos medicamentos para adelgazar?».

Existen diferencias fundamentales entre lo que ocurrió entonces y lo que está ocurriendo ahora. Tal como revelaron informes posteriores, el fen-phen se puso a la venta precipitadamente a partir de las conclusiones de un único estudio muy acotado, mientras que estos nuevos medicamentos adelgazantes han sido sometidos a rigurosas investigaciones y los fabrican algunas de las compañías más prestigiosas del mundo. Además, estos fármacos actúan a partir de unos mecanismos totalmente diferentes, verificados en decenas de ensayos clínicos.

Sin embargo, solo en un sentido muy concreto y en el peor escenario posible, sí hay una enseñanza que podríamos extraer de la debacle del fen-phen para aplicarla a estos medicamentos nuevos. Como ocurre con todos los productos farmacéuticos, existe un riesgo intrínseco a largo plazo. Esto es así porque la mayoría de los fármacos que se comercializan se prueban solo para evaluar su seguridad a corto plazo. En el caso del fen-phen, los verdaderos beneficios para la salud que proporcionaba al procurar una pérdida significativa de peso se veían superados, a mediano y largo plazo, por unos daños que pocos anticiparon. Dada la falta de investigaciones a largo plazo sobre el consumo de los fármacos adelgazantes de nueva generación para tratar a personas con obesidad, parece legítimo preguntarse: ¿es posible entrever hoy algún efecto adverso que pudiera servir de indicador de males futuros?

No estamos ante un dilema exclusivo que planteen estos nuevos medicamentos adelgazantes, ni es culpa de las compañías farmacéuticas. Se trata de una práctica común ante el lanzamiento de medicamentos nuevos. Las farmacéuticas se comportan correctamente según las normas y regulaciones existentes. Pero lo cierto es que, por lo general, los fármacos nuevos se van introduciendo lentamente, por lo que los médicos pueden empezar a identificar los riesgos a mediano plazo antes de que sean muchas las personas que los tomen. Pero el caso del fen-phen nos enseñó que, con un nuevo medicamento para adelgazar, es muy posible que se desate la locura, porque la gente está desesperada por perder peso y, en el momento en que descubre algo que funciona, se lanza en masa a consumirlo. Así pues, en un corto tiempo pasamos de que nadie use una sustancia determinada, a que la empleen centenares de miles, incluso millones de personas, lo que puede significar que cuando se detecta un riesgo a largo plazo a través de los métodos normales a los que recurren los médicos, o cuando los organismos de salud pública avisan de ello, ya haya afectado a un gran número de personas.

Muchos de los científicos con los que he hablado me cuentan que hay una razón por encima de cualquier otra que explica por qué debemos tener una amplia confianza en la seguridad de estos medicamentos. Los diabéticos ya llevan mucho tiempo tomándolos, y en ellos no han causado efectos adversos inesperados. En abril de 2023, Daniel Drucker, el descubridor del GLP-1, me dijo: «Durante los últimos veintiocho años ya hemos expuesto, literalmente, a millones de vidas a estos fármacos», dado que los agonistas del GLP-1 fueron autorizados primero como tratamiento contra la diabetes, por lo que «si uno estudia las bases de datos en el mundo real de países que llevan un registro de quién consume el fármaco y cuáles son sus resultados [...], no aparece ningún aviso de seguridad. Ninguno». Lo que implica que no hay médicos que hayan visto enfermarse a sus pacientes, más allá de unos efectos secundarios bien conocidos.

En todo caso, Daniel añadió una contrapartida. A su juicio, sí resulta importante reconocer que son personas que consumen el fármaco para la diabetes, no para la obesidad. Así pues, «es correcto afirmar que aún no disponemos de la misma base de datos para personas que están perdiendo peso y que no tienen diabetes tipo 2». En personas obesas podría afectar de manera diferente de cómo afecta a las diabéticas. «Como científicos, debemos respetar los vacíos en nuestras evidencias». Aun así, está bastante seguro de que si esos medicamentos presentaran unos efectos adversos significativos, a estas alturas habrían aflorado en la gran población de personas diabéticas que ya los toman. La mayoría de los científicos con los que he hablado coinciden con él. Estos medicamentos han sido sometidos a unos test extensos y rigurosos, y existe una población paralela que lleva años consumiéndolos. Se trata de un aspecto importante, que da confianza a mucha gente a la hora de tomarlos.

Pero un número menor de científicos y médicos expresaron que, si bien se trata de un argumento correcto, existen motivos para dudar. Max Pemberton me explicó que a él no le sirve demasiado que los diabéticos lleven tiempo usándolos, por lo siguiente: «Se trata de un grupo de personas que ya se sienten mal». En efecto, sufren una enfermedad degenerativa que con el tiempo los lleva a sentirse peor. Así pues, no sería difícil que el Ozempic causara ciertos efectos adversos en los diabéticos y que, por esa razón, estos pasaran desapercibi-

dos a los médicos, que presupondrían que forman parte del
deterioro general de la salud que experimentan muchos diabéticos. Por ejemplo —añadió Max—, imaginemos que el
Ozempic aumenta las probabilidades de depresión en las personas que lo consumen. Sería algo que fácilmente podría
pasar inadvertido, pues «las personas con enfermedades crónicas tienen mayores probabilidades de deprimirse».

A medida que estudiaba las pruebas que iban apareciendo
lentamente, descubría que existen doce riesgos potenciales
que podrían relacionarse con estos medicamentos adelgazantes (en el presente capítulo, abordaré diez, y otros dos
aparecerán en páginas posteriores).

Los primeros dos son, sin duda, los más triviales, pero
molestan a algunas personas. Estos fármacos llevan a una
pérdida de peso tan rápida que tanto el rostro como las nal-
gas pueden empezar a descolgarse y verse caídos. Es algo
que ha empezado a conocerse como «cara de Ozempic» o
«trasero de Ozempic». Para tratar el brote de rostros dema-
crados, ha surgido la fiebre de inyectarse «rellenos» en la
cara. En ello no existe riesgo físico, pero sí estético. Confieso que a mí eso nunca me ha preocupado. Por naturaleza
tengo la cara gorda y redondeada, tanto que todos los bebés
me sonríen automáticamente cuando los veo: diría que creen
que soy su rey. Puedo permitirme que me adelgace mucho
la cara antes de que se me vea hundida. Pero entiendo que a
otras personas pueda afectarlas.

El tercero es mucho más grave. Pocos meses después
de que Daniel me explicara que no existen alertas de seguridad asociadas a estos medicamentos, por primera vez
apareció una. La Agencia Europea del Medicamento (ente
regulador de la Unión Europea) anunció «un aviso de se-

guridad por cáncer de tiroides para todos los agonistas del GLP-1».[2] Esto implicaba que iban a empezar a monitorear esos fármacos dado su potencial para causar cáncer de tiroides. Lo hicieron después de que en Francia se publicara una investigación preocupante firmada por Jean-Luc Faillie, profesor de Farmacología Médica del Hospital Universitario de Montpellier, que también está a cargo de la Encuesta Nacional de Farmacovigilancia para la Agencia Francesa del Medicamento. Cuando me comuniqué con él, me explicó que se sabe desde hace años que cuando los agonistas del GLP-1 se administran a ratas y ratones, estos «presentan un aumento del riesgo de tener cáncer de tiroides».[3] También se sabe que los seres humanos «tienen receptores GLP-1 en su tejido tiroideo», por lo que resulta concebible pensar que al alterar el GLP-1 pueda alterarse la tiroides.

Así pues, Jean-Luc decidió que su equipo y él debían investigar más el asunto. Francia cuenta con una de las bases de datos médicas más amplias del mundo, así que recurrieron a ella y analizaron los datos de todos los pacientes con diabetes tipo 2 que habían tomado el medicamento en un periodo de uno a tres años, entre 2006 y 2018. A continuación compararon a esos pacientes con una muestra de diabéticos que no habían consumido el fármaco. Sus hallazgos los asombraron.[4] Según me explicó con gran claridad: «Demostramos que existe un aumento del riesgo de entre el 50 y el 75 por ciento» de desarrollar cáncer de tiroides. También me dijo que era importante no equivocarse en la interpretación de esos resultados. Ello no implica que si tomas el medicamento tengas una probabilidad de entre el 50 y el 75 por ciento de desarrollar cáncer de tiroides. Lo que significa es que, si lo tomas, las probabilidades de que lo desarrolles serán entre un 50 y un 75 por ciento superiores

de lo que habrían sido si no lo hubieras tomado. Aun así, a mí
ese incremento me resultaba preocupante. En gran parte de
los comentarios sobre el estudio se insistía en el argumento
de que se trataba de un riesgo bajo. Le comenté a Jean-Luc
que quizá yo fuera tonto, pero que a mí esas cifras no me
parecían bajas. «Sí. No son bajas —dijo—. En general, en
epidemiología, cuando se da un incremento del 50 por
ciento, no es poca cosa». Pero a continuación me explicó
por qué muchos científicos seguirían describiéndolo, razo-
nablemente, como un riesgo bajo. «La incidencia del cáncer de tiroides es muy baja. No se trata de un cáncer muy
frecuente» (actualmente, un 1.2 por ciento de la población
tendrá cáncer de tiroides a lo largo de su vida, y un 84 por
ciento sobrevivirá). «Así pues, si se incrementan [los nive-
les] un 50 por ciento, existe un aumento en la incidencia,
pero sigue siendo baja». Aun así añadió: «Dada la exposición [a estos medicamentos] de millones de pacientes, habrá algunos casos de cáncer de tiroides que quizá habríamos
podido evitar».

La FDA, en Estados Unidos, aconseja a las personas con
historial familiar de cáncer de tiroides que no consuman el
fármaco, y Jean-Luc defiende que los organismos reguladores europeos deberían hacer lo mismo. La Agencia Europea
del Medicamento dedicó varios meses a revisar las evidencias que otros científicos y él mismo habían presentado, y
llegó a la conclusión de que las limitadas pruebas disponibles «no avalan una relación causal» entre los agonistas del
GLP-1 y el cáncer de tiroides en humanos. Instaban a las
compañías implicadas a seguir monitoreando los datos sobre la cuestión a medida que esta fuera evolucionando. Jean-
Luc me explicó que en todas las intervenciones médicas hay
que sopesar riesgos y beneficios, y que cree que los riesgos
en torno al cáncer de tiroides deben explicarse con claridad

a la gente para que esta pueda tomar una decisión informada. Según él, si la persona es diabética o sufre obesidad grave, los beneficios superan a los riesgos. «Pero en el caso de pacientes con un ligero sobrepeso que toman el medicamento más bien por sus beneficios estéticos», en su opinión, no vale la pena correr el riesgo.

El cuarto riesgo tiene que ver con el páncreas, el órgano que nos ayuda a digerir los alimentos segregando enzimas digestivas. Tomar agonistas del GLP-1 puede ejercer cierto efecto sobre las células pancreáticas que producen esas enzimas y hacer que dejen de funcionar correctamente. En este sentido, mantuve una conversación con Michelle Stesiak, una mujer de más de cincuenta años que reside en Myrtle Beach, en el sur de California. Cuando empezó a tomar Ozempic le preguntó a su doctora si existían riesgos, y ella le respondió que no, más allá de una ligerísima probabilidad de desarrollar una enfermedad conocida como pancreatitis, por la que el páncreas se inflama peligrosamente.[5] Michelle rio y comentó: «Pues, conociéndome, seguro que me pasa». Tomó el medicamento durante seis semanas, contenta con el resultado, y entonces se desplazó hasta Pittsburgh para visitar a su hija.

Se despertó a las tres de la madrugada: «Pensé que me moría. Era el dolor más intenso que había sentido en la vida». La tortura le empezaba justo por debajo de los pechos, le recorría todo el costado izquierdo y la espalda: «Al momento tuve que colocarme en posición fetal. No podía hablar. Vomitaba mucho y tenía una diarrea espantosa». Su yerno llamó a una ambulancia. Ya en el hospital, no le podían tocar el abdomen; «el simple contacto con una sábana me resultaba insoportable». Le administraron fentanilo para el dolor e intentaron determinar qué había ocurrido. Al principio creyeron que se le habían entrelazado los intestinos, pero los análisis médicos revelaron otra cosa: su páncreas tenía problemas graves. Le preguntaron si bebía mucho alcohol. Ella respondió que no. Le preguntaron si había tenido piedras en la vesícula. Tampoco. Y entonces quisieron saber si tomaba Ozempic.

Michelle dejó de tomar el medicamento, y al cabo de un mes ya se había restablecido por completo, aunque según me contó el dolor que había experimentado había sido mucho peor que el de sus partos. Los médicos suelen comparar el dolor de las pancreatitis con el de un apuñalamiento. Ella estaba bastante convencida de que, de no haber recibido asistencia médica, habría muerto, y me comentó que la gente que toma Ozempic debe saber que «puede causar pancreatitis, y de manera bastante rápida. Es algo que conviene tomarse en serio».

Un grupo de médicos canadienses de la Universidad de la Columbia Británica analizaron datos de salud de personas consumidoras de semaglutida (Ozempic y Wegovy) y otros fármacos similares entre 2006 y 2020, y descubrieron que, si se consumen, las probabilidades de sufrir pancreatitis se multiplican por nueve.[6] Esto significaba que seguía tratándose de casos «excepcionales», pero no dejaba de ser un aumento considerable del riesgo. Según el Servicio Nacional de Salud británico, cuatro de cada cinco casos de pancreatitis remiten si son tratados y no causan problemas a largo plazo, pero el resto pueden conllevar problemas graves, entre ellos casos muy extremos de fallo multiorgánico y muerte.

El quinto riesgo es que puede desarrollarse una enfermedad conocida como gastroparesia, o parálisis del estómago. Se trata de una dolencia rara por la que el sistema digestivo se ralentiza y al organismo le cuesta que los alimentos pasen del estómago al intestino delgado. En casos extremos, el estómago puede paralizarse, y la comida queda atrapada en su interior y se pudre. El mismo grupo de científicos canadienses descubrió que estos nuevos fármacos adelgazantes hacen aumentar 3.67 veces las probabilidades de parálisis del estómago. De manera similar, el riesgo de desarrollar una obstrucción intestinal se incrementa 4.22 veces. Una mujer de Luisiana, de cuarenta y cuatro años, demandó a Novo Nordisk y a Eli Lilly, pues asegura que no se le informó lo suficiente de ese riesgo, y que después de tomar Ozempic primero, y después Mounjaro, sufrió una parálisis del estómago que la llevó a vomitar con tanta violencia que perdió varias piezas dentales. Sus abogados aseguran estar investigando otros cuatrocientos casos potenciales como el suyo. Otra mujer llamada Brea Hand (que no participa de la causa judicial) expuso en CBS News que cuando padeció la parálisis de estómago mientras tomaba Ozempic «el dolor de estómago era simplemente insoportable, y no podía mantener nada en él. Si bebía algo, en cuestión de minutos, cinco, diez minutos, vomitaba».[7] Las empresas farmacéuticas están combatiendo con vehemencia esas causas legales.

El sexto riesgo tiene que ver con la masa muscular. Se trata de la cantidad total de tejido muscular blando que tenemos en el cuerpo, y que debe encontrarse en el nivel adecuado para permitirnos movernos y llevar a cabo nuestras funciones corporales básicas. Cada vez que perdemos mucho peso (ya sea a causa de dietas, por enfermedades o por la práctica de ejercicio), generalmente perdemos masa muscular. Heath Schmidt, director del Laboratorio de Neuropsicofarmacología de la Universidad Estatal de Pensilvania, me explicó: «Cuando consumimos esos fármacos no solo perdemos grasa. Algunos individuos también pierden entre un 20 y un 30 por ciento de masa [muscular] magra, lo que a largo plazo puede resultar problemático». Parecía preocupado. «No interesa en ningún caso perder masa muscular, pero parece que este es uno de los componentes que se está dando en esta pérdida de peso».

La pérdida desmesurada de masa muscular, puede causar problemas graves con la edad. Todo el mundo pierde algo de masa muscular cuando envejece. A partir de los treinta años, empieza a declinar en un 8 por ciento anual, aproximadamente, y a partir de los sesenta el proceso se acelera. Si la pérdida de masa muscular es excesiva, aumentará la debilidad y la movilidad se verá dificultada. Las probabilidades de caída aumentan, y es más posible que si la persona se cae, se produzcan fracturas óseas. Las caídas ya suponen la principal causa de muerte accidental entre las personas de más de sesenta y cinco años, por lo que más caídas equivale a más fallecimientos. También aumentan las probabilidades de sufrir una enfermedad conocida como sarcopenia (que en griego significa 'pobreza de la carne'), por la que la masa muscular es tan escasa que aumentan la fragilidad, la vulnerabilidad y una incapacidad creciente para llevar a cabo tareas cotidianas como puede ser subir escaleras. Se trata de algo que actualmente afecta al 25 por ciento de la población anciana. Las personas que ya están delgadas y que consumen este fármaco para estarlo aún más tienen un riesgo particularmente elevado de sufrirla, porque para empezar tienen menos masa muscular que perder.

Hasta cierto punto, ese peligro puede contrarrestarse combinando la administración de estos medicamentos con mucho entrenamiento de fuerza y resistencia, para mantener la masa muscular en niveles elevados. Por eso yo sigo viendo a mi entrenador personal dos veces por semana y he aumentado mis prácticas con pesas (que, lo admito, eran penosamente escasas), y sentí alivio al constatar que seis meses después de empezar a consumir Ozempic mi masa muscular se mantenía invariable. Pero tengo cuarenta y pocos años. Con setenta, me habría costado más mantenerla. En el caso de la gente mayor que se plantea tomar este medicamento, el riesgo de sarcopenia debería considerarse cuidadosamente a la hora de valorar si vale la pena. Los más jóvenes, por su parte, deben ser conscientes de que a pesar de que en este momento son muchos los beneficios para la salud, podría haber costos más adelante.

Resulta revelador que, por lo que parece, las propias empresas farmacéuticas se muestren preocupadas por ello. Eli Lilly, que fabrica el Mounjaro, está realizando pruebas en las que administra semaglutida combinada con un fármaco que preserva la masa muscular al tiempo que se pierde peso.

El séptimo riesgo es el de la desnutrición. Una de mis familiares empezó a tomar uno de esos medicamentos adelgazantes poco después de que lo hiciera yo, y al cabo de unos meses empecé a preocuparme mucho por ella. Comía muy poco, y muchas veces se sentía cansada y se sentía mal. Sus hijos y yo debíamos recordarle con frecuencia que comiera algo. Esos fármacos, sobre todo en dosis elevadas, pueden hacer que el apetito disminuya tanto que quien los toma deja de obtener los nutrientes que necesita para mantener una vida saludable. La desnutrición causa cansancio y letargo constantes, las probabilidades de depresión aumentan, cuesta concentrarse y es más fácil enfer-

marse. Si se produce una lesión, esta tarda más en curarse.
Lo desconcertante del caso es que era bastante previsible
que dichos medicamentos provocaran este efecto.

La desnutrición resulta bastante común en pacientes
sometidos a cirugía bariátrica, y la mitad de ellos deben
ingerir suplementos nutricionales el resto de su vida. Se
trata de algo de lo que hay que advertir a la gente. Hay
médicos que, al recetar este medicamento, también «recetan» una dieta específica que incluye un consumo mínimo
de calorías, y lo hacen para asegurarse de que sus pacientes
no van a comer menos.

Los riesgos octavo y noveno no derivan de esos fármacos
en sí, sino de la enorme demanda que de ellos existe, y lo
que esta nos ha obligado a muchos a hacer para conseguirlos. Poco antes de empezar a tomar Ozempic, ya estaba
claro que iba a producirse una gran fiebre por él en todo el
mundo. Las compañías farmacéuticas trabajaban para satisfacer la demanda, pero cada vez era más evidente que se
tardaría años en aumentar la producción para lograrlo. Así
pues, no iba a haber bastante para todos. En una sociedad
sensata, habríamos reproducido lo que hizo Gran Bretaña
con la vacuna de la covid-19, que se racionó según las necesidades: primero se administró a las personas mayores
y más vulnerables, y los jóvenes y las personas con menor
riesgo fueron las últimas en recibirla. En el caso de estos
nuevos medicamentos, deberíamos haber puesto en primer
lugar a los diabéticos y a las personas con obesidad severa,
y las personas como yo deberían haber sido las últimas de
la fila. Pero no fue eso lo que sucedió. Aquello fue un caos,
y en el fragor de la batalla, algunas de las personas más
necesitadas se vieron privadas del fármaco.

Zami Jalil es un músico de cuarenta y un años que ha tocado con Pulp, una de mis bandas favoritas. Cuando hablé con él en la primavera de 2023, estaba muy preocupado. Sufre diabetes tipo 2, y unos años antes, en cuanto empezó a tomar Ozempic, sus niveles de azúcar en sangre se estabilizaron y recuperó su energía: «Empecé a sentirme mejor, simplemente», en todos los sentidos. Se dio cuenta de que no le haría falta empezar a inyectarse insulina a diario, un paso agotador y desagradable que pocas veces tiene marcha atrás. Estaba entusiasmado. Pero entonces, un día, acudió a su farmacia y le explicaron que posiblemente iban a quedarse sin existencias de Ozempic. Según me contó, solo entonces tuvo conocimiento de que «la gente lo ve como una inyección milagrosa y una manera fácil de perder peso». Entendía por qué la gente quería usarlo para eso, pero creía que deberían esperar a que quienes más lo necesitaban tuvieran cubierto el suministro. Lo que ocurría, en cambio, era que «se lo estaban quitando a personas con diabetes». Cada vez más alterado, añadió: «Unos niveles elevados de azúcar en sangre, aunque sea solo durante unas semanas, reducen la esperanza de vida» si eres diabético. «Así pues, en realidad nos están matando».

No tuve el valor de confesarle que yo era una de esas personas. Me dije que, de no haber comprado yo el inyector de Ozempic que guardaba en el refrigerador, lo habría hecho otra persona que quería adelgazar, y dada la dinámica del mercado, seguramente es así, pero solo en el sentido más estricto. Si la gente como yo, como parte de un grupo, no hubiéramos antepuesto nuestras necesidades a las de los diabéticos, que son mayores, Zami y otros como él no habrían tenido que enfrentarse a aquella situación dolorosa. Yo podría haberle hablado del historial de enfermedades cardiovasculares de mi familia, y explicado que esos medicamentos reducen un 20 por ciento las crisis cardiacas..., pero ya entonces sabía que sus necesidades eran mayores. Me sentí avergonzado.

El siguiente riesgo aparecía cuando mucha gente, al no poder conseguir el Ozempic de la marca registrada, recurría a productos sin marca, falsificados, el equivalente químico a adquirir una bolsa falsa de Louis Vuitton. Se vendían en tiendas de belleza, en *spas*, o se encargaban por internet. Jeff Parker, un hombre de San Francisco que había perdido mucho peso y que había visto mejorar su salud enormemente, me explicó que al principio adquiría el producto registrado con el nombre comercial de Mounjaro, pero que, dado que su seguro médico no le cubría los trescientos cincuenta dólares semanales que le costaba,* tomó una decisión drástica. Se asoció con un grupo de personas a las que había conocido en un foro de internet, y juntos encargaron un compuesto genérico a una fábrica en China por cincuenta dólares a la semana. La presentación son unos polvos cristalizados, con una ampolleta de agua que hay que mezclar en una jeringa. Cada vez que les llega una nueva remesa, uno de los integrantes del grupo paga para que un laboratorio estadounidense lo analice (les cuesta trescientos dólares), para asegurarse de que sea puro y no esté contaminado.

Jeff me comentó que está preocupado, por supuesto: «Cualquier cosa que salga de un laboratorio no aprobado por la FDA preocupa un poco». Pero se ve en la tesitura de

---

* En España, «la dosis de mantenimiento, de cinco miligramos, costará 271 euros al mes, se dispensará solamente con receta médica y, en principio, no estará financiada por el Sistema Nacional de Salud». Véase *El País*, 24 de junio de 2024, <https://elpais.com/sociedad/2024-06-24/llega-a -espana-mounjaro-el-competidor-de-ozempic-contra-la-obesidad-cuesta -271-euros-al-mes-y-no-esta-financiado.html>. *(N. del T.)*.

tener que optar entre una imitación china y la obesidad, con todo el daño que esta causa.

Robert Kushner, el médico que ha desempeñado un papel fundamental en el desarrollo del fármaco, afirma que se trata de algo espantosamente alarmante. Ha tenido pacientes que acuden a él después de tomar esas versiones genéricas del medicamento: «Yo no tengo ni idea de lo que contienen —afirma—. Hablo con los pacientes, y tengo que morderme la lengua para que no se sientan avergonzados. Les pregunto: "¿Sabes qué contiene? ¿Conoces cuál es la dosis?". Y ellos me responden: "No, no". Y yo pienso: "Pero ¿cómo se puede ser tan tonto? Te estás inyectando algo y ni siquiera sabes qué es"». Le pregunté cuál es el riesgo. «No tengo ni idea de cuál es el riesgo. El riesgo es que no sé cuál es el riesgo, porque no es el medicamento». Esa especie de Ozempic malo, dijo, podría ser cualquier cosa, literalmente. En Austria, en octubre de 2023, varias personas adquirieron lo que creían que era Ozempic a un minorista de versiones falsas, y al poco tiempo empezaron a sufrir ataques. Los hospitales en los que los ingresaron descubrieron que habían consumido un fármaco totalmente diferente.

Shauna Levy, que receta Ozempic en Luisiana, me contó que cada vez que alguien compra una versión falsificada de un medicamento adelgazante, lo máximo que puede esperar es que, quizá, no sea perjudicial para la salud. «Pero ¿estamos dispuestos a poner en peligro la salud por un *quizá*?».

El décimo riesgo puede parecer algo más borroso en un principio. Después del 11-S, Donald Rumsfeld, secretario de Defensa de Estados Unidos, expresó en una alocución célebre que su país se enfrentaba a diferentes categorías de riesgo: «Está el conocimiento de lo conocido: son las cosas que sabemos que sabemos. Está el conocimiento de lo desconocido: son las cosas que sabemos que no sabemos. Pero también está el desconocimiento de lo desconocido: son las cosas que no sabemos que no sabemos». En el caso de estas sustancias adelgazantes, existe ese conocimiento de lo desconocido en relación con el cáncer de tiroides, la pérdida de masa muscular y la desnutrición, porque todavía no estamos seguros de su alcance. Pero también existe un desconocimiento de lo desconocido.

Cuando decenas de millones de personas empiezan a tomar un medicamento, como está ocurriendo ahora, podrían producirse algunos efectos que no veamos venir. Gregg Stanwood es neurofarmacólogo del desarrollo y especialista en neurociencia en la Facultad de Medicina de la Universidad Estatal de Florida, y lleva años estudiando los agonistas del GLP-1. Según comentó, es ampliamente optimista respecto a estos fármacos; de hecho, se estaba planteando empezar a tomarlos él mismo. Pero manifestó una preocupación: estaba bastante seguro de que a corto o mediano plazo, si esos medicamentos tuvieran un efecto «catastrófico», actualmente ya se sabría, gracias a todos los diabéticos que los usan. Pero si se trata de «algo lento y gradual, que tarda mucho tiempo en hacerse presente», entonces podríamos no saberlo, y no lo sabríamos hasta pasados los años.

Me propuso una analogía. «Quiero ser claro: no estoy sugiriendo que esos fármacos vayan a actuar de este modo», dijo, pero una comparación le ayudaba a explicar su argumento. «Los antipsicóticos se introdujeron por primera vez en la década de 1950 y llevan mucho tiempo usándose, de manera relativamente segura». Pero a muy largo plazo surgió algo que, en un principio, nadie habría podido anticipar. Resulta que, en el caso de personas que llevan décadas tomándolos, cuando envejecen, «aumenta significativamente la probabilidad de que sufran cuando menos demencia, si no un alzhéimer completamente desarrollado. También se incrementa la probabilidad de caídas, con la consiguiente fractura de cadera. Pero llevó varias décadas adquirir [ese conocimiento] porque hacía falta contar con una población que tomara antipsicóticos durante un periodo de tiempo prolongado y que estuviera envejeciendo». Aquellos medicamentos parecieron relativamente seguros durante bastante tiempo, hasta mucho después, cuando ese efecto acabó presentándose.

Expuse todas mis preocupaciones sobre los riesgos potenciales a las compañías que fabrican los medicamentos para que aportaran lo que tuvieran que decir al respecto. Novo Nordisk, que comercializa Ozempic y Wegovy, me envió una respuesta detallada, que puede leerse completa en las notas finales. En ella manifestaba que esos fármacos solo se obtienen con receta de un doctor en medicina o de otro profesional de la salud, y que solo deben consumirse bajo su supervisión y acompañados de consejo médico. Novo Nordisk hacía hincapié en que se toma muy en serio la seguridad del paciente y que «monitorea continuamente el perfil de seguridad» de sus medicamentos. Reiteraba el argumento que Daniel Drucker me había expuesto: que los fármacos han sido estudiados en ensayos clínicos extensivos y que llevan más de quince años usándose para tratar la diabetes y ocho años para combatir la obesidad. Según la empresa, actualmente esos medicamentos suman acumulativamente «más de 12 millones de años de exposición en pacientes».

Declinó comentar específicamente algunos de los riesgos sobre los que les pregunté, como el de la desnutrición o la pérdida de placer por la comida que refieren algunas de las personas que usan este medicamento.

En relación con otras de mis preocupaciones, sí respondieron. Sobre el cáncer de tiroides, entendían que la Agencia Europea del Medicamento ha declarado que no existen evidencias de vínculo con agonistas del GLP-1 (aun así, en su propio prospecto, que acompaña el medicamento en Estados Unidos, se indica a personas con historial de cáncer de tiroides que no lo usen). Sobre la pancreatitis, expusieron que se trata de una reacción adversa oficialmente descrita, pero que en sus medicamentos este efecto secundario suele ser moderado y de corta duración. Me indicaron un estudio «tranquilizador» en el que se revelaba que, durante treinta y nueve meses, la gente que tomaba semaglutida no tenía una mayor probabilidad de desarrollar pancreatitis que la que tomaba placebo. Sobre la pérdida de masa muscular, respondían que no habían estudiado esa cuestión en sus ensayos clínicos, pero me remitían a un pequeño subestudio con 140 personas en el que se mostraba que los sujetos del experimento sí perdían masa muscular, pero perdían más grasa. Y a continuación indicaban que todo el que experimente ese o cualquier otro efecto secundario debe abordarlo con su médico.

Eli Lilly, fabricante de Mounjaro, declinó comentar ninguna de las preocupaciones que planteé.

Ante las incertidumbres, todos debemos tomar decisiones. Shauna me comentó: «No conocemos los efectos secundarios a largo plazo» de estos nuevos fármacos adelgazantes, «pero sí conocemos cuáles son los efectos a largo plazo de vivir con obesidad». Es cuestión de que cada cual escoja su riesgo.

En cualquier caso, yo empezaba a preguntarme si, enfrentados a este dilema, no existiría una tercera opción.

6

¿Por qué no hacer dieta y ejercicio?

*Las dos grandes alternativas a los fármacos adelgazantes
y por qué (casi) han fracasado*

En todo momento, mientras sopesaba los riesgos de tomar esos medicamentos y los de seguir siendo obeso, no lograba librarme de una insistente sensación: que era un tonto por plantearme siquiera esas dudas, ya que había una solución mejor, y absolutamente evidente, por la que podía optar si quería. Una noche, cené con un amigo, y mientras se llevaba a la boca un pedazo de milanesa de pollo, me dijo: «No lo entiendo. ¿Por qué no pierdes peso de la manera normal? ¿Por qué no te pones a dieta y haces ejercicio?».

No había hecho más que preguntar lo que yo, en algún rincón de mi mente, llevaba tiempo pensando. «¿Por qué te hacen falta estos medicamentos, con los riesgos que conllevan? ¿Por qué no demuestras algo de fuerza de voluntad?».

A medida que, en los últimos cuarenta años, íbamos engordando, nos han vendido tres herramientas distintas para perder peso. Las primeras dos se nos ofrecen de manera explícita, mientras que la tercera es implícita. Se trata del ejercicio físico, de la dieta y del estigma. Se nos enseña que la receta para perder peso es simple: comer menos, movernos más y sentirnos mal con nosotros mismos si no lo hacemos.

Desde antes de los treinta años he intentado aplicadamente seguir el guion, por lo general una vez al año. La rutina tenía siempre los mismos ecos: eliminaba algún tipo de alimento (los carbohidratos, supongamos), comía menos y practicaba más ejercicio. Y funcionaba. Perdía peso. Pero entonces regresaba con furia la sensación de hambre, y parecía hacerlo con más fuerza que antes. Me sentía exhausto, sucumbía, y después me daba vergüenza. Y me convencía de que, la siguiente vez, tendría más fuerza de voluntad.

Ese deseo por encontrar la dieta perfecta me ha llevado por caminos raros a lo largo de los años. Cuando tenía veintiséis, una amiga regresó de una clínica para adelgazar en Austria, resplandeciente y rebosante de salud. Me explicó que la clínica Mayr, cercana a Klagenfurt, se especializaba en «terapias de limpieza intestinal»; si pasabas allí una semana, eliminaban del organismo las toxinas que se acumulan en él y que te hacen desear comida poco saludable. Decidí acercarme hasta allí.

Me recibió una mujer vestida con un elaborado traje de campesina austriaca del siglo xix, que al verme esbozó una sonrisa falsa. Mientras me hacía pasar, me dijo: «Hasta su muerte, a los noventa años (edad a la que mantenía una increíble agilidad mental y una gran actividad física), el doctor Mayr desarrolló teorías visionarias sobre los intestinos. ¡Cuánto le habría alegrado saber que sus teorías se divulgaban! ¡Cuánto se habría alegrado al verlo a usted aquí!». Me mostró un retrato del doctor Mayr con aspecto severo, observándonos desde las alturas.

Me llevó hasta el restaurante, donde me ofrecieron un tazón con un charquito de sopa y una rebanada de pan duro.

—¡Me dijeron que esto es lo último que vamos a comer en toda esta primera semana! —exclamó la mujer sentada a mi lado, con una sonrisa masoquista.

—Disculpe —dije—. ¿Por qué está duro el pan?

—Buena pregunta —respondió la mesera—. Está duro porque pretendemos enseñarles a masticar. El doctor Mayr nos lo enseñó. La mayoría de las personas, actualmente, se tragan la comida después de masticarla una o dos veces, y entra en el intestino muy dura. Ello genera estrés en el sistema digestivo. Aquí aprenderá a masticar cada bocado cuarenta veces.

—¿Cuarenta?

—Sí. No traguen nada hasta que sea una pasta muy líquida. Y no hablen entre ustedes, ni lean mientras comen. Es algo que distrae y no es conveniente. Hay que comer en silencio. Y masticar.

Poco después, aquella mujer salida de la serie *Heidi* me llevó a conocer a *Herr Doktor*. Alto, de treinta y tantos, y sincero, me examinó la lengua y los ojos con una linterna y el gesto serio. Me llevó frente a un espejo.

—Por favor, saque la lengua y dígame de qué color es —me dijo.

—Rosa —respondí.

—No. Vuelva a mirar, por favor.

Me fijé. Era cierto. Estaba teñida de algo que claramente no era rosa.

—Señor Hari, su lengua es gris con elementos amarillos. —Hizo una pausa y meneó la cabeza—. Eso no está bien. Y ahora, fíjese en sus ojos. También están amarillos.

Me los miré con atención: eso no podía aceptarlo.

—Sí, están amarillos. Fíjese en la tonalidad amarillenta cerca de los bordes. Es señal de un hígado estresado y descontento.

Escribió algo en su cuaderno y me pidió que me acostara para poder palparme los intestinos.

Lo hice sobre su mesa, en bóxers. Él no paraba de murmurar para sus adentros.

—Y el intestino grueso... está oscurecido —dijo en un momento dado, antes de añadir, triunfante—: Aquí hay muchos gases. Creo, señor Hari, que vamos a mandarle la dieta T —sentenció.

Supuse que contaba con veintiséis planes, que iban de la A a la Z, y que había escogido uno especial para mí.

—¿Qué implica esa dieta? —le pregunté.

—Para desayunar, tomará té. Para comer, tomará té. Y para cenar, tomará té con una gota de miel.

—Ah —dije—. ¿Y cuándo comeré?

Volvió a hacer una pausa.

—Comerá té..., todo el que quiera. Pero la miel está estrictamente limitada.

Bajé hasta el lago y me encontré con una mujer austriaca recostada en una silla reclinable, como ausente. Me dijo que llevaba dos semanas siguiendo la dieta del té.

—¿Y cómo se siente? —le pregunté.

—Muy mal —me respondió—. Y hay un caballero irlandés que también lleva la dieta del té y que empezó a tener alucinaciones.

Pasé varios días en aquella especie de nebulosa, hablando con personas desorientadas y hambrientas, sintiendo que mi estómago, lentamente, se digería a sí mismo. No tardé en desarrollar un dolor de cabeza intenso. Cuando pedí una aspirina, la campesina austriaca me dio un tubo de silicona.

—Conéctelo a la llave que hay en su cuarto y aplíquese un enema —me dijo.

Al tercer día, me condujeron al sótano para someterme a un tratamiento. Éramos cuatro personas en la sala, y todas llevaban en las fosas nasales lo que parecían ser unas tiras gigantes de algodón. Las lágrimas resbalaban por sus mejillas. Me explicaron que recibían un «tratamiento nasal» (no sé por qué, pero en alemán aún suena más siniestro). En el momento en que otra campesina austriaca decimonónica se acercaba a mí con algo que pretendía introducirme por la nariz, abandoné la sala.

Al cuarto día, desperté a las cuatro de la madrugada, babeando: acababa de soñar que me ahogaba en una malteada de fresa gigantesca. Desquiciado, me puse a recoger la pelusa que se acumulaba bajo la cama y me planteé seriamente la posibilidad de comérmela. Bajé a la cocina, decidido a saquearla, pero estaba cerrada a piedra y lodo, como si contuviera lingotes de oro: ni haciendo acopio de todas mis fuerzas (o de lo que quedaba de ellas) habría podido acceder a aquel montón de panes rancios.

Ya había tenido bastante. Solicité una cita con el médico y le informé que no podía seguir con aquello. Él se acarició el vello facial y me dijo:

—Creo que le falta valor, señor Hari.

—No, lo que me falta es comida —repliqué.

—Muy bien. Le daremos una comida.

¡Una comida! Estuve a punto de darle un beso. Me dirigí al restaurante, y me trajeron algo que, en el mundo exterior, apenas habría constituido un aperitivo: un pedacito de *pizza* del tamaño de una galleta Oreo.

A mi alrededor había personas con la mirada perdida que «comían» té con miel y me miraban. Se les hacía agua la boca. Me sentía como Jack Nicholson en *Atrapado sin salida*, y me preguntaba si debía iniciar una revuelta. Me comí el pedacito de *pizza*, subí a recoger mis pertenencias y me largué, dedicándole una mentada de madre al retrato del doctor Mayr cuando salía por la puerta. La mujer vestida de campesina austriaca que me había dado la bienvenida el primer día me dijo adiós sin perder aquella sonrisa suya en ningún momento.

En cualquier caso, incluso sometido a una dieta tan descabellada como aquella, al regresar a casa me sentí un fracasado y me pregunté dónde estaba mi fuerza de voluntad.

Desde finales de la década de 1950, los científicos no han dejado de someter a la gente a dietas para evaluar cuánta consigue, con el tiempo, perder peso. La lógica que se esconde tras el uso de una dieta como instrumento para adelgazar es de una evidencia cegadora: a medida que avanza el día, obtenemos las calorías de la comida y la bebida, y las quemamos al movernos. Si consumimos más calorías de las que quemamos, generamos un excedente de calorías, y engordamos. Si quemamos más calorías de las que consumimos, generamos un déficit calórico y perdemos peso. Existe un amplio consenso científico sobre la veracidad de esos principios. Ponerlos en duda equivale a dudar de las leyes básicas de la física. Por eso, al principio, las dietas casi siempre funcionan. Si uno se somete a un déficit de calorías, lo cierto es que durante un tiempo pierde peso. En la clínica Mayr, perdí 6 kilos. En cualquier momento dado, un 17 por ciento de todos nosotros estamos a dieta, y la mayoría de la gente ha pasado por una en algún momento de su vida, por lo que es probable que quien está leyendo estas líneas recuerde lo que se siente. Uno se autodisciplina, come menos y nota que su cuerpo cambia.

Pero los científicos que investigan el funcionamiento de las dietas a largo plazo no dejan de tropezarse con algo raro.

Traci Mann es profesora de Psicología de la Universidad de Minnesota y ha llevado a cabo algunos de los análisis a largo plazo más detallados sobre los efectos de las dietas. Cuando le solicité que me concediera una entrevista, sugirió que nos viéramos en Isles Bun, una conocida panadería de Minneapolis. En cuanto entré por la puerta, el dependiente me preguntó si ya había estado allí antes, y cuando le dije que no, me regaló un rollo cubierto de mantequilla, canela, azúcar y glaseado. Lo dejé educadamente sobre la mesa, frente a mí, decidido a no comérmelo mientras esperaba a Traci.

Cuando se sentó y empezó a dar sorbos a su café, me explicó que había empezado a sentir curiosidad por los efectos de las dietas cuando hacía el posgrado en Stanford, en los últimos días del siglo xx. Las dietas proliferaban por todas partes, y a ella le interesaba saber hasta qué punto funcionaban bien, por lo que, cuando llegó a ser profesora asociada de la Universidad de California en Los Ángeles, decidió realizar un repaso sistemático de toda la investigación sobre el fenómeno hasta ese momento. Empezó formulando una pregunta concreta: todos sabemos que las dietas aportan beneficios a corto plazo, pero ¿hasta qué punto funcionan a largo plazo? Dos años después de una dieta, ¿cuánto del peso que perdió consigue mantener, en promedio, la persona? Se dedicó a revisar más de dos mil estudios científicos y se dio cuenta de algo concreto: muchos de ellos afirmaban que las dietas tienen mucho éxito al lograr una pérdida de peso, pero casi todos ellos se interrumpían a los tres meses. Era como si uno perdiera peso en esos tres meses y a partir de ahí se mantuviera en ese peso ya siempre, con el problema resuelto. Pero ¿era así?

Solo encontró veintiún estudios en los que se hiciera un seguimiento riguroso de las personas que habían mantenido una dieta, a lo largo de dos años, o, en algunos casos, cinco.[1] ¿Y qué era lo que revelaban? El caso era que, en promedio, dos años después de haber iniciado la dieta y de poner un gran empeño en mantenerla, las personas pesaban aproximadamente un kilo menos que antes de empezar. Eso no es casi nada, y significa que la inmensa mayoría de las dietas fracasan.

Traci estaba desconcertada. «Era como si arriba fuera abajo, como si la izquierda fuera la derecha, como si los perros fueran gatos —me dijo—. Todo lo que leía era exactamente lo contrario de lo que me habían dicho a lo largo de mi vida. Se demostraba que las dietas no funcionaban».

Ahora lleva ya más de veinte años investigando las dietas y sigue encontrándose con resultados similares. «Parece que funcionan para procurar una pérdida de peso inicial, pero el peso regresa».

¿Cómo podía ser? Se trata de un hecho científico que, si se queman más calorías de las que se consumen, se pierde peso. Entonces, ¿qué es lo que se interpone en el camino para impedirlo?

En mi caso, además, la pregunta adoptaba una forma diferente: si todos habíamos ganado peso porque habíamos dejado de comer como mis antepasados suizos, ¿por qué volver a comer como mis antepasados suizos hoy no nos lleva a parecernos a ellos una vez más?

Era algo que parecía no tener sentido. Pero descubrí que sí existe una respuesta, aunque se trata de una respuesta complicada.

Cuando llevaba a cabo mi investigación para los libros que he escrito sobre adicciones y depresión, insistía en preguntar a los expertos cuáles eran las causas de esos problemas, y ellos me dieron a conocer una parte fundamental de la respuesta. Está ahí, en todos los libros de texto, aunque muy pocas veces se expone al público. Se trata de algo que se conoce como *modelo biopsicosocial*. Suena a término técnico, pero en realidad es algo muy simple que se aplica igual de bien a la obesidad. Existen tres tipos de causas para estos problemas. Están las biológicas —como los genes, o modificaciones en el cerebro—. Están las psicológicas —como el estrés o el trauma infantil—. Y están las causas sociales, que surgen de la sociedad en el sentido amplio —cuestiones como la soledad o la inseguridad económica—. Todas ellas son reales y se manifiestan en distinto grado en cualquier persona que haya tenido estos problemas. Las diversas causas intervienen en nuestras vidas y se combinan para crear nuestra adicción, o nuestra depresión, o nuestra obesidad, y explican por qué nos hemos vuelto obesos, y por qué las dietas fracasan en gran medida.

Empecemos por la biología. Cuando aumentamos de peso, en nuestro cuerpo y en nuestro cerebro tienen lugar una serie de transformaciones que dificultan enormemente volver atrás. Michael Lowe, experto en hambre que trabaja en la Universidad Drexel, me explicó que en las décadas de 1960 y 1970, cuando él empezó, los científicos creían que al nacer tenemos una «marca fija» que es innata en el cerebro y que determina el peso que vamos a tener el resto de nuestra vida. Creían que era «muy parecida» a la temperatura corporal que nos viene dada. Cuando nacemos, lo hacemos con un sistema ya incorporado que fija nuestra temperatura corporal en los 36.6 grados, y contamos con toda una serie de mecanismos para que se mantenga en ese punto. Si tenemos demasiado calor, sudamos para bajar la temperatura. Si tenemos demasiado frío, tiritamos, lo que hace que aumente nuestra temperatura corporal. El cerebro y el cuerpo actúan automáticamente para mantenernos en esa «marca fija», y cuesta mucho salirse de ella.

Para los científicos, con el peso corporal sucedía algo similar. De la misma manera que el cuerpo se mantiene a cierta temperatura, también nos mantiene en un cierto peso que viene marcado en nuestro cuerpo desde el nacimiento. Si empieza a desviarse de ese margen innato, recurrirá a toda clase de mecanismos para devolvernos al peso que deberíamos tener. Si adelgazamos más allá de esa marca fija, hará que tengamos un hambre atroz. Si engordamos más allá de esa marca, nos enfermaremos, para que no se nos antoje comer. Pero «entonces experimentamos la epidemia de la obesidad. Y bien, la epidemia de la obesidad resulta totalmente contradictoria con la idea de la marca fija, porque nuestros pesos promedio no dejan de aumentar».

Se dieron cuenta de que debían adaptar esa teoría. Pero ¿cómo? Después de pasar décadas estudiando las pruebas, Michael llegó a convencerse de que «sí tenemos una marca fija, pero es adquirida, no predeterminada».[2] A medida que aumentamos de peso, nuestra marca fija biológica (el peso en el que nuestro cerebro intenta que nos mantengamos) va aumentando. Imaginemos que, a medida que hiciera más calor, nuestra temperatura corporal se adaptara, elevándose. Iríamos al desierto del Sahara y nuestro cuerpo intentaría mantenernos (ya para siempre) a los niveles de calor y sudor que experimentamos allí. Así, Michael había llegado a creer que, en el caso del peso, sucede realmente algo así. «Si, supongamos, alguien engorda 14 kilos en cinco años, y se mantiene en ese peso varios meses, el cuerpo, a partir de entonces, trata biológicamente esos 14 kilos de más como la nueva marca fija que tiene que defender». Asume ese nuevo peso superior como natural y «no reacciona bien si la persona intenta alejarse de él».

Así pues, si engordamos y después intentamos adelgazar, empiezan a activarse toda clase de mecanismos biológicos (el equivalente a sudar y a tiritar cuando cambia nuestra temperatura). El metabolismo se ralentiza, quemamos las calorías más lentamente. Traci, la experta en los fracasos de las dietas, añadía: «No es solo el metabolismo. Los niveles hormonales cambian. Es más probable que la persona tenga hambre y menos probable que se sienta saciada. Se dan toda clase de cambios en la atención, por lo que es más probable que la persona se fije en la comida [...]. Una vez que uno se fija en la comida, cuesta dejar de prestarle atención. Empiezan a ocuparte pensamientos relacionados con ella». El cuerpo libera menos energía, por lo que a la persona no se le antoja moverse tanto. El cerebro le envía señales para que desee alimentos con más grasa y más azúcar.

Me daba cuenta de que eso era lo que me ocurría a mí con todas las dietas que empezaba. Fue lo que me ocurrió en la clínica Mayr al cuarto día, cuando aquella madrugada me sobrevinieron los sueños de aquella malteada de fresa.

¿Por qué nuestro cerebro nos haría algo así? Según Michael, tiene que ver con razones ancladas muy profundamente en nuestra evolución como especie. Se trata de «una adaptación biológica. Tengamos presente que la tendencia del cuerpo a actuar así, a lo largo de los millones de años en que hemos evolucionado, ha sido una brillante estrategia de sobrevivencia. Durante esos millones de años, el problema no era evitar comer demasiado, sino asegurarse de disponer constantemente de suficiente comida». En relación con la comida, nuestros antepasados se enfrentaban a un grave problema: el hambre. En un momento u otro de la vida, el individuo tenía bastantes probabilidades de experimentar una escasez de alimentos disponibles, o una desa-

ADELGAZAR A CUALQUIER PRECIO

parición total de estos. Para protegerse de esa realidad, en cuanto la persona engordaba, su cuerpo pensaba: «Bien, vamos a guardar esto, porque cuando llegue la siguiente hambruna, podremos quemar este almacén de grasa y sobrevivir. Cuanto mayores fueran los almacenes de grasa, mejor, porque al término de un periodo de escasez, la persona que hubiera empezado siendo más gorda seguiría con vida. Por eso nuestros cuerpos evolucionaron para considerar cada aumento de peso como una nueva "marca fija adquirida"», afirma, una marca que debemos luchar por mantener. Por eso tenemos una innata «tendencia corporal a mantener lo que ya tenemos».

En las circunstancias en las que evolucionamos, se trataba de un sistema muy bueno. Nos mantenía con vida. Pero en las circunstancias en las que vivimos actualmente, a muchos nos está matando. Hoy, el problema al que nos enfrentamos no es la hambruna, sino el exceso de comida. «La evolución no habría podido anticipar jamás que dispondríamos de una abundancia de energía [recursos] de manera constante», concluyó Michael. El sistema fue diseñado para un entorno que tardó millones de años en crearse, y ahora intenta adaptarse a un entorno radicalmente diferente.

Y por eso, cuando intentamos adelgazar, «las reacciones que tienen lugar en nuestro cuerpo nos impiden mantener esas pérdidas de peso». Mantener más grasa corporal se ve como algo bueno, y perderla, como algo malo, por lo que el cuerpo intentará mantenernos cuanto más gordos, mejor. Cuando Robert De Niro engordó para interpretar a su personaje en la película *Toro Salvaje*, le sorprendió constatar lo mucho que le costó perderlo. Según comentó, era como si su cuerpo luchara por mantenerse en ese nivel más alto. Y tenía razón. «Evidentemente, es una pésima noticia para las personas con obesidad —razonaba Michael— porque luchan contra su biología, y de hecho su biología trabaja veinticuatro horas al día, siete días a la semana». Esa es la «tormenta perfecta no solo para el aumento de peso, sino también para el aumento de peso después de una pérdida de peso».

Han sido muchos los científicos que me han expuesto esta teoría, con tintes de urgencia. El doctor Giles Yeo, investigador de la Universidad de Cambridge, comentó: «Nuestro cerebro detesta que perdamos peso. Te arrastra pataleando y gritando de regreso a donde estabas [...]. Yo soy un ser humano de 75 kilos. Imaginemos que tuviera un gemelo de 85 kilos, y que él perdiera 10 para tener el mismo peso que yo. Como mi gemelo, que ahora pesa 75 kilos, perdió peso, tendrá que comer menos que yo a fin de mantener exactamente el mismo peso que yo tengo, porque su cerebro está pensando: "Perdí 10 kilos. Reduje mi metabolismo. Ahora voy a mantener mi metabolismo bajo, hasta que vuelvas a donde estabas antes"». Jerold Mande, el profesor de Nutrición en Harvard, me lo expuso de manera aún más cruda: «El cuerpo siempre devuelve el golpe —dijo—. Contamos con miles de millones de años de evolución para asegurarnos de que recuperaremos el peso anterior en el transcurso de cinco años».

Esa es la parte biológica que explica por qué cuesta tanto perder peso y tan poco recuperarlo. También he aprendido mucho sobre los factores psicológicos para la elaboración de un capítulo al que llegaremos pronto.

Pero también existe un aspecto ambiental. Cuando nos ponemos a dieta, intentamos, en cuanto individuos, perder peso, pero, como explica Giles Yeo, «aspiramos a modificar nuestra dieta inmersos en el ambiente alimentario en el que vivimos». No podemos aislarnos de él. Todos vivimos en un entorno en el que la comida chatarra es barata, se nos promociona continuamente y se nos pone frente a nuestras narices, mientras que la comida saludable es cara, no se promociona y cuesta más conseguirla. De hecho, muchas personas viven en «desiertos alimentarios», lugares en los que resulta imposible adquirir comida fresca a precios asequibles. Michael Lowe denomina a esa clase de entornos *obesogénicos*: vivimos en una sociedad que facilita la obesidad, y en la que cuesta volver a pesos anteriores. De hecho, según me explicó, «vivimos en un entorno diseñado por el ser humano que no podría ser más obesogénico de lo que es».

Así pues, cuando intentamos cambiar como individuos, lo hacemos en un entorno obesogénico que no ha cambiado y que nos motiva a volver a comer como lo hacíamos antes. Para Michael, si fracasamos es sobre todo porque «el problema al que nos enfrentamos es, en esencia, superior a nosotros».

Qué deprimente. Porque eso significa que las dietas fracasan, la mayoría de las veces, porque nuestra biología y nuestro entorno las boicotean.

Hay personas que pueden perder peso —combinando suerte, una familia que los apoya, unos genes que los ayudan o una fuerza de voluntad abrumadora— y no recuperarlo. También es cierto que algunas personas consiguen escalar el Everest sin oxígeno, y que otras llegan a ganar mucho dinero en las ruletas de Las Vegas. Pero todo está dispuesto en nuestra contra.

Cuando empecé a ver la cuestión del peso a la luz de ese contexto, me di cuenta de que mi fijación con la fuerza de voluntad (¡algún día me hartaré!) había sido simplista en exceso.

La fuerza de voluntad es algo real. Pero de todas las causas —biológicas, psicológicas y sociales—, constituye solo un segmento de uno de esos conjuntos de causas. Decir que es irrelevante y que no juega ningún papel en el control del peso es incorrecto; pero afirmar que lo es todo, o incluso la mayor parte del cuadro, también lo es. La fuerza de voluntad es un factor frágil incluido en un cuadro grande y complejo. Es como un paraguas en una tormenta severa. Nos proporciona cierta protección. A algunas personas les servirá para llegar a su destino. Pero en la mayoría de los casos, unas fuerzas mayores la romperán.

Ahí sentados, en la panadería de Minneapolis, Traci casi me quitó las palabras de la boca cuando dijo: «La gente, muchas veces, me dice: "Pues si lo que dices de las dietas es verdad, ¿cómo puede ser que Joe X., una persona de mi grupo, haya perdido peso y se mantenga en él?". La respuesta es que no es imposible. Yo hablo de un patrón general. Del patrón más probable». En la mayoría de los campos de la ciencia, añadió, «existen los casos aislados», pero la dieta es la única área en la que los especialistas implicados se han «obsesionado con el resultado minoritario» y lo presentan como si fuera típico. Según su experiencia, la mayor parte de los investigadores sobre dietas «no eran capaces de apartar el foco de lo que solo conseguía una pequeña parte de sus pacientes. Eso es algo que no se ve en ningún otro campo de estudio. [Normalmente], nos fijamos en lo que sucede en promedio, y en la variabilidad que se da a partir de ahí, pero no insistimos sobre el minúsculo subgrupo de personas que hacen algo de manera muy diferente al resto. Evidentemente, es posible: si matamos de hambre a alguien, llegará a consumirse, ¿no? Pero en el entorno en el que vivimos, con la biología que tenemos, es de una dificultad atroz. La mayoría de las personas fracasará. Y no es culpa suya», recalcó.

Mientras Traci hablaba, yo, casi sin darme cuenta, me encontraba comiéndome mi rollito de canela recubierto de azúcar, el que me habían regalado al entrar. En un momento dado, ella acercó la boca a mi grabadora y dijo: «Que conste en acta que se está comiendo el glaseado con el dedo».

Hay científicos que se muestran algo más optimistas que Traci con las dietas, pero sorprende constatar lo estrecho que es el margen de esperanza. En 2001, un equipo de la Universidad de Kentucky se dedicó a analizar los mejores estudios científicos sobre programas estructurados de pérdida de peso en Estados Unidos, y concluyó que cinco años después de participar en ellos, la persona promedio tenía menos sobrepeso, y en una cantidad estadísticamente significativa:[3] 3 kilos, o en torno al 3 por ciento de su peso corporal. No es que sea nada, pero no es gran cosa. Otro equipo, esta vez de la Facultad de Medicina de Brown, Rhode Island, repasó las evidencias limitadas de las que disponemos, incluido un estudio dedicado a seguir en el tiempo a 4000 personas que han perdido con éxito mucho peso.[4] Y constató que aproximadamente el 20 por ciento de la gente tiene éxito con las dietas, si se define éxito como una pérdida, al menos, del 10 por ciento del peso corporal y el mantenimiento del peso nuevo al menos durante un año. La imagen no es de desesperanza total. Que una de cada cinco personas sea capaz de mejorar su salud a través de la dieta es algo valioso. Pero no es mucho.

En mi caso, también me interesaba saber lo siguiente: ¿y qué hay de la otra herramienta que nos venden como LA RESPUESTA: el ejercicio físico? Para comprender el papel que puede jugar en la promoción de la pérdida de peso, asistí personalmente a la realización de un curioso experimento. Es posible que, al principio, mientras lo cuento, las personas que lo lean se pregunten por qué explico esta historia. Pero les pido que me sigan. El experimento se inició como un programa para que la gente joven dejara de fumar, tomar alcohol y drogarse, pero se convirtió en el programa de mayor éxito que se hubiera aplicado en cualquier parte del mundo para promover el ejercicio en la juventud.

En 1950, en un remoto pueblo de pescadores de la costa occidental de Islandia, un niño de seis años llamado Thorolfur Thorlindsson estaba asustado. Se encontraba sentado con su abuelo en el sótano de su casa, y el viejo estaba soldando unos cables para reparar el motor de su barca de pesca. De pronto, una de las chispas de la soldadora saltó hasta unos papeles que había en el suelo, y enseguida se prendió fuego. Thorolfur entró en pánico y salió corriendo. Su abuelo, sin inmutarse, apagó las llamas y llamó a su nieto para que volviera, y lo sentó a su lado. «¿Te asustaste?», le preguntó. Thorolfur no dijo nada. «El valor es cuestión de hábito —le explicó el anciano—. Así que puedes empezar a practicar ahora mismo estar asustado, o puedes practicar ser valiente».

Su abuelo había aprendido a ser valiente a la fuerza. Había tenido que hacerse a la mar en su barca de pesca a pesar del mal tiempo, en una zona de la costa azotada por vientos del oeste y cubierta de nieblas. Le dijo a Thorolfur: «Si sales al mar, nadie puede ayudarte. Tienes que concentrarte. En gran parte, hacerlo bien en un barco cuando hace mal tiempo tiene que ver con la concentración. Hay que concentrarse en todas y cada una de las olas. Si uno se descentra, seguramente se pierde». En una ocasión, un mes de diciembre, había salido a pescar cuando llegó una ventisca. En la barca solo eran dos, y estaban solos. Su instinto les decía que debían remar con desesperación contra el viento para regresar a la orilla, pero su raciocinio les indicaba que aquello era imposible, y que si lo hacían, se ahogarían. Así pues, tuvieron que intentar algo que era arriesgado, navegar hacia un lado, y esperar que, aun envueltos en aquella neblina de nieve, pudieran calcular con precisión las distancias para que la barca no se estrellara con la punta sur del fiordo. Sabían que si fallaban, las olas los arrastrarían mar adentro y morirían. Le dijo: «Siempre, bajo presión, hay que mantener la calma».

Cuarenta años después, Thorolfur se enfrentaba a su propia crisis, y se acordó de las palabras de su abuelo. Islandia se había ido alejando gradualmente del país pesquero y agrícola que había sido y, en aquella transición, había mucha gente desorientada. Los jóvenes islandeses en concreto parecían tener problemas. En los pueblos y las ciudades del país, en las largas noches de verano, los adolescentes se congregaban por centenares y se emborrachaban o se drogaban. Estallaban peleas salvajes. A la gente mayor le daba miedo salir a la calle. Simultáneamente, los jóvenes se apartaban de la dieta saludable de sus antepasados y optaban por otra más occidental y, como ocurría en todos los países en los que se producen esos cambios, la obesidad empezó a aumentar.

En calidad de sociólogo, a Thorolfur le impactaban las pruebas que demostraban lo extendidos que estaban esos problemas en el caso de los jóvenes islandeses. Como me comentó Inga Dora Sigfusdottir, que trabajaba con él como investigadora: «Los adolescentes islandeses tenían muchas más probabilidades de beber sin parar que los jóvenes de otros países de Europa... En 1998, el 42 por ciento de los jóvenes de quince años se habían emborrachado en los últimos treinta días. El 20 por ciento fumaban a diario. El 17 por ciento habían probado el hachís». Aquellas grandes concentraciones de jóvenes borrachos y drogados escandalizaban a Islandia. Una mujer llamada Sunna, que había sido una de ellos, me explicó: «Creo que muchos de nosotros estábamos perdidos. Perdidos y en busca de un camino en la vida... A mí no me importaba nada. No me importaba yo misma. No tenía una gran autoestima. Sentía mucha ira, y no sabía cómo sacarla».

Al principio, a los islandeses les pareció que la solución era evidente. En las escuelas se enseñaba a los niños: «Simplemente di "no"» a las drogas y a la comida poco saludable. Intentaban aterrorizarlos con historias espantosas sobre adónde los llevaría su comportamiento y sobre su salud. A Thorolfur le parecía que aquello no estaba bien.

Así pues, propuso resolver el problema de una manera muy diferente. Con el aval del Gobierno, creó una iniciativa llamada Juventud en Islandia, pensada para ayudar a los niños a experimentar «picos naturales». Cuando alcanzamos un logro (sobre todo si es físico), experimentamos un «golpe» de endorfinas y satisfacción equiparable a una dosis de drogas. Para lograrlo, la iniciativa estableció una gran red de clubes juveniles y deportivos por todo el país. Dos veces al año, el Gobierno proporcionaba a cada joven un vale con el que podía acceder a cualquier actividad física activa, liberadora de endorfinas, que pudiera interesarle: deporte, baile o música.

Cuando estuve en Reikiavik, fui a conocer uno de aquellos centros en Throttur. Gudberg Jonsson, que gestiona parte del programa, me guio por las instalaciones. Lo primero que vi fue un campo de futbol iluminado con focos, en el que jugaban unas niñas. «Actualmente, en este club, ofrecemos once deportes —me comentó, y pasó a enumerarlos—: taekwondo, atletismo, halterofilia olímpica, levantamiento de pesas, esquí, natación, gimnasia...». Entramos en uno de los primeros edificios, que parecía más propio de un anillo olímpico que de un centro juvenil. Pasamos por la pista de basquetbol para llegar a la de patinaje, dejamos atrás una sala en la que unos adolescentes saltaban, practicando triples saltos en el aire, y otra en la que vi lo que parecía un enorme *flashmob*, porque había jóvenes de distintas edades enseñándose unos a otros pasos de baile sincronizado.

«En estos edificios, las luces están encendidas al menos hasta las diez de la noche, todos los días de la semana», me explicó. Son actividades voluntarias, pero casi todos los jóvenes islandeses participan en ellas. «Todos tus amigos hacen algo, por lo que siempre encontrarás algo que pueda interesarte». En la actualidad, como consecuencia de este programa, casi todos los niños y adolescentes islandeses dedican muchas horas a la semana a hacer ejercicio vigoroso.

Los jóvenes con los que conversé estaban encantados con el programa, y disfrutaban del ejercicio que les ofrecía, entre ellos, aquellos con sobrepeso, que en Estados Unidos y en Gran Bretaña (como hacía yo a su edad) se habrían burlado de este tipo de actividades.

Allí, el programa ha tenido un éxito asombroso. Al principio, el 42 por ciento de los jóvenes se emborrachaba regularmente. Hoy, la tasa es del 5 por ciento. Los porcentajes de adolescentes que fuman y se drogan también has descendido de manera espectacular. Pasaron de tener unas de las tasas más altas de Europa en consumo de alcohol, drogas y tabaco, a unas de las más bajas.

¿Y qué ocurrió con la obesidad entre los jóvenes? Mientras se daban esos otros resultados asombrosos, la obesidad infantil seguía creciendo de manera espectacular. A pesar de contar con el programa de ejercicio físico más exitoso de Europa, los niños islandeses se encontraban entre los más gordos del continente.[5]

¿Cómo podía ser? Resultaba desconcertante. Sin embargo, supe que es algo que concuerda con un conjunto de evidencias más amplio en relación con el ejercicio físico. Por ejemplo, un equipo de científicos de la Universidad Estatal de Arizona puso a ochenta y una mujeres a caminar en caminadora media hora, tres veces a la semana, durante tres meses, y monitoreó lo que ocurría con su peso.[6] Y lo increíble del caso es que cincuenta y cinco de ellas engordaron. Dos terceras partes aumentaron su masa grasa. Las pruebas evidencian que el ejercicio físico rara vez causa una pérdida de peso sustancial.

En otro estudio se concluyó que solo el 2 por ciento de las personas que perdían 14 kilos o más, y se mantenían en su nuevo peso durante doce meses, lo conseguían exclusivamente a través del deporte.[7]

Los científicos que se han dedicado a estudiar esos hallazgos en apariencia chocantes afirman que estos se explican por una serie de razones. La primera de ellas es que, en el entorno en el que vivimos, el pequeño número de calorías que quemamos al incrementar el tiempo dedicado al ejercicio físico se ve rápidamente contrarrestado por el aumento constante de las que nos llegan a través de la comida. Tim Spector, que ha estudiado tantos aspectos de la obesidad, me lo expuso sin rodeos: «Una mala dieta no se anula corriendo». Tendemos a exagerar la cantidad de calorías que se queman con el ejercicio físico, y lo que podemos permitirnos comer después para premiarnos. Si nos tomamos un gran menú Big Mac, tendríamos que correr dos horas sin parar para quemar esas calorías. Incluso para quemar una sola barra de Snickers habría que correr intensamente durante unos veinte minutos. Mientras se desplegaba el programa Juventud en Islandia, los niños practicaban mucho más ejercicio físico, pero simultáneamente sus hábitos de alimentación eran mucho peores. Las malas dietas se imponían al buen ejercicio.

¿Significa eso que debemos dejar de practicar ejercicio? Todas las personas con las que he hablado del tema me han dicho que eso sería una idea pésima, y que el ejercicio mejora notablemente la salud y la calidad de vida, independientemente de que active o no la pérdida de peso. Si no nos ejercitamos lo suficiente, tenemos más probabilidades de desarrollar más de cuarenta enfermedades crónicas que van desde la diabetes al cáncer de colon.[8] Tim Spector afirmaba: «Es realmente importante para prevenir muchas enfermedades, para la salud mental, para combatir el envejecimiento, la demencia, el cáncer y las enfermedades cardiacas. Para todo». Si practicamos ejercicio físico doscientas setenta horas al año, ganamos, en promedio, tres años de vida.[9]

El ejercicio es increíblemente efectivo para prevenir problemas de toda clase, desde infartos hasta paros y muertes prematuras. Pero, ¡ay!, no sirve tanto para propiciar la pérdida de peso.

Después de estudiar todos esos aspectos, volví a pensar en la vergüenza que sentía cuando flaqueaba y abandonaba todas las dietas y los programas de ejercicio que había probado. ¿De qué manera nos ha afectado psicológicamente engordar y el hecho de que, de manera insistente, se nos ofrezca una solución que, en gran parte, conduce al fracaso? Se trata de algo que he abordado con muchas personas, entre ellas una mujer llamada Julie que se puso en contacto conmigo después de leer, por internet, que estaba escribiendo sobre el Ozempic. Me contó que llevaba toda su vida adulta luchando contra su peso corporal. «Llevo años regañándome por no tener la suficiente fuerza de voluntad, por ser perezosa, y eso a pesar de que hago ejercicio todos los días e intento comer de forma saludable. Pero fracasaba una y otra vez, sucumbía a unas ansias de comer que parecían estar fuera de mi control. Creía que el peso solo tiene que ver con la dieta, el ejercicio y la fuerza de voluntad, y que la obesidad es una opción. Que todo es una decisión. Y que yo fracasaba, una y otra vez... Era consciente de hasta qué punto mi depresión estaba relacionada con mi incapacidad para llevar una vida saludable. Siempre era igual: intentar, fracasar, regañarme a mí misma; intentar, fracasar, odiarme a mí misma».

Y aun así, a pesar de haber asimilado todo lo que había aprendido, me costaba mucho dejar de creer en esas dos soluciones. La idea de que, algún día, conseguiría perder peso de manera duradera comiendo mejor y practicando ejercicio era parte integral de mi visión de futuro, y así había sido desde que era adolescente. Al encontrarme con las pruebas que me indicaban que esas dos soluciones casi nunca funcionaban, me sentía como si, en un escenario, las luces fueran apagándose y la obra de teatro en la que yo, sin duda, tendría que actuar algún día, se esfumara delante de mis ojos.

Lo cierto es que, en el entorno que hemos creado durante los últimos cuarenta años, resulta extraordinariamente difícil adelgazar y mantener esa pérdida de peso. A mí me parecía que ese era uno de los principales argumentos a favor de esos medicamentos. Estamos atrapados, y estos nos ofrecen una salida.

Al inyectarme Ozempic por quinto mes seguido, pensé en todas las dietas que había probado durante años, en todas las veces que intenté reducir los carbohidratos o el azúcar. Me imaginé a aquellas personas matándose de hambre en la clínica Mayr, con aquellas cosas raras metidas en las fosas nasales y las lágrimas resbalando por sus rostros, en busca de cualquier solución, por extrema que fuera.

Y me pregunté si todas aquellas dietas no habrían sido bromas pesadas desde el principio, y si, ahora, no sería esa mi única opción.

7

Descubrimiento en el cerebro

¿Buenas noticias para la adicción y malas para la depresión?

Seis meses después de empezar a tomar Ozempic, me di cuenta de una cosa. Cada mañana, al despertarme, experimentaba dos sensaciones simultáneas: sentía que mi cuerpo se encogía. Me tocaba el vientre y notaba que, donde antes había habido una panza, ahora estaba plano. Me sentía más en forma, tenía mejor aspecto y más confianza en mí mismo. Pero a la vez, mi estado de ánimo estaba extrañamente apagado. No experimentaba el entusiasmo de costumbre por el día que tenía por delante. Me notaba algo apático. No pretendo exagerarlo: no estaba deprimido. Pero sí, con frecuencia, como apagado emocionalmente.

No se trataba, en absoluto, de una sensación abrumadora. Había momentos en los que me sentía muy contento. Los hombres se fijaban más en mí, y la gente no dejaba de dedicarme cumplidos por mi cambio de aspecto. Pero, en conjunto, me notaba más desanimado que antes de empezar a tomar el medicamento, y eso me desconcertaba. ¿Por qué iba a sentirme así, si estaba consiguiendo lo que quería? Es posible que se tratara de una mera coincidencia, y que otros aspectos de mi vida sin relación con los fármacos me estuvieran entristeciendo. Aun así, me preguntaba si el

Ozempic estaba ejerciendo un efecto negativo en mi estado mental.

Al empezar a indagar en ello, me encontré con una serie de cuestiones profundas relacionadas con estos fármacos. Existen dos escuelas de pensamiento que podrían explicar esta reacción: una biológica y otra psicológica. Quizá esos medicamentos estuvieran afectando a mi biología, sobre todo a mi cerebro, de una manera que me llevara a sentirme peor. O quizá, sobre todo, me estuvieran afectando psicológicamente.

En primer lugar, me fijé en su impacto sobre el cerebro. Para llegar a sus efectos potenciales sobre la depresión, antes debía comprender el debate sobre cómo esos fármacos afectan a nuestro cerebro de una manera más general y, curiosamente, qué pueden representar para personas con problemas de adicción.

Al principio, cuando se descubrieron, pareció que la razón por la que funcionaban era simple. Como ya he expuesto en el capítulo 1, se trata de una copia artificial de una hormona intestinal (el GLP-1) que nos dice cuándo estamos llenos. La hormona real dura unos minutos y después se esfuma; la réplica permanece una semana entera. Actúa principalmente en el intestino y sobre el intestino, potenciando la sensación de plenitud y ralentizando la digestión. Ese es su secreto.

Pero entonces se produjo un hallazgo inesperado. El GLP-1 se descubrió, de entrada, porque a principios de la década de 1980 los científicos contaban con nuevas técnicas que permitían estudiar el funcionamiento de las células humanas de una manera que hasta entonces no era posible. No mucho tiempo después, algo similar ocurrió con el cerebro: hubo grandes avances en su observación por parte de los científicos, y estos empezaron a descubrir toda clase de cosas que nadie había anticipado. Una de ellas tenía relación con el GLP-1. Recurriendo a esos nuevos métodos, un equipo del Hospital Hammersmith de Londres se encontró con un hecho inesperado. En un estudio con ratas se descubrió que había receptores de GLP-1 —áreas del cuerpo particularmente sensibles a él— muy alejados del intestino. Resultó que, de hecho, tenían receptores de GLP 1 en el cerebro.[1] Aquello parecía curioso, y condujo a una pregunta obvia: ¿también era así en el caso de los seres humanos? Resultó que sí. Posteriormente se descubrió que todos los seres humanos, de hecho, fabrican GLP-1 en el cerebro. Aquello era una bomba: no solo procesamos y fabricamos esa hormona en el intestino; la procesamos y la fabricamos en el cerebro.

Esto condujo a más preguntas. Cuando inyectamos a alguien un agonista del GLP-1 como la semaglutida —que se comercializa como Ozempic y Wegovy—, ¿dónde, de hecho, se produce el efecto? Robert Kushner, que había desempeñado un papel fundamental en el desarrollo del Wegovy, me explicó: «Si se llevan a cabo estudios con animales y se etiqueta el compuesto, y después se mira adónde va en el cerebro del roedor, está en todas partes. Se aloja profundamente en el cerebro, en el centro del apetito, en los centros de recompensa y en los centros homeostáticos». La doctora Clémence Blouet, que investiga sobre esta cuestión en la Universidad de Cambridge, coincidía, y afirmaba que los receptores de esos fármacos se encuentran «en muchas zonas diferentes... Están en todas partes».

Así pues, los científicos empezaron a preguntarse: cuando tomamos estos fármacos, ¿es posible que la reducción del apetito no venga dada principalmente por una modificación de la química intestinal, sino por una modificación en el cerebro?

A primera vista podría parecer una cuestión técnica y decir: «¿Y a quién le importa, mientras funcione?». Pero, de hecho, esa reformulación sobre el funcionamiento de los agonistas del GLP llevó a los científicos a preguntarse si existía todo un conjunto de usos para esos fármacos que nadie se había planteado aún. Si estos actúan sobre el cerebro, ¿podrían dar forma también a otros comportamientos, y no solo a nuestra manera de comer? Y, a medida que profundizaban en la investigación, empezaron a plantearse una pregunta extraordinaria. ¿Habrían descubierto, de hecho, un fármaco que potencia el autocontrol de manera general? Y, en caso afirmativo, ¿podría usarse para tratar la adicción?

A la vez, a algunos de ellos les preocupaba el hecho de que el medicamento, al actuar sobre el cerebro, abriera toda una serie de riesgos nuevos. Si lo modificaba para mejorarlo, ¿era posible que también, potencialmente, lo modificara para empeorarlo? ¿Qué clase de daños podía causar?

Parecía que ese cambio de perspectiva (del intestino al cerebro) hacía posible reformular radicalmente nuestra manera de pensar sobre estos medicamentos. De todas las áreas de la ciencia sobre las que me he informado para la elaboración de este libro, esta ha resultado a la vez la más compleja y aquella ante la que los expertos se muestran menos seguros. Es mucho lo que no se sabe, y estos, sin excepciones, aconsejan que debemos abordar la cuestión con una dosis extra de humildad. A medida que leía sus trabajos y conversaba con ellos, sentía que contemplaba una imagen borrosa que, lentamente, iba adoptando una forma más definida. Actualmente, solo vislumbramos unos contornos generales de los efectos potencialmente positivos y negativos de esos fármacos en el cerebro, y es importante tener en cuenta que lo que nos parece que podemos ver podría resultar una ilusión. Clémence me comentó: «Hay personas que aseguran que el cerebro es el objeto más complejo del universo», por lo que no puede sorprender que, en lo relativo a estos medicamentos «todavía sigamos intentando entender cómo funciona todo».

En 2013, en un laboratorio de Pensilvania, una joven neurocientífica llamada Diana Williams hizo algo que nadie había hecho hasta ese momento. Inyectó GLP-1 directamente en una parte del cerebro de una rata conocida como núcleo accumbens. Se trata de una área clave de lo que los expertos denominan *centros de recompensa*. Paul Kenny, la persona que realizó el experimento del Cheesecake Park, me explicó lo que son. «Los centros de recompensa están ahí para mantenernos con vida [...]. Si tenemos hambre y comemos, la razón por la que la comida nos resulta placentera es porque activamos esos centros de placer en nuestro cerebro». Lo mismo ocurre cuando mantenemos relaciones sexuales, o cuando conectamos con otras personas, o cuando escuchamos buena música... Todas esas actividades hacen que nuestros centros de recompensa resuenen. «El papel de esos centros es animarnos a acercarnos a los factores necesarios para la vida y su propagación, a obtenerlos y a consumirlos». Se trata de algo «absolutamente fundamental» porque «si no obtenemos placer de las cosas que son importantes para sostener, mantener y propagar la vida, es muy posible que no nos impliquemos en ese tipo de conductas».

Diana descubrió que las ratas que habían recibido aquella inyección de GLP-1 en su núcleo accumbens comían significativamente menos.[2] Hasta ese momento, algunos científicos habían intentado inyectar GLP-1 en otras zonas de los cerebros de las ratas, pero, según me explicó, «esas áreas cerebrales relacionadas con la recompensa habían sido ignoradas hasta ese momento». Así pues, empezó a preguntarse: ¿no será, de hecho, clave a la hora de alterar el deseo de comida de alguien, alterar hasta qué punto esa comida le proporciona recompensa?

¿Los centros de recompensa son claves en los efectos positivos de estos fármacos? ¿O allí ocurre algo más?

Cuando Heath Schmidt tuvo conocimiento de los resultados de aquellos primeros experimentos en los que se habían inyectado directamente agonistas del GLP-1 en cerebros de roedores, su intuición se puso en marcha. Ejerce como director del Laboratorio de Neuropsicofarmacología de la Universidad de Pensilvania, y ha dedicado su carrera profesional al estudio de la adicción. Según me contó, hubo un hallazgo en particular que llamó su atención. Si se inyecta un agonista del GLP-1 en el cerebro de una rata, esta reduce drásticamente su consumo de comida chatarra, pero sigue comiendo la misma cantidad de su pienso normal, saludable. «Es decir, que podemos verlo así: estamos aquí sentados y podemos escoger entre una ensalada y una Cajita Feliz de McDonald's. La mayoría de las veces optaremos por la Cajita Feliz. Pero si administramos ese fármaco en la [zona del cerebro conocida como] área tegmental ventral (ATV) [que también forma parte del sistema de recompensa], reduciremos nuestro deseo de comernos la Cajita Feliz, pero mantendremos intacto el de comer ensalada».

Según él, se trata de algo muy poco usual y relevante por una razón clave. Hasta ahora, ha habido científicos que, al intentar diseñar fármacos para reducir conductas adictivas, no dejaban de toparse con un problema: encontraban algunos que aplacaban la adicción, pero también aletargaban las «conductas de recompensa naturales, como alimentarse, practicar sexo o mantener interacciones sociales». Funcionaban disminuyendo el sistema de recompensas en su totalidad, por lo que, si la persona los tomaba, perdía el interés por la cocaína, pero también lo perdía por la vida y todos sus placeres. Y por tanto no servía de gran cosa. «La realidad es que se trata de los mismos circuitos cerebrales, por lo que, cuando empezamos a jugar con ellos, todas esas conductas resultan afectadas». Hasta que llegamos a estas nuevas drogas adelgazantes, añade. En los estudios con animales, a primera vista, parecía darse cierta «selectividad», como si fueran capaces de distinguir entre unas conductas negadoras y otras potenciadoras de la vida, es decir, entre Big Mac y ensaladas.

Como comentó, aquello era un «momento eureka [...] en el sentido de que podía tratarse de una nueva dirección que seguir, y en la que, en realidad, nadie había pensado hasta ese momento».

Con esa idea en mente, equipos de científicos de todo el mundo han empezado a preguntarse si podría usarse la semaglutida para acabar con el consumo de drogas, desde la nicotina hasta el alcohol, la heroína y la cocaína, en personas que se han vuelto adictas a ellas.

Me puse en contacto con varios equipos que llevan un tiempo investigando al respecto. En la Universidad de Gotemburgo, Suecia, Elisabet Jerlhag, profesora de Farmacología, me explicó que estaba intrigada por un hecho curioso. Los cerebros de las personas adictas a la cocaína presentan un aspecto notablemente similar al de las personas obesas, o al de quienes se dan atracones de comida. Dadas las similitudes biológicas de los problemas, si existe una droga que funciona en el caso de uno de esos conjuntos de conductas compulsivas, es posible que funcione también en los otros.

Así pues, emprendió una serie de experimentos para averiguarlo.[3] Su equipo separó a un grupo de ratas y las metió en una jaula. Al instalarse en ella, descubrieron que disponían de dos botellas: una llena de agua, y la otra llena de alcohol.

Se emborracharon enseguida. Al hacerlo, «iban tambaleándose, como los seres humanos». Cuando terminaba el día, Elisabet rellenaba la botella de alcohol, y las ratas se lanzaban a beber. Las oía chupar con entusiasmo. «Se nota que disfrutan de verdad, que se les antoja beber alcohol». Entonces, una vez que aquella jaula de ratas ya se había convertido en un bar de mala muerte de Las Vegas, entraron en escena y plantearon una intervención. Inyectaron agonistas del GLP-1 bajo la piel del cuello de las ratas, y se dedicaron a ver qué ocurría.

Tras recibir el medicamento, las ratas empezaron a tomar mucho menos alcohol. La ingesta «se redujo hasta en un 60 por ciento en algunos estudios —comentó Elisabet—. Se trata, pues, de un efecto bastante drástico». Dicho efecto era más pronunciado en las ratas que más consumían: el equivalente aproximado en roedores de los alcohólicos. Así, Elisabet y sus colegas habían descubierto que los fármacos con GLP-1 podían reducir la cantidad total de alcohol que consumían las ratas. A partir de ahí, les interesaba explorar algo más profundo: de qué manera estos hacían sentir a las ratas en relación con el alcohol. No es fácil: las ratas no responden a cuestionarios en entrevistas. Así pues, lo probaron con varios experimentos sutiles para obtener aquella información.

En primer lugar, diseñaron una nueva jaula. Introdujeron una rata en su interior, y esta se encontró, una vez más, con dos botellas: una con agua y otra con licor. Pero, en esta ocasión, la botella de alcohol funcionaba de otra manera: había una pequeña palanca en su base, y para obtener la bebida, la rata tenía que presionarla con la pata. Al princi-

DESCUBRIMIENTO EN EL CEREBRO

pio le bastaba con presionarla unas pocas veces, y el alcohol fluía deliciosamente hasta su boca. Pero, transcurridas unas semanas, los científicos le dificultaron más las cosas. Para conseguir alcohol, la rata tenía que presionar la palanca diez veces, y después veinte, o más. Era una manera de medir las ganas de consumir alcohol de la rata. Si no le importaba demasiado, se rendiría rápido, pero si estaba muy motivada, apretaría una y otra vez hasta conseguir su dosis.

Elisabet descubrió que, si inyectas un agonista del GLP-1 a una rata, esta se rinde mucho antes. El fármaco hace que el alcohol le entusiasme mucho menos. Según ella, aquello demostraba que «ese receptor de GLP-1 reduce la recompensa del alcohol».

Ello los llevó a buscar otra manera de explorar los sentimientos de las ratas. Cuando los seres humanos o los roedores beben alcohol, a menudo experimentan un pico de dopamina, el neurotransmisor del placer. Así pues, se dedicaron a estudiar los cerebros de las ratas antes y después de suministrarles el agonista del GLP-1. Y vieron que, después de la inyección, el pico de dopamina causado por el consumo de alcohol era menor. Realmente, el fármaco alteraba los sistemas de recompensa de sus cerebros. Hacía que el alcohol les resultara menos divertido.

Si alguien consume mucho alcohol durante un tiempo, cuando lo deja experimenta los efectos de la abstinencia, como sudoración, temblores y vómitos. En las ratas, ocurre lo mismo. Elisabet me contó que «si les inyectas alcohol durante mucho tiempo y dejas de hacerlo, se aprecia que experimentan conductas vinculadas a la ansiedad. Tiemblan». Pero al inyectar agonistas del GLP-1 a aquellas ratas con síndrome de abstinencia, descubrió que sus síntomas se reducían significativamente. Notaban el dolor de abstenerse del alcohol de una manera mucho menos acusada.

Por último, Elisabet y su equipo descubrieron que los agonistas del GLP-1 tenían un efecto positivo en la prevención de otro efecto negativo de la adicción: la recaída. Ofrecían alcohol a las ratas durante 10 o 12 semanas, después se lo retiraban durante dos semanas y a continuación volvían a introducirlo. Según expuso, lo normal es que «cuando vuelven a disponer de alcohol, beban mucho», más, de hecho, de lo que lo consumían antes de que se lo retiraran. «Por eso se conoce como recaída. Y lo mismo se observa en los seres humanos. Si un paciente deja de consumir alcohol, sufre esos síntomas de abstinencia y después muchas ganas de consumirlo, lo que lo lleva a querer beber de nuevo, y cuando lo hace, bebe más que antes». Pero cuando administraba agonistas del GLP-1 a las ratas, sus probabilidades de recaída eran menores.

Le pregunté a Elisabet por qué el fármaco tiene esos efectos. «Todavía no se sabe del todo», me respondió. Confía en que una razón sea que «se bloquea la recompensa del alcohol [...]. Experimentan menos recompensa, y por eso no desean seguir bebiendo alcohol».

Algunos científicos se preguntaban si podía entrar en juego algo mucho más básico. Heath Schmidt me explicó que los medicamentos con GLP-1 reducen el deseo de calorías, y cuando uno bebe alcohol «consume algo con contenido calórico que le llena el estómago». ¿Podría tratarse del efecto de sentir menos deseo por consumir calorías?

Había una manera de comprobarlo. Varios científicos empezaron a investigar si tomar semaglutida podía servir para reducir el consumo de drogas que no contuvieran calorías. Un equipo dirigido por Patricia Grigson, directora del Departamento de Ciencias Neurológicas y Conductuales de la Universidad Estatal de Pensilvania, se dedicó a explorar si administrar agonistas del GLP-1 a ratas reducía su consumo de heroína o fentanilo.[4] Y descubrió que, en efecto, así es, y en gran medida. Me lo explicó: «Reduce sus comportamientos de búsqueda inducidos por asociación —hasta qué punto intentan obtener la droga— al menos a la mitad». Esto demuestra que los agonistas del GLP-1 son «muy protectores» a la hora de reducir un consumo excesivo. Un equipo de la Universidad Estatal de Florida, en el que participaba Gregg Stanwood, probó algo similar: administrar cocaína a ratones.[5] Y descubrió que los agonistas del GLP-1 reducían el deseo de cocaína de los roedores aproximadamente en un 50 por ciento. Al encontrarse con esos resultados, Gregg dijo: «Vaya, esto está muy bien. Es algo que podría ayudar realmente a la gente si conseguimos ponerlo a su disposición».

A muchos científicos, al estudiar esos experimentos, les desconcertaba que los agonistas del GLP-1 no solo reducen el deseo de consumir una droga, sino, al parecer, de consumir cualquier droga. Christian Hendershot, profesor asociado de Psicología Clínica de la Universidad de Carolina del Norte, comentó: «Uno de los hallazgos más interesantes desde el principio era que los agonistas del receptor GLP-1 parecían afectar al consumo de diferentes clases de drogas. Cuando nos fijamos en las variedades de drogas —alcohol, nicotina, psicoestimulantes, incluso opioides—, en casi todos los estudios se observa algún tipo de efecto significativo del GLP-1 en el consumo. No es frecuente ver que un fármaco presente efectos generalizados sobre las conductas adictivas». Y añadió: «Ello podría ser de enorme valor si resulta que el medicamento reduce, a la vez —por ejemplo— el consumo de alcohol y tabaco, dos de las principales fuentes de enfermedades».

Mientras me lo contaba, yo me preguntaba: «¿Y si la idea de que se trata de fármacos adelgazantes es errónea?

¿Y si no actúan principalmente sobre el peso, sino sobre nuestra relación con las recompensas, y reducen nuestra ansia por consumir aquello que, en general, puede ser perjudicial para nosotros?».

Cuando el Ozempic hizo su despegue estratosférico en 2023, muchas de las personas que lo tomaban para adelgazar empezaron a darse cuenta de algo inesperado. Conversé con Tracey, una canadiense de poco más de cincuenta años que trabaja con personas que tienen problemas de salud mental y que, tras una ruptura matrimonial, desarrolló una serie de adicciones: compraba por internet de manera compulsiva, le calmaba adquirir grandes cantidades de ropa que no se pondría nunca, y de libros que no llegaría a leer, y se emocionaba cada vez que pulsaba el botón de «comprar». Se gastaba el equivalente a un pago mensual de la hipoteca con aquella adicción. Además, se atiborraba primero de cosas dulces, y a continuación con comida salada. También empezó a pellizcarse la piel, hasta llegar a arrancarse pedazos muy pequeños. Combinando todas aquellas conductas adictivas, empezaba a «perder el control, claramente».

Su médico le recetó Ozempic para perder peso, y al cabo de un mes se percató de algo: «Ya no tengo ansia», me dijo. Había dejado de comprar compulsivamente, de darse atracones de comida, de pellizcarse la piel. «No tengo el deseo de hacerlo. No hay compulsión. Es como si antes existiera la necesidad (así es como veo la adicción: como una necesidad visceral de hacer una cosa). Y ahora ya no está ahí. Mi impulsividad ha disminuido mucho, lo cual me resulta asombroso».

En Carolina del Norte, Christian Hendershot recibía continuamente reportes de médicos que le explicaban que sus pacientes, meses después de empezar a consumir el fármaco, decían: «Ya no se me antoja beber», «Ya no se me antoja fumar». Muchas personas empezaron a contar anécdotas para ilustrar que el medicamento las había llevado a dejar toda clase de comportamientos compulsivos, desde el juego hasta la pornografía. Y él me dijo: «Resulta interesante, porque son aspectos que no nos cuentan cuando recetamos medicamentos pensados para tratar las adicciones. La verdad es que es llamativo». En Londres, el doctor Max Pemberton me comentó: «Llamaba tanto la atención que varios de mis amigos que tenían problemas con el alcohol... experimentaron una revelación» cuando empezaron a tomar Ozempic. Decían: «"Oh, Dios mío, no puedo creer que ya no esté bebiendo. Han pasado varias semanas y no se me antoja beber". A mí me parecía que en todo aquello había un notable componente neurológico».

A los científicos dedicados a investigar los efectos de estos fármacos en animales les fascinaba que, a primera vista, también se produjeran en los seres humanos. Elisabet Jerlhag, que había demostrado cómo funcionaban en ratas, explicó: «Me puse muy contenta, porque esa es la hipótesis que hemos mantenido durante muchos años [...]. Confirmaba lo que habíamos visto en nuestros estudios preclínicos». Por su parte, Patricia Grigson, que había demostrado la reducción del consumo de heroína en ratas, declaró: «No me sorprende, por lo que hemos estado observando en el laboratorio, pero estoy fascinada».

Numerosos científicos de todo el mundo han empezado a administrar GLP-1 a personas con problemas de adicción en ensayos clínicos, y los resultados van a ir llegando de manera gradual. No deberíamos mostrarnos excesivamente optimistas. Gregg Stanwood advirtió: «Una de las dificultades en el campo de la neurociencia es que obtenemos gran cantidad de indicios valiosos en animales que no se trasladan bien a los seres humanos. Ello podría deberse a diferencias en la biología cerebral, pero, en último término, gran parte tiene que ver con la complejidad de la condición humana, una complejidad que, sencillamente, no puede reflejarse bien en un modelo con ratas o con cualquier otro animal. Así pues, yo siempre opto por la cautela».

En el momento de redactar estas líneas, solo contamos con unos resultados provisionales en personas, que son variados. Por ahora, parece que los agonistas del GLP-1 sí reducen el tabaquismo, pero solo si se combinan con parches de nicotina.[6] Reducen el consumo de alcohol, pero solo en personas con sobrepeso que antes ya tenían un problema con la bebida.[7] En un estudio sobre la cocaína, no se vio una reducción en el consumo, pero sí hacía que la gente fuera algo menos sensible a los desencadenantes que por lo general la llevarían a querer consumir.

Se trata de estudios muy modestos: en unos años sabremos mucho más. Heath Schmidt, que también ha realizado importantes investigaciones, aconsejaba: «Quiero animar a que se hagan ensayos clínicos con estos fármacos, porque, definitivamente, creo que en la actualidad existen datos suficientes como para avalarlos. Pero, por otra parte, no quiero dar a la gente la falsa esperanza de que son compuestos milagrosos para todas las personas con trastornos de consumo de sustancias. Es algo que por el momento no se sabe».

En su mayoría, la gente que toma esos medicamentos refiere que estos cambian su manera de pensar, y parecen tener un efecto profundo en su cerebro. Constatan que los alimentos que tanto ansiaban y tanto los obsesionaban, de pronto, les aportan muchas menos recompensas. Se extingue el «parloteo sobre comida» que dominaba su pensamiento. Para muchas de ellas, se trata más de un efecto en el interior del cráneo que en el intestino.

Pero si los efectos positivos del fármaco provienen, en parte, de amortiguar los centros de recompensa del cerebro, ello nos lleva a una pregunta obvia: ¿cuáles son los inconvenientes de provocar esa amortiguación? Explorar esa pregunta me llevó al undécimo riesgo asociado al uso de estos medicamentos.

Sabemos que otros fármacos que interfieren en el sistema de recompensa del cerebro han conducido a veces a resultados muy impredecibles. Por ejemplo, si la persona sufre párkinson, en el cerebro, las neuronas dopaminérgicas empiezan a deteriorarse, por lo que es posible que le administren fármacos como la levodopa para tratarlo.[8] Wayne Hall, profesor emérito de Políticas de Salud Pública de la Universidad de Queensland, Australia, me explicó que esos fármacos «hacen aumentar los niveles de dopamina en el cerebro», y funcionan, porque los síntomas del párkinson se vuelven menos acusados. Pero, transcurridos unos años, los médicos empezaron a ver que también, de manera ocasional, producían un efecto perturbador: una vez que esos pacientes contaban con unos sistemas de recompensa más cargados de la cuenta, a veces actuaban de manera descontrolada. Salían y apostaban los ahorros de toda una vida. Había hombres de más de setenta años que habían sido fieles a sus esposas y que de pronto intentaban ligar con jóvenes de veinte. Esos medicamentos «sobrecargan el sistema de recompensa y generan esa clase de comportamientos compulsivos».

Si eso es lo que ocurre cuando se aumenta drásticamente el sistema de recompensa del cerebro, ¿cuál sería el resultado de disminuirlo? ¿Hasta qué punto pueden ser selectivos esos fármacos a la hora de distinguir entre conductas diferentes?

Todos los científicos con los que he abordado la cuestión han reaccionado con cautela, y han hecho hincapié en que es mucho lo que aún se desconoce sobre esta cuestión. Paso a citar aquí a mucha gente, con visiones muy diversas, para transmitir al lector la gran cantidad de perspectivas que en la actualidad existen al respecto.

La primera persona en expresarme su preocupación sobre la capacidad potencial de estos fármacos de afectar los sistemas de recompensa fue Gregg Stanwood. Él me comentó que si es correcta esa vía de pensamiento sobre el funcionamiento de esos fármacos, entonces, con el tiempo, consumirlos «podría experimentarse como anhedonia». Esta se da cuando la capacidad para sentir placer se ve gravemente reducida o, como expresa él, existe una «recompensa apagada». Enfatiza que no cree que sea probable: «Pero debo sugerir que, teóricamente, es posible». Con otros fármacos ha habido casos claros de ello. Por ejemplo, si a personas con psicosis se les administran medicamentos para tratar su enfermedad y estos actúan bloqueando la dopamina (parte fundamental del sistema de recompensas), eso es algo que, «absolutamente, produce anhedonia, y tiene efectos negativos».

Cuando le pregunté sobre esta cuestión a Patricia Grigson, encargada de los innovadores trabajos por los que se ha demostrado que los agonistas del GLP-1 reducen el uso de heroína y fentanilo en ratas, me dijo: «Creo que se trata de una cuestión fundamental. Nuestro sistema de recompensas nos lleva a buscar todas las cosas que necesitamos en la vida, como la comida y el sexo [...]. Es importante que velemos por nuestras necesidades reales, y que lo hagamos vigorosamente. Eso es lo que creo que es importante resolver: asegurarse de que la gente [que toma esos medicamentos] siga atendiendo a sus necesidades reales con vigor». Pero añadió que nuestro sistema de recompensas va más allá de la satisfacción de las necesidades básicas. «Pensemos en un triatleta o en un corredor de maratones, o en cualquiera de nosotros que aspire a ser el mejor en lo que se proponga... una persona que quiera ser la mejor violinista. Conseguirlo lleva miles y miles de horas de motivación y energía. ¿Seguiremos teniéndolas? Si interferimos en ello, tendremos un problema serio». La anhedonia es «un escenario posible», comentó, y es algo que le preocupa.

Pero está convencida de que, por el momento, tanto en sus experimentos como en las personas que toman esos nuevos medicamentos adelgazantes, «según parece, no interfieren con sus necesidades reales». Por ejemplo, «en nuestros modelos, los animales siguen comiendo su pienso; la diferencia es que no prueban ni un dulce».

Max Pemberton compartía la preocupación de Patricia. «Si se limitan a apagar de manera genérica todas las vías de recompensa, ¿vamos a encontrarnos con mucha gente que va a sentirse algo distímica, que va a ir por la vida con un peso saludable, pero sin disfrutar de verdad del trabajo, o de sus hijos, o de lo que sea? La verdad es que no lo sé [...]. Esa sería mi preocupación. Me pregunto... [Digamos que] soy madre por primera vez, y quiero perder el peso que gané durante el embarazo. Empiezo a tomar Ozempic. No tenemos ni idea [...] de cómo funciona cuando estamos creando una impronta, cuando estamos generando un vínculo con el bebé. Está claro que existe una base neurológica, evolutiva, incorporada». De manera similar, al preguntarle por estos riesgos, Christian Hendershot, que estudia estos fármacos en Carolina del Norte, me dijo: «Es algo que sin duda aparece [...]. Hay personas que refieren un aumento de estados de ánimo negativos, una afectación negativa cuando toman este medicamento [...]. Creo que existe la posibilidad de que la recompensa derivada de fuentes naturales también se vea amortiguada [...]. Me parece que es algo que conviene vigilar».

En julio de 2023, la Agencia Europea del Medicamento —encargada de regular todos los productos farmacéuticos de la Unión Europea— publicó una alerta de seguridad en el caso del Ozempic. Advertía que era posible que, en algunas personas, aumentara los pensamientos suicidas y de autolesiones. Se trata de algo que en la actualidad está investigándose. Poco después, la Agencia Reguladora de Medicamentos y Productos Sanitarios británica también abrió una investigación sobre la base de esas mismas advertencias.

Los partidarios del fármaco manifiestan que no hace falta gran cosa para que se activen las alarmas de seguridad —en este caso concreto, hubo tres pacientes en Islandia que tuvieron ideas suicidas después de tomarlo—. Pero en septiembre de 2023, en toda Europa, ya eran ciento cincuenta los informes al respecto, y, por su parte, la FDA estadounidense había recibido noventa y seis informes de personas que desarrollaron pensamientos suicidas después de tomar el medicamento. Como ya he expuesto, la mayoría de los avisos de seguridad acaban siendo falsas alarmas: por desgracia, entre la población hay personas suicidas, y algunas de ellas, a lo largo de su vida, consumen toda clase de medicamentos; ello no implica necesariamente que estos les provoquen el impulso suicida. Pero quienes se muestran críticos con el fármaco afirman que los primeros rumores acerca de que el fen-phen causaba problemas cardiacos también empezaron siendo pequeños (unos pocos médicos en Fargo, Dakota del Norte, que se dieron cuenta de que algunos pacientes tenían problemas). Aquella revelación hizo que, al final, todo el castillo de naipes se viniera abajo. ¿Es posible que estos medicamentos traigan consigo una oleada de depresión?

Otros científicos que han reflexionado seriamente sobre estas cuestiones no creen que existan motivos para la preocupación. Cuando se lo pregunté a Heath Schmidt, que lleva años estudiando los fármacos, me comentó: «No lo hemos detectado en ninguna de las mediciones que hemos hecho en nuestros modelos animales. Tampoco tengo conocimiento de ningún informe, en el caso de personas diabéticas o que los toman para gestionar el adelgazamiento, en el sentido de que pierdan interés por el sexo [...]. No me he encontrado con ninguna evidencia concreta de que produzca anhedonia».

Asimismo, he expresado esa preocupación a las compañías que fabrican los medicamentos. Novo Nordisk ha manifestado que «seguirá monitoreando informes sobre reacciones adversas del fármaco, incluidos el suicidio y las ideaciones suicidas, mediante la vigilancia farmacológica rutinaria y en cooperación con las autoridades sanitarias locales. En Estados Unidos, la FDA exige a los medicamentos para la gestión crónica del peso que actúan sobre el sistema nervioso central, incluidos Wegovy y Saxenda, que incorporen una advertencia sobre comportamientos e ideaciones suicidas. Este caso, se había referido en ensayos clínicos con otros productos para la gestión del peso. Novo Nordisk lleva a cabo una vigilancia constante de los datos de los ensayos clínicos en marcha y del uso en el mundo real de sus productos, y colabora estrechamente con las autoridades para garantizar la seguridad de los pacientes, así como la adecuada información a los profesionales sanitarios. Novo Nordisk mantiene la confianza en la relación beneficio-riesgo de los productos así como el compromiso de garantizar la seguridad del paciente. Los datos a largo plazo de [los ensayos clínicos conocidos como] SELECT, publicados recientemente, sobre la exposición a semaglutida de más de treinta y nueve meses reafirman que no se da un incremento del riesgo de trastornos psiquiátricos con semaglutida 2.4 en comparación con el placebo».

Eli Lilly declinó hacer declaraciones.

Regresaba una y otra vez a la cuestión clave sobre la función de esos fármacos: si actúan reprimiendo mi sistema de recompensa, ¿cómo pueden distinguir entre lo que es malo para mí (comerme la segunda caja de McNuggets de pollo) y lo que es bueno para mí, como por ejemplo salir a correr?

Elisabet Jerlhag, encargada de realizar unos experimentos fundamentales al administrar agonistas del GLP-1 a ratas ávidas de alcohol, me explicó que estos medicamentos parecen selectivos. En sus experimentos descubrieron que reducen la cantidad de dopamina liberada por el alcohol, pero no la cantidad de dopamina liberada en general. «Si hubiera un fármaco que redujera la dopamina *per se*, cabría esperar que este [produjera] anhedonia [...], te sentirías desmotivado. No sentirías ningún placer». Pero eso no fue lo que se encontraron. Las ratas seguían yendo de un lado a otro, mantenían relaciones sexuales y corrían en sus ruedas. «Al menos en nuestros modelos, no afecta a la actividad *per se*, ni a la dopamina *per se*». Se diría que es «un fármaco que solo bloquea lo que es excesivo».

A mí, aquello me desconcertaba. Supongamos que soy Elton John y que obtengo mi fuente principal de placer de crear una música genial. ¿Cómo una sustancia que actúa sobre mi sistema de recompensa sabe que debe suprimir el bocadillo pero no la música? «No lo sabemos —dijo Schmid—. Sinceramente, creo que es una excelente pregunta [...]. Por eso estamos haciendo muchos de esos estudios mecanicistas en el cerebro para intentar determinar qué ocurre exactamente». Cuando le planteé la misma pregunta a Elisabet, me dijo que «no hay estudios» que busquen saber de qué manera podría afectar al amor por la música. «Así que no lo sabemos». Pero dada la cantidad de gente que toma agonistas del GLP-1 para la diabetes y la obesidad, considera que «si alguien fuera músico y dejara de obtener recompensa de la música, habría informado de ello. No he leído ningún informe al respecto. Pero creo que hay que tener cuidado, por supuesto».

Todo se reduce a lo selectivos que son realmente los efectos del fármaco sobre el cerebro. Según Elisabet, no hay duda de que el cerebro tiene capacidad para seleccionar de esa manera. «Cuando tenemos un concepto natural, normal, de recompensar las cosas que nos gustan, como comer comida saludable o escuchar música, nuestro sistema de dopamina funciona como debería. Pero cuando nos volvemos adictos a comer en exceso, a consumir alcohol o cocaína, esas conductas adictivas secuestran el sistema mesolímbico [del cerebro]. Entonces la cosa es diferente. Actúa de otra manera en el sistema». El cerebro «ha sido establecido para separar» esos estados diferentes, por lo que es posible que los fármacos también sean capaces de distinguir entre ellos. En todo caso, para la comunidad científica, «hay que estudiar mucho más, porque actualmente nos encontramos en los inicios de la comprensión de su funcionamiento».

A medida que me comunicaba con más científicos e indagaba más en sus investigaciones, algunos de ellos me decían que no debía preocuparme por ese problema, ya que mis preocupaciones procedían del hecho de haberme planteado mal las cosas. Su pregunta era: «¿Y si resulta que esos fármacos no actúan amortiguando el sistema de recompensa? ¿Y si lo que ocurre en el cerebro es otra cosa?».

Supe que, además de la teoría sobre los sistemas de recompensa, existen al menos otras dos maneras de entender lo que estos medicamentos hacen con el cerebro. La primera teoría me la expuso Aurelio Galli, director de investigaciones de Biología Gastrointestinal de la Universidad de Alabama, en Birmingham. Había sido uno de los primeros científicos en identificar los receptores de GLP-1 en el cerebro. Me explicó que, por supuesto, atenuar el sistema de recompensas sería algo malo. «¿Te imaginas vivir sin recompensas? No seríamos capaces de sobrevivir. No podríamos vivir, o cuando menos vivir bien. No cuidaríamos de nuestros hijos si su sonrisa no nos recompensara y nos pusiera contentos. La recompensa forma parte de todo lo que hacemos». Pero no cree que sea así como actúan esos fármacos. «No estoy tan seguro de que lo estén atenuando. Yo sería cauto con eso. Creo que lo que ocurre es que lo reprograman» para conseguir una «neurotransmisión adecuada o mejor en el cerebro». Es algo así como devolver a uno de nuestros dispositivos electrónicos las especificaciones que vienen de fábrica. Según esa perspectiva, la obesidad es el estado cerebral no natural, y esos fármacos lo devuelven a su estado saludable. Galli tiene la corazonada de que los medicamentos «restablecen una ruta normal». Eso es lo que piensa.

La doctora Clémence Blouet plantea una teoría similar. Como yo ya había aprendido, numerosos científicos creen que el cuerpo posee una marca fija de peso en la que intenta mantenerse, pero a medida que ganamos kilos, esa marca aumenta, e intenta mantenernos en ese nuevo peso adquirido, que es superior. Según me explicó, esos fármacos «podrían rebajar esa marca fija. Es como si bajaran la temperatura a la que mantenemos nuestra salud». Después de ese reseteo, el cerebro y el cuerpo dejan de luchar para mantenernos en ese otro peso más alto, y nos permiten adelgazar sin atormentarnos con todos esos mecanismos —un metabolismo más lento, más hambre, menos energía— diseñados para arrastrarnos de nuevo a engordar.

La segunda teoría consiste en que esos fármacos no actúan suprimiendo el sistema de recompensas, sino potenciando otro sistema cerebral que es distinto. Paul Kenny me dijo que para comprender lo que según él está ocurriendo, debemos saber que, en el cerebro, «coexisten dos sistemas paralelos». El sistema de recompensa nos lleva a buscar cosas que nos hacen sentir bien. Pero, a la vez, «disponemos de un sistema paralelo (el yang del yin, en este caso el sistema de recompensa), que es el sistema de aversión. Este nos dice que paremos, que lo que estamos haciendo es malo para nosotros, que podría matarnos o que no va a favor del mantenimiento de la vida». Es el que interviene cuando el cuerpo nos dice que dejemos de comer o de fumar. Esos dos sistemas «deben funcionar juntos». Con frecuencia, cuando pensamos en trastornos de consumo —como la obesidad o la adicción a las drogas— nos centramos en el aspecto de la recompensa. Pero también está el aspecto de la aversión. Cuando consumimos drogas, también activamos los sistemas de aversión del cerebro, que nos dicen: «Oye, deberías dejar de hacer esto».

Paul sospecha que este es el sistema que esos fármacos potencian. «Activa los sistemas de saciedad —dijo—. Conocemos mucho menos sobre los sistemas de aversión que sobre los de recompensa. Si tuviera que especular, diría que lo que hacen esos agonistas del GLP-1 no es necesariamente modificar los sistemas de recompensa. En realidad, potencian los sistemas de aversión: los que nos dicen "deja de hacer eso, no deberías hacerlo", para que nos afec-

te la respuesta de la saciedad». Si Paul tiene razón, ello
haría que fueran mucho menos probables los daños potenciales derivados de reducir el sistema de recompensas, como
por ejemplo la depresión. Si es así, esos medicamentos no
actuarían principalmente sobre el sistema de recompensa,
sino en áreas mucho más amplias del cerebro. ¿Cuáles serían los riesgos potenciales de ello?

Una área afectada por esos fármacos es el cerebro posterior o rombencéfalo. Le pregunté a Clémence Blouet cuáles
son los riesgos de alterar el cerebro posterior y para qué
otras cosas sirve. «Es importante para procesar el gusto.
Participa en el control autónomo de la presión sanguínea, el
ritmo cardiaco y la motilidad intestinal». Otra área del cerebro que se ve afectada por estos medicamentos es el núcleo
arcuato del hipotálamo, así que también quise saber los riesgos potenciales de manipularlo. Y ella me contó que es importante para los procesos de memoria, «y siempre es posible especular que cuando uno golpea con fuerza ese sistema
con una sustancia, a largo plazo, puede modificarse la organización de esas rutas, las conexiones, y su manera de captar
otras señales. Sí, es posible. No creo que sepamos lo suficiente al respecto». Hizo hincapié en que plantear esos efectos es
«altamente especulativo». Realmente no lo sabemos.

En ocasiones, los riesgos de un fármaco que afecta al cerebro solo afloran muchos años después de que la gente empie-
ce a tomarlo. Gregg Stanwood me planteó esa preocupación
con cautela. «No es mi intención causar alarma. Dudo si com-
partirlo contigo en absoluto, dado que estás escribiendo sobre
ello —dijo—. Pero sí creo que existen cuestiones en torno a la
biología de estos sistemas que aún deben abordarse».

Con lo que me pareció que era un hondo suspiro, añadió: «Así pues, sí me preocupan las mujeres en edad fértil
que no están embarazadas, y que podrían llegar a estarlo.

Tomar alguno de estos medicamentos podría tener efectos perjudiciales sobre su embarazo y en el desarrollo de los bebés. Me preocupa sobre todo el tercer trimestre del embarazo, basándome en la actividad receptora del cerebro del feto. Si la madre consume esos fármacos, podría verse afectado el desarrollo del cerebro del bebé que lleva dentro, en una etapa crucial y formativa. Supongo que mi preocupación (el peor escenario imaginable) es que se alteren esos circuitos en desarrollo del cerebro que tienen que ver con los sistemas de recompensa. Podría crearse una alteración en la trayectoria del desarrollo de esos niños por la que, al crecer, sus cerebros no respondieran [normalmente] a recompensas endógenas (ya estemos hablando de comida, bebida, sexo, apuestas o videojuegos). Así pues, esos individuos podrían volverse más o menos reactivos».

Si está preocupado es a causa de otra serie de descubrimientos científicos. Según me explicó, debería leer los estudios a largo plazo en los que se hacía un seguimiento de los hijos de mujeres expuestas a sustancias químicas en el ambiente (metales pesados o plásticos peligrosos), así como estudios sobre hijos de mujeres que consumieron drogas durante el embarazo. «Al nacer —expuso—, no vemos mucha [diferencia] en hijos de mujeres expuestas a cosas bastante nocivas. Pero en torno al inicio de la edad escolar empiezan a observarse ciertas cuestiones que pueden ser bastante difíciles de tratar. Entre ellas están los circuitos de recompensa: una prevalencia aumentada de la impulsividad y de las disfunciones de la atención». Podría contribuir a un «aumento en el uso de sustancias». E insistió: «Una vez más, mi intención es ser muy cauto al respecto, pero existe un potencial de daños». Sin embargo, añadió: «La cosa también podría ir en la dirección contraria. Quizá sea algo que proteja. Quizá lleve a un aumento de la resiliencia en el sistema. Simplemente, no contamos con los datos para saberlo».

He transmitido la preocupación a las compañías farmacéuticas que manufacturan los medicamentos. Novo Nordisk manifiesta que cualquier persona embarazada quedó excluida de sus ensayos clínicos, por lo que existen datos «limitados» sobre sus posibles efectos en ellas, pero que «estos medicamentos no deberían usarse durante el embarazo». Me han remitido a parte de sus consejos oficiales de prescripción, en los que se expresa: «Existen datos limitados sobre el uso de la semaglutida en mujeres embarazadas para informar de un riesgo asociado al fármaco de resultados adversos para el desarrollo [...]. Basándonos en estudios de reproducción animal, podrían existir riesgos potenciales para el feto por exposición a la semaglutida durante el embarazo. Ozempic solo debería usarse durante el embarazo si los beneficios potenciales justifican el riesgo potencial para el feto. En ratas embarazadas a las que se administró semaglutida [...] tuvieron lugar anormalidades estructurales y alteraciones del crecimiento».

Eli Lilly declinó hacer declaraciones.

Después de tener conocimiento de todo ello, me quedaba claro que debemos pensar en estos medicamentos sin limitarnos a la historia simplificada en exceso que hasta ahora se nos ha ofrecido.

Cuando los tomamos, no solo estamos alterando nuestro intestino. Estamos alterando nuestro cerebro. Estamos alterando nuestra mente.

Aquella parecía una transformación más profunda, más íntima... y menos predecible.

8

¿Qué nos pasa cuando comemos de más?

*Cinco razones por las que comemos
y qué ocurre cuando nos las quitan*

Después de procesar todo lo que había aprendido sobre el modo en que esos medicamentos afectan al cerebro, volví a formularme algunas preguntas sobre mi propio estado de ánimo desde que había empezado a tomarlo. ¿Estaban aplacando los centros de recompensa de mi cerebro? Era posible. O quizá estuviera algo desanimado por otras cosas que estaba viviendo y que no tenían nada que ver con el Ozempic. Pero entonces tuve conocimiento de la existencia de otro grupo de razones que también podían explicar por qué me sentía así.

Cabía la posibilidad de que el consumo de aquellos fármacos no me estuviera afectando principalmente a nivel biológico, sino psicológico.

Empecé a indagar sobre esta cuestión y aprendí que existen al menos cinco razones que explican por qué comemos. Paso a paso, fui dándome cuenta de que, en mi caso, casi todas ellas se veían alteradas por el Ozempic.

Al informarme más, descubrí un dato preocupante: que solo cuando nos quitan nuestros hábitos alimenticios entendemos de qué nos habían servido hasta el momento.

La primera razón es la más obvia: comemos para sostener nuestros cuerpos. Existe la necesidad física de alimentarse y, sin ella, nos debilitamos y nos volvemos irritables, y después nos enfermamos. Si, antes de empezar a investigar para escribir este libro, alguien me hubiera preguntado por qué como, habría respondido aportando esa razón como la más abrumadora. Pero entonces Ozempic me desposeyó de la función física fundamental de comer, y se me ocurrió que era muy poco lo que, en mi relación con la comida, venía motivado por esa necesidad. Antes de Ozempic, yo ingería unas 3 200 calorías diarias. Ahora que comía solo para mantener a mi cuerpo en funcionamiento, estaba perfectamente bien con 1 800 calorías.

La segunda razón que explica por qué comemos resulta igualmente evidente. La comida nos proporciona placer. Si uno pronuncia las palabras *pastel de chocolate* o *espaguetis a la boloñesa* o [que cada quien inserte aquí su comida fetiche], empezará a anticipar los sabores estallándole en la boca, el posgusto, el éxtasis. De entre mis conocidos que tomaban aquellos medicamentos adelgazantes, la mayoría me explicaban que el placer por la comida había disminuido mucho, o incluso había desaparecido por completo. La comida les parecía algo triste y utilitario: comían solo porque tenían que hacerlo, no porque les gustara. Eso era algo que preocupaba a numerosos expertos. Jerold Mande, el nutricionista de Harvard, lo explicaba así: «El placer es una parte importantísima de la experiencia humana. A lo largo de la evolución, ¿cuáles son las dos cosas más importantes de nuestra existencia? La procreación. Esta se basa en el placer. Para seguir existiendo como especie basta con hacerlo unas pocas veces y, a pesar de ello, ¡no hay más que fijarse en la cantidad de placer que interviene en todo el proceso! Pero el verdadero placer humano es la comida, porque hay que asegurarse de comer todos los días. Así pues, el cuerpo ha tenido que crear un sistema de placer por el que uno coma todos los días y no se canse de hacerlo». En nuestra evolución, y en lo más profundo de nuestra psique, «la relación entre comida y placer deviene fundamental». Y suprimirla es altamente arriesgado, en su opinión.

Según él, es como si hubiéramos anunciado: «"Vamos a probar un experimento por el que, a la mitad de la población vamos a quitarle la fuente principal de placer de su existencia y vamos a hacer que vivan así hasta el momento de su muerte. Y ya verán cómo acabará siendo algo bueno". No lo veo posible [...]. Quizá se produzca una oleada de depresiones que afectarán a la gente. O quizá buscarán placer de otra manera» impredecible y arriesgada. En cualquier caso, «parece probable que desencadene toda una serie de consecuencias no buscadas». Incluso Jens Juul Holst, uno de los científicos que contribuyó al desarrollo del Ozempic, coincide con ello al declarar a un periodista de la revista *Wired* que esa pérdida de placer «puede acabar siendo un problema [...] que cuando uno lleve así uno o dos años, la vida se le haga tan tristemente aburrida que no pueda soportarla más».

Al leerlo me sentí triste, pero no por las razones obvias. No es que a mí se me hubiera despojado del placer derivado de la comida y lo extrañara. No. Es que me daba cuenta de que, si era sincero, muy poco de lo que comía, incluso antes del Ozempic, venía motivado por el placer. Por supuesto que puedo loar aquí las excelencias de la salsa de las hamburguesas In-N-Out, o de un buen *pad thai* de ternera. Pero siempre he comido de manera excesivamente compulsiva, demasiado deprisa y con demasiada ansiedad. El placer que me proporcionaba la comida siempre tenía más que ver con crear una sensación física interna de sentirme lleno, de sentirme más que lleno. A lo largo de mi vida, casi siempre habría preferido comer algo rápido en una área de comida rápida y acabar sintiéndome atiborrado de comida que comer despacio en algún restaurante con estrella Michelin.

Yo no extrañaba el placer de la comida porque este nunca había sido un factor importante en mi vida. Si acaso, creo que tomar aquellos medicamentos adelgazantes había hecho que aumentara en mí ligeramente el disfrute por la comida que, lo admito, era escaso. Fue algo de lo que solo me percaté cuando, seis meses después de empezar a tomarlos, salí a cenar con una amiga a la que llevaba tiempo sin ver. Ella me dijo: «Siempre me había parecido un poco raro comer contigo, porque comías muy pero muy deprisa. Te metías mucha comida en la boca, muy deprisa, pero no parecías disfrutar. Ahora comes mucho más despacio y, de hecho, parece que saboreas la comida». Y cuando me lo dijo me di cuenta de que era cierto.

Pero sospecho que seguramente soy una excepción. Muchas de las personas que toman estos medicamentos describen una pérdida del placer de comer. A algunas les parece que hay comidas que antes les encantaban que ya no les proporcionan alegría. Yo pienso que todo depende de dónde partamos: si eres alguien que halla felicidad en la comida y que la valora como uno de los momentos álgidos del día, estos fármacos seguramente conllevarán una disminución de esa sensación; pero si, como yo, eres de las personas que se llenan de comida con poco placer, cabe la posibilidad de que lo potencien.

La tercera razón es que comemos para calmarnos y sosegarnos. En una ocasión en que un grupo de científicos investigaba lo que se conoce como *comida reconfortante*, una de las personas con las que hablaron les dijo: «Para mí, la comida es como un sedante. Me noquea, casi como una droga. Cuando siento algo de tristeza o de ira, como. Es casi como amamantar a un bebé. Y como hasta que no puedo moverme». Otra persona les explicó: «Cuando como, consigo que mi cerebro deje de pensar. Me aporta alivio ante unos pensamientos que pueden llegar a ser bastante incómodos». Casi el 31 por ciento de las mujeres y el 19 por ciento de los hombres afirman reaccionar al estrés comiendo para sentirse mejor.

Este mecanismo de superación se ha extendido notablemente. Un equipo de científicos analizó partidos de futbol de la liga inglesa.[1] Y constataron que cuando el equipo local perdía, las ventas de alimentos reconfortantes clásicos, como las *pizzas*, crecían un 16 por ciento al día siguiente. En cambio, si el equipo local ganaba, el consumo de esos productos descendía un 9 por ciento y, entre los aficionados más fieles, hasta un 16 por ciento. Cuanto mayor es el dolor, más son las personas que recurren a la comida. La noche en que Donald Trump fue elegido presidente, en 2016, a medida que iban llegando los resultados de cada estado y la barra roja de los republicanos aumentaba, en los estados demócratas los pedidos de comida en aplicaciones de envíos a domicilio, como Grubhub y Uber Eats, aumentaban exponencialmente, y la gente, sobre todo, pedía comida chatarra con mucha grasa y carbohidratos.[2] La gente que pedía *pizza* aumentó un 46 por ciento; la que pedía *cupcakes*, un 79 por ciento; y la que pedía tacos, un 115 por ciento. Durante las veinticuatro horas siguientes, a medida que se asimilaba la noticia, los demócratas recurrieron aún más a esa comida reconfortante. Un día después de las elecciones, como destacó la neurocientífica

Rachel Herz, las ventas de pollo frito aumentaron un 243 por ciento en Los Ángeles, mientras que las de *mac and cheese* aumentaron un 302 por ciento en Chicago.

Se trata de un patrón que se repite después de un acontecimiento impactante. Después del 11-S, las ventas de *snacks* poco saludables también se dispararon, lo mismo que durante la pandemia. Es algo que también sucede cuando se producen dramas personales. En el caso de los hombres, cuando pierden el trabajo, aumenta sobremanera la probabilidad de que engorden un 10 por ciento o más.[3]

El hecho de que el estrés sea un gran motor para comer más de la cuenta también ayuda a explicar por qué algunos grupos son más proclives a la obesidad que otros. En la cultura occidental, las personas pobres suelen sufrir más sobrepeso. Eso se explica en parte porque la comida fresca y saludable es más difícil de comprar si uno no tiene dinero, pero es que, además, ello es así porque ser pobre es realmente muy estresante. Yo pensaba en mi abuela, que crio a tres hijos ella sola cuando su esposo murió joven, todos los días arrodillada limpiando baños. Llegaba a casa exhausta, estresada, abrumada por la tristeza, y claro que se le antojaba más atiborrarse de papas, hervidas y fritas, que comer unas zanahorias. Se trata de algo que también ayuda a explicar por qué las personas negras, en Estados Unidos, tienen más probabilidades de ser obesas: viven con el estrés de pertenecer a una sociedad racista, en la que reciben mayores discriminaciones y en la que se hallan en un mayor peligro a causa de la policía.

Es algo que también afecta a otros grupos traumatizados. Durante la Primera Guerra Mundial se vio que muchas mujeres que ignoraban qué había sido de sus novios o sus esposos aumentaban mucho de peso, e incluso se acuñó un nombre para ellas: *Kummerspeck*, o 'grasa de pena'.

Entre los soldados estadounidenses que combatieron en la guerra de Vietnam y quedaron traumatizados por ella, el 84 por ciento son obesos, una proporción mucho mayor que la que se da entre la población general.[4]

Yo mismo, en mi vida cotidiana, cuando me sentía estresado, triste o enojado, solía comer más de la cuenta. No era demasiado consciente de ello, pero se trataba de algo persistente. Un mal día se convertía rápidamente en un día alto en calorías. Pero entonces, casi de la noche a la mañana, el Ozempic se llevó todo aquello. Literalmente, no era capaz de reaccionar al estrés comiendo: si lo intentaba, me saciaba enseguida, y si seguía comiendo, me daba asco y vomitaba. Así pues, no me quedaba más remedio que quedarme ahí, con mis emociones negativas. Al pensar en ello, me daba cuenta de que, en realidad, no me hacía falta conocer aquellas preocupaciones expresadas en unos términos más técnicos según las cuales el Ozempic tenía el potencial de amortiguar mi sistema de recompensa para explicar por qué me había estado sintiendo tan incómodo. Me habían quitado uno de mis mecanismos primarios de superación. No podía ahogar mi malestar en grasas saturadas.

En los dos años anteriores a mi decisión de tomar Ozempic, había engordado bastante, y no costaba mucho ver por qué. Entre 2020 y 2022 viví algunos acontecimientos perturbadores. En mi familia más próxima hubo un suicidio. Sin relación con ello, un amigo mío fue asesinado, y pasé mucho tiempo investigando su muerte violenta, así como otros asesinatos en serie que se perpetraban en Las Vegas (y que serán el tema de mi próximo libro). Ah —y, por cierto—, también se desató una pandemia mundial que mató a millones de personas y trastocó la vida de todos mis conocidos.

Comer en exceso me estaba sirviendo de mucho: actuaba como una manera de absorber el estrés. Como me había criado en un entorno loco e inestable, creo que siempre he dado por sentada mi capacidad para asimilar el estrés y seguir adelante. Comer más de la cuenta me servía de mucho: me permitía seguir avanzando cuando, de otro modo, muy fácilmente habría podido bloquearme. Me proporcionaba cierta protección ante un dolor impuesto desde fuera. Pero era una solución que, a su vez, me causaba otros problemas.

Cuando empecé a tomar Ozempic, me vi despojado de aquella solución. Estaba más delgado y más saludable. Y también desnudo ante el dolor.

Privado de la capacidad de optar por la comida reconfortante, me ocurrió algo curioso. Ni siquiera en los momentos en los que había estado más gordo, nunca había sido muy amante de los dulces —mi debilidad siempre fueron los carbohidratos y las frituras—. Pero, con el Ozempic, empecé a volverme goloso. Me compraba paquetes de chucherías, cosa que no hacía desde que tenía doce años. Al hacerlo, descubrí que había una manera de evadir al Ozempic y consumir algo de comida reconfortante. Me compraba un paquete de bombones y me los comía todos, y constataba que, seguramente por ser tan ligeros y esponjosos, no activaban la respuesta de saciedad que solía provocar el Ozempic. De esa manera lograba una dosis de «consuelo azucarado» sin tener ganas de vomitar.

«Tendrás que controlarte con esos bombones», me decía a mí mismo.

Hablando de comida reconfortante, mientras escribía este libro no dejaba de equivocarme al escribir *fried chicken* ('pollo frito'): siempre escribía *friend chicken* ('pollo amigo'). Creo que no hace falta ser Freud para descifrar el lapsus.

La cuarta razón por la que comemos ha dejado de estar de moda, pero creo que vale la pena que la exploremos: es porque volvemos a representar los patrones psicológicos que aprendimos en la infancia en torno a la comida. Resulta más fácil entenderlo cuando conocemos la historia de cómo se descubrió.

En 1934, una psicoanalista judeoalemana llamada Hilde Bruch llegó a Estados Unidos, aliviada por haber quedado al fin fuera del alcance de los nazis. Al poco tiempo, se dio cuenta de algo de su nueva vida que la sorprendió. Ya en ese momento, en Estados Unidos había más niños obesos de los que había visto en Alemania. No sabía por qué.

Bajo el régimen de Hitler, la obesidad se explicaba enteramente en términos «raciales»: solía presentarse, de manera grotesca, como señal de inferioridad racial, y concretamente la diabetes se consideraba una «enfermedad judía». En Estados Unidos, en aquella época, se veía como el resultado de unos genes defectuosos: el niño sufría sobrepeso simplemente porque había algo en su biología que no funcionaba bien. No estaba tan racializado como para los nazis, pero a Hilde le parecía igualmente simplista. Ella creía (y estaba en lo cierto) que los genes jugaban cierto papel en la obesidad, pero consideraba improbable que sirvieran para explicarlo todo, y aspiraba a descubrir qué otros factores podían intervenir.

Empezaba a sospechar que, a cierto nivel, ocurre algo en la psique de las personas que comen más de la cuenta, y que si se lograba comprenderlo, quizá ella pudiera ayudarlas.[5] Así pues, consiguió trabajo en la clínica contra la obesidad del Centro Médico Presbiteriano de Columbia, Nueva York, y durante tres años llegó a conocer a centenares de familias que tenían hijos con sobrepeso. Un día, una madre trajo a un niño llamado Saul. Tenía catorce años, medía 1.67 metros y pesaba 135 kilos. El guion inalterable que la clínica llevaba años siguiendo era claro: decirle al niño que comiera menos. Explicar a los padres que era portador de una maldición genética. Fin. Hilde pretendía probar algo diferente, por lo que empezó a formular preguntas sobre la vida del muchacho.

Y resultó que a Saul le había ocurrido algo. Sus padres eran judíos ortodoxos, y antes de su llegada habían tenido dos niñas. En realidad, la madre de Saul no deseaba tener más hijos, pero su padre estaba desesperado por engendrar un hijo varón, y convenció a su mujer por agotamiento. Durante las semanas posteriores al nacimiento de Saul, a su madre le costaba vincularse con el bebé. Tenía problemas incluso para amamantarlo. Entonces, cuando el pequeño tenía unos cuatro meses, a ella empezó a dolerle la espalda, pero el médico no encontraba la causa. Según explicaría, a causa de ese dolor, no podía levantar al niño, que permanecía siempre en la cuna, donde lloraba y pataleaba. Entonces descubrió que había una manera de conseguir que se callara: meterle galletas en la boca. Con aquel golpe de azúcar, el pequeño se quedaba callado un rato, aunque no muy largo. Así que empezó a meterle cada vez más galletas en la boca. Hilde explicaba: «A los ocho meses, Saul tenía un peso normal, pero a los diez ya estaba claramente rellenito».

A Hilde no le parecía que ese caso tuviera que ver con ningún trastorno genético, sino con una madre deprimida y profundamente desgraciada que era incapaz de asumir la crianza de un bebé que nunca deseó tener. Lo calmaba con comida y, con el tiempo, Saul aprendió a calmarse a sí mismo de la misma manera. Hilde, según dejó escrito, empezaba a sospechar que «esa "programación" precoz de sus centros reguladores se convirtió en su patrón permanente».

Hilde dio los primeros pasos en la aplicación de la psicoterapia a niños obesos como Saul. Defendía que, muchas veces, los padres de esos niños necesitaban una ayuda suplementaria para entender las necesidades de sus hijos y poder satisfacerlas. Cuanto antes reciben ayuda, mejores son los resultados. Creía que desde el momento en que nace un bebé, este intenta comunicar a sus cuidadores sus deseos con las únicas herramientas que tiene: el llanto y el grito. Cuando las cosas funcionan bien, los padres aprenden a entender cuáles son sus necesidades, y las satisfacen, y a su vez el recién nacido aprende también a entenderlas y a satisfacerlas.

Pero a veces algo funciona mal; y uno de los aspectos en que las cosas pueden torcerse es en relación con el hambre del bebé. No todos los padres alimentan a sus hijos de la misma manera. Algunos aprenden a detectar cuándo tiene hambre el bebé, y entonces y solo entonces lo alimentan. Este, de manera gradual, con el tiempo, aprende a comer principalmente para satisfacer su apetito físico. Pero algunos usan la comida de manera mucho más amplia. Pueden ser como la madre de Saul, que se servía de ella, en palabras de Hilde, «como chupón para todo, sin tener en cuenta las verdaderas razones de la incomodidad del pequeño». Como esos padres también viven estresados, utilizan la comida para conseguir que el niño se calle, o lo privan de ella para castigarlo. Cuando esto ocurre, es frecuente que el pequeño «crezca confundido e incapaz de diferenciar entre varias necesidades». Aprende a comer no solo cuando tiene hambre, sino para enfrentarse a muchos otros sentimientos, como la ansiedad, el aburrimiento o la ira.

Hilde creía que somos sensibles a la manera en que se nos enseña a pensar en la comida cuando somos pequeños, y que tendemos a reproducirla de manera inconsciente a lo largo de nuestra vida. Al leer su trabajo, no podía evitar pensar en mi propia infancia. Tenía un padre que intentaba animarme a comer de manera saludable, pero las únicas herramientas que usaba eran la vergüenza y la fuerza, porque eran las que a él le habían enseñado de niño. Yo tenía una madre y una abuela que, a sus espaldas, me llenaban de comida poco saludable. Así pues, aprendí (en un nivel profundo, prerracional) a asociar comida saludable a vergüenza y temor, y comida no saludable a amor. Parecía ridículo y vergonzoso que, a mis cuarenta y cuatro años, me diera cuenta de que seguía actuando así, tanto tiempo después de haber sido consciente de lo disfuncional que era aquel entorno. Pero era así: los reflejos inconscientes que había desarrollado con aquella vieja historia implicaban que algo estaba ocurriendo cuando tomaba aquellos fármacos adelgazantes. Cuando Ozempic me ayudaba a comer de manera más saludable, yo no lo experimentaba como una liberación feliz, sino como una privación temible y ligeramente vergonzosa. Me parecía que se me estaba privando no solo de la comida chatarra, sino de amor. De hecho, sentía que se me estaba castigando.

Las explicaciones psicológicas de la obesidad, como las de Hilde, han dejado de estar de moda, como el propio psicoanálisis. Es cierto que durante una época su importancia se exageró —en 1959, después de que Hilde y otros las popularizaran, el *New York Times* aseguraba que los problemas psicológicos eran responsables del 90 por ciento de los casos de obesidad, lo cual constituye una gran exageración—. Pero actualmente el péndulo ha oscilado demasiado en la otra dirección. ¿Cómo algo tan básico para los seres humanos como es comer no va a verse profundamente conformado por nuestra psique, con la que está entrelazada? ¿Cómo no va a ayudarnos entender esos motores psicológicos subyacentes?

En la década de 1970, una científica llamada Leann Birch, de la Universidad Estatal de Pensilvania, inspirándose en Hilde, decidió recurrir a métodos científicos modernos para determinar si las intuiciones de la psicoanalista eran correctas. Durante varios años llevó a cabo más de treinta estudios con la intención de descubrir si, aplicando las ideas fundamentales de Hilde, podía llegar a reducirse realmente la obesidad infantil. Por poner un ejemplo de uno de sus estudios, su equipo del Hospital Infantil de la Universidad de Pensilvania seleccionó a un grupo de 279 madres primerizas y lo dividió en dos.[6] A las del primero se les ofreció un apoyo intensivo para que aprendieran a distinguir si el llanto de sus hijos tenía que ver con el hambre, con una sobreestimulación, con una molestia o con el cansancio. Ian Paul, uno de los médicos que participó en el estudio, me explicó que a las madres y a los bebés se les enseñó que «la comida debería usarse para el hambre», y no para resolver otros problemas. A las madres se las orientaba amablemente a alimentar a sus hijos cuando tenían hambre y a responder a otras situaciones no con comida, sino con diferentes técnicas. A las del segundo grupo no se les ofreció ninguna formación al respecto. A partir de ahí, Leann se dedicó a hacer un seguimiento de esos padres y bebés a lo largo del tiempo para constatar si existía alguna diferencia.

Resultó que los hijos con madres pertenecientes al primer grupo tenían la mitad de probabilidades de desarrollar sobrepeso u obesidad. Ese estudio y otros realizados a lo largo de los años sugieren que Hilde tenía razón: la lectura que hacen nuestros padres de nuestras señales de hambre y su respuesta a ellas nos modelan de manera profunda y pueden jugar un papel significativo en nuestro peso posterior. Basándose en ese creciente conjunto de evidencias, cada vez son más los expertos que actualmente recomiendan enseñar la *crianza responsiva* a madres y padres.

La quinta razón por la que comemos es la que quizá resulte más difícil de asimilar (o al menos así ha sido para mí), pero para muchas personas resulta de gran importancia: que tener sobrepeso puede protegernos psicológicamente.

Fue el doctor Vincent Felitti el primero en planteármelo. Se trata de un científico que ha realizado varios hallazgos y al que conocí en San Diego en 2016, cuando lo entrevisté para la preparación de uno de mis libros anteriores, *Conexiones perdidas*, que trata de la depresión. Cuando pensaba en el Ozempic, me vi recordando su historia, y me puse a escuchar de nuevo las entrevistas que le había hecho. Me gustaría refrescar un poco lo que escribí en ese libro, para poder explorar de qué manera me ha ayudado a la hora de pensar en estos nuevos fármacos, y por qué estos, al principio, me hicieron sentir tan raro.[7]

A principios de la década de 1980, Kaiser Permanente, el gran proveedor de servicios médicos sin ánimo de lucro de California, se puso en contacto con Vincent para exponerle un problema. La obesidad estaba aumentando drásticamente, lo que perjudicaba la salud de la gente y, a la vez, aumentaba los costos de Kaiser. Ninguna de las soluciones que probaban parecían funcionar. Ofrecían a la gente planes de dieta y programas de ejercicio físico, pero sus pacientes no dejaban de engordar. Así pues, ofrecieron a Vincent una elevada suma de dinero a cambio de que llevara a cabo investigaciones innovadoras. Querían que descubriera qué podía revertir esa peligrosa tendencia. Él aceptó, pero al momento se sintió paralizado. ¿Qué debía intentar? Empezó a trabajar con un grupo de personas con obesidad severa y un día tuvo una idea que a primera vista parecía bastante tonta.

¿Y si las personas muy obesas dejaran de comer, literalmente? Con tal de que recibieran inyecciones de vitaminas para que no desarrollaran escorbuto ni desnutrición, ¿quemarían los excedentes de grasa acumulados en sus cuerpos y adelgazarían?

Bajo una estricta supervisión médica, lo intentó e, increíblemente, en un primer momento pareció funcionar. Una paciente típica, a la que llamó Susan (para proteger la confidencialidad profesional), pasó de 185 a 60 kilos. Sus familiares, agradecidos, le dijeron que le había salvado la vida. Ella parecía entusiasmada. Pero entonces, un día, ocurrió algo. Susan empezó a comer de manera obsesiva una vez más, y aumentó mucho de peso. Vincent la llamó y le preguntó qué le había ocurrido. Ella parecía avergonzada y bajó la mirada. Le dijo que no lo sabía. Quiso saber si el día en que había empezado a comer más de la cuenta le había sucedido algo que no le hubiera sucedido el resto de los días. Y resultó que sí, que ese día le había pasado algo que no le había pasado nunca. Un hombre había intentado ligar con ella. No de manera desagradable, sino todo lo contrario, muy amablemente. Pero ella se sintió aterrada y empezó a comer más de la cuenta, obsesivamente.

Fue entonces cuando Vincent le preguntó algo que no se le había ocurrido preguntar a sus pacientes hasta ese momento: cuándo habían empezado a engordar. Ella le respondió que aproximadamente a los diez años. Él insistió en las preguntas: «¿Te ocurrió algo a los diez años que no te ocurriera a ninguna otra edad?». Ella se mantuvo largo rato en silencio, y al final le contó que fue entonces cuando su padre había empezado a violarla.

Vincent entrevistó a todos y cada uno de los participantes en el programa y descubrió que el 60 por ciento de ellos habían aumentado de peso de manera extrema después de ser víctimas de abusos o agresiones sexuales. «Primero no lo creía —me dijo—. Me parecía raro. ¿Por qué el abuso sexual llevaba a engordar de esa manera?».

Susan le proporcionó la respuesta. «A las personas con sobrepeso se les ignora. Y yo necesitaba ser ignorada».

Ahí, sentado con ella, Vincent se preguntó por primera vez: «¿Cuáles son los beneficios de la obesidad? Todos conocemos ya los riesgos... Hay folletos del Gobierno que informan de ellos». Pero ¿qué tiene de positivo? Cayó en la cuenta de que uno de los beneficios es que «resulta sexualmente protectora». Los depredadores sexuales se sienten menos atraídos por mujeres con sobrepeso u obesidad, y Susan tenía buenas razones para querer vivir con esa capa extra de seguridad. Así pues, no es nada sorprendente que cuando adelgazó tanto se sintiera tan asustada y ansiosa. Le comentó a Vincent que aquella pérdida de peso había «llegado más rápido de lo que podía gestionar». Él me comentó: «Lo que hemos percibido como un problema (esto es, la obesidad severa) era, de hecho, con mucha frecuencia, la solución a problemas de los que el resto de nosotros no sabemos nada».

La escritora Roxane Gay aborda esta cuestión en sus conmovedoras memorias, tituladas *Hambre: Memorias de mi cuerpo.*[8] Cuando apenas había entrado en la adolescencia fue violada por un grupo de jóvenes, dirigidos por uno en concreto que ella consideraba su amigo: «[Después] empecé a comer para cambiar mi cuerpo. Es algo que hice de manera intencionada... Sabía que no sería capaz de soportar otra violación como aquella, de modo que comí porque pensaba que si mi cuerpo se volvía repulsivo, podría mantener alejados a los hombres». Posteriormente, si perdía peso, añade: «Me preocupaba que mi cuerpo se volviera más vulnerable a medida que adelgazaba. Empezaba a imaginar de qué maneras podrían hacerme daño».

Vincent me explicó que la obesidad también puede proteger a las personas en otros sentidos. Por ejemplo, puede hacer que los demás tengan las expectativas más bajas sobre uno (el estigma de la gordura hace que esperen menos de una persona con sobrepeso, algo que reduce la presión sobre ella).

Creo que, en mi caso, también jugaba un papel, aunque mis experiencias no fueran tan extremas como las de Susan o Roxane. Yo soy una persona autocrítica en extremo. Si no me controlo, sin una estimulación constante, sin conexión y sin actividad, mi mente puede sucumbir fácilmente a arrebatos en los que me condeno a mí mismo. Tener sobrepeso, quizá, me proporcionaba una salida algo más segura a mi autocrítica. Cuando me invadían esos pensamientos negativos, podía derivarlos a mi cuerpo y criticarme a mí mismo por mi manera de comer. No se trataba de un proceso agradable, pero me proporcionaba una pista conocida por la que a mis pensamientos negativos les estaba permitido transitar. Una vez que esa pista fue retirada y mis pensamientos negativos no pudieron concentrarse en mi cuerpo, empezaron a galopar de manera salvaje por toda mi vida.

ADELGAZAR A CUALQUIER PRECIO

Perder peso me hacía estar más sano físicamente. Pero por todas esas razones subyacentes, también, al principio, me hacía ser psicológicamente más vulnerable.

Me preguntaba: «¿Cuál será el efecto cuando millones de personas se vean privadas de la protección psicológica que les da comer más de la cuenta?». Existen un conjunto de pruebas científicas con el potencial de ofrecernos una pista precoz al respecto.

En una sección anterior ya he explicado que me informé sobre los extraordinarios beneficios físicos derivados de la cirugía bariátrica, que hasta ahora era lo más parecido a estos medicamentos adelgazantes con que contábamos. La gente que se ha sometido a esa intervención experimenta una disminución inmensa del riesgo de sufrir infartos, diabetes, hipertensión, inflamación..., por citar solo algunas enfermedades. Por ello, la mayoría de la gente se alegra de haberse operado, y la mayoría ve también una mejora en su salud mental. Aun así, una minoría pequeña pero significativa experimenta dos efectos secundarios psicológicos graves, efectos que pueden añadir aún más complejidad al debate sobre la relación entre estos fármacos adelgazantes y la depresión.

Abordé el primero de ellos con Robin Moore, que trabaja en el sector social en Toronto. Un día se dio cuenta de que ya pesaba casi 140 kilos, y se sintió totalmente desolada. Me explicó que, en cuestión de comida, «era una esclava. Literalmente. Si tienes los ojos abiertos, es una lucha constante de ¿qué puedo comerme ahora? ¿Qué voy a comer después? ¿Cómo voy a conseguirlo? ¿Voy a estar segura para poder comer? ¿Va a haber gente a mi alrededor juzgándome por comer?». La comida le permitía anestesiarse. «Totalmente. Me anestesiaba y me apartaba de la vida».

Tenía cierta idea de cómo había acabado viviendo así. A los once años, cuando vivía a las afueras de Toronto, la habían violado, y ella no se lo contó nunca a nadie. Le costaba mucho confiar en los hombres, y mucho más dejar que se acercaran a ella. Comía para enfrentarse a aquella dolorosa soledad. «Lo único que hace que te sientas bien cuando estás en esa clase de espiral es comer más», pero «es una espiral descendente. Engordas, la gente te trata muy mal, te sientes peor, deseas consolarte a ti misma y comes más. Y desciendes, y desciendes».

Al final, recurrió a la cirugía bariátrica porque, según me dijo, percibía que no había nada más. «Me sentía totalmente impotente y desesperada, y me despreciaba mucho a mí misma». En abril de 2001 se sometió a la intervención. Al salir del quirófano vio a su madre, sonrió y dijo: «Ya estoy de vuelta». Durante los seis meses siguientes perdió 40 kilos. «Fue rapidísimo. Le daba tres bocados a algo y estaba llena. Era increíble». Se apuntó a un club para salir a correr, y empezó a salir con hombres por primera vez. «Llevo toda la vida con problemas para relacionarme con los hombres. Quieres hacerlo, pero a la vez te aterroriza». Ahora empezaba a tener vida sexual, y a descubrir la alegría que proporcionaba. «Para mí, la cirugía fue un regalo, absolutamente».

Pero entonces ocurrió algo. Robin nunca había bebido mucho alcohol, salvo en un periodo muy concreto, cuando era adolescente. Cuando se reunía con los amigos con los que salía a correr, pedía una o dos copas de vino tinto. De manera muy rápida, la cosa empezó a aumentar. En cuestión de meses, se dio cuenta de que se bebía tres botellas al día. «Se descontroló enseguida, sin más. Fue un desastre... Yo vivía en el centro de la ciudad y trabajaba en las afueras, cerca del aeropuerto, y normalmente iba en metro y autobús. Era un desplazamiento largo, de unas tres horas al día». Durante el trayecto, pensaba: «De acuerdo, lo estoy haciendo bien porque puedo ir a trabajar dos días de cinco sin beber». Empezó a beber a escondidas en el trabajo. Un jueves por la mañana, sus colegas se dieron cuenta de que le costaba hablar. La enviaron a casa en taxi y le sugirieron que la visitara un médico. «Estaba totalmente borracha», recordaba Robin. El lunes la despidieron.

Aproximadamente, una de cada diez personas sometidas a cirugía bariátrica desarrolla adicción al alcohol, o al juego, o a las compras, o a las drogas, después de la intervención.[9] Se trata de algo que a menudo se conoce como *transferencia de adicciones*, por la que la obsesión de alguien por encontrar consuelo en la comida cambia, y el consuelo se encuentra en otro comportamiento compulsivo. Carel Le Roux, el médico que tuvo que ver tanto con la cirugía bariátrica como con el desarrollo del Ozempic, me explicó: «Es algo que se observa en el caso de la cirugía bariátrica. Y mucho».

Cree que es así porque, para esos pacientes, comer más de la cuenta es algo que ha cumplido una función psicológica y, después, «existe ese vacío, ese espacio que queda en sus zonas de recompensa y que ya no se llena. Intentamos animar a la gente para que llene ese espacio, por ejemplo, con ejercicio físico. Creo que la mayoría de la gente lo ocupa yendo de compras. Se vuelven adictos a comprarse ropa nueva para su cuerpo nuevo. Creo que es algo totalmente aceptable. Pero también existen maneras socialmente inaceptables —la adicción al juego, o al sexo, o la adicción al alcohol en un pequeño número de pacientes— [...]. Es algo real y la gente sufre». Jessica Setnick, nutricionista y experta en trastornos alimentarios, me aclaró que ocurre porque la cirugía «no resuelve ningún problema emocional. No resuelve comportamientos habituales. No resuelve conductas adquiridas. De ninguna manera. Si alguien se enfrenta al estrés comiendo y a partir de cierto momento ya no puede comer, tendrá que buscar otra manera de enfrentarse al estrés [...], y no existen garantías de que se trate de un método saludable [...]. Si alguien te quita la vía que usas para sentirte mejor, está claro que buscarás otra vía para sentirte mejor. Es algo evidente. No vas a tolerar sin más sentirte mal. Los seres humanos no funcionamos así. O bien buscamos otra cosa, o bien nos deprimimos y tenemos ideas suicidas».

Podría existir un componente físico en ello. Después de ser sometido a una cirugía bariátrica, el cuerpo metaboliza el alcohol de manera diferente: la persona se emborracha más y más deprisa, y el alcohol permanece en el organismo más tiempo. Pero en las adicciones siempre existe un gran componente psicológico. Después de la intervención, hay personas que creen que perder peso resolverá todos sus problemas, que las hará libres para convertirse en quienes realmente son. Carel me comentó que, después, muchas de ellas se dan cuenta de algo: «Tengo el mismo empleo, conduzco el mismo coche y vivo en la misma casa con la misma pareja. De hecho, no era la enfermedad de la obesidad la que hacía que mi vida fuera horrible. Era todo lo demás». En otros casos, la mayor atención recibida por parte de posibles parejas despierta recuerdos de abusos sexuales, que es lo que le ocurrió a Susan, la paciente de Vincent Felitti.

Cuando la despidieron del trabajo, Robin acudió a Alcohólicos Anónimos y descubrió el poder de la curación y de las conexiones saludables. Cuando la conocí, ya llevaba diecisiete años de abstinencia e irradiaba buena salud, tanto física como psicológica. Para ella, la cirugía y el alcoholismo la llevaron a enfrentarse a cuestiones subyacentes que había arrastrado desde hacía mucho tiempo, y a encontrar su manera de conectar. Pero eso no le ocurre a todo el mundo. En algunos casos las cosas se vuelven aún más duras.

Se da otro efecto psicológico secundario con la cirugía bariátrica. Con frecuencia puede solaparse con el de la adicción, pero es diferente. Hablé de él con alguien que lo ha visto de cerca (he cambiado los nombres de las personas implicadas, así como algunos detalles menores para evitar la identificación).

Wilma conoció a Michael, su esposo, en su pequeño pueblo del oeste de Texas en la década de 1980, cuando ella tenía diecisiete años, y él, veintiuno. De él le llamó la atención que era atlético y que jugaba en varios equipos deportivos. Cuando se casaron, Michael se puso a trabajar en una plataforma petrolífera y empezó a engordar. A los cuarenta años pesaba más de 180 kilos, pero no permitía que nadie se metiera con él por su peso. Uno de sus colegas le puso el apodo de Flaco, y un día él, en respuesta, le llamó Guapo. Cuando aquel hombre le preguntó por qué lo llamaba así, su respuesta fue: «Bueno, supongo que si tú puedes mentirme a mí, yo puedo mentirte a ti».

Wilma amaba a su esposo y no le sacaba el tema de su peso. Le asombraba que otros no actuaran de la misma manera con ella: parecían sentirse con derecho a formularle preguntas de una sinceridad brutal sobre el cuerpo de su esposo, en ocasiones llegando incluso a querer saber si realmente mantenían relaciones sexuales.

Cuando Michael se sometió a cirugía bariátrica, perdió la mitad de su peso corporal. Sus amigos no lo reconocían.

Cuando salía a cenar con su mujer, bromeaba porque la gente creía que ella tenía otro novio. Pero Wilma empezó a darse cuenta de algo desconcertante: en sus treinta años de matrimonio, casi nunca lo había visto borracho. Y en cambio ahora se emborrachaba casi todos los días. Parecía estar perdiendo la sensatez. Era algo gradual. Un día, por ejemplo, estaba preparando un pollo a la parrilla para la cena, se prendió fuego y la carne quedó totalmente carbonizada, pero él pareció no darse cuenta. En otra ocasión lo vio orinando en el camino de la entrada de su casa. Lo miró y pensó: «Este no es mi esposo. Es un desconocido».

Ese comportamiento extraño seguía agravándose. Una noche llegó a casa del bar apestando a alcohol, y Wilma le preguntó cómo había vuelto. Él le respondió que en coche, conduciendo él. Esa fue la gota que colmó el vaso. Wilma le informó que lo dejaba, hizo el equipaje y se fue.

Días después, su hijo volvió a casa, abrió la puerta del garaje y descubrió que su padre se había suicidado.

Después de someterse a cirugía bariátrica, una minoría significativa (en torno al 17 por ciento) experimenta una depresión y una ansiedad tan severas que necesita ingresar en centros psiquiátricos para someterse a tratamiento.[10] Carel Le Roux me explicó que «después de una cirugía bariátrica, los suicidios se cuadruplican».[11] El riesgo general sigue siendo muy bajo, pero aumenta drásticamente. Y parece darse por las mismas razones por las que las personas se vuelven adictas. Privadas de las razones subyacentes por las que comen, descubren que no pueden enfrentarse a la vida. Le pregunté si aquello también podría ocurrir con los medicamentos adelgazantes. «No he leído ningún informe en ese sentido, pero no me sorprendería que ocurriera», me respondió.

Volví a plantearme el hecho de que las instancias reguladoras europeas hubieran publicado una alarma de seguridad en relación con el Ozempic, diferenciada de la que aludía al cáncer de tiroides, advirtiendo que podía causar un aumento de los suicidios.

¿Podían aquellos suicidios relacionados con la cirugía bariátrica anticipar otros vinculados a aquellos fármacos adelgazantes?

Estos hallazgos complican aún más el debate sobre los nuevos medicamentos, y sobre sus efectos en las adicciones y la depresión. Yo ya sabía que si esos fármacos funcionan adormeciendo los sistemas cerebrales de recompensa (importante condicional), entonces podían tener efectos positivos sobre la adicción, y efectos negativos sobre la depresión. Pero, a la vez, también podían despojar a algunas personas de los beneficios psicológicos que obtienen de comer más de la cuenta, lo que les desencadena más adicción y más depresión.

Le pregunté a Wilma si sabía por qué Michael comía en exceso, y por qué perder el consuelo que le proporcionaba la comida lo había llevado a poner fin a su vida. «No lo sé —me dijo—. No sé qué era. Nunca me hablaba de eso». Y los dos permanecimos unos momentos en silencio.

Mis experiencias eran mucho menos extremas que las de aquellos pacientes de cirugía bariátrica. En el tiempo que llevaba tomando Ozempic, acostumbraba a sentirme complacido con el asombroso progreso físico, aunque con una nostalgia recurrente por el consuelo que me había proporcionado comer en exceso.

Pero actualmente creo que todas las personas que toman estos medicamentos deberían preguntarse, antes de empezar a hacerlo: «¿De qué me está sirviendo a mí comer en exceso y tener sobrepeso? ¿Qué cosas positivas obtengo a cambio que mejoran mi vida?». Conviene plantearlo con despiadada sinceridad, porque, cuando eliminamos de la ecuación esa manera de comer en exceso, es probable que esas cuestiones resurjan de alguna otra forma.

Es evidente que, para mucha gente, comer más de la cuenta no es algo que esté motivado principalmente por problemas psicológicos, sino sobre todo por factores ambientales o biológicos; en su caso, las cuestiones psicológicas serán menores. Pero para otros sí resultarán de gran importancia. Un día, cuando ya llevaba siete meses tomando Ozempic, me noté inmensamente estresado por un problema serio que había tenido, me metí en un KFC y pedí una cubeta de pollo frito. Pero solo conseguí comerme un muslito. Mientras el Coronel Sanders me contemplaba desde un cuadro de la pared (como había hecho tantas veces a lo largo de mi vida), me sentí perdido.

Fui a visitar a mi amiga Judy, la que me había disuadido de mi idea de dejar el medicamento cuando le planteé que, según creía, iba en contra de mis valores. Ese día le expliqué que me parecía que el Ozempic me estaba desencadenando numerosos problemas, y que debería dejar de tomarlo. Ella cubrió mi mano con la suya y me dijo: «Johann, no te está desencadenando problemas. Esos temas llevan ahí desde siempre. Y está haciendo que afloren».

Se inclinó hacia delante. «No creo que el Ozempic sea el medicamento que te causó esos problemas. Creo que, simplemente, ha reducido tu capacidad para recurrir a la droga que llevabas tanto tiempo usando para calmarte: la comida. Puedes dejar de tomar Ozempic, claro. Déjalo si quieres. Pero esos problemas seguirán dominándote. Creo que la respuesta no es dejar de tomarlo y volver al punto en el que estabas. Es usarlo como oportunidad para averiguar por qué comías como comías, y cambiarlo. Puedes desentrañar todas las razones por las que lo hacías y comprenderlas. Para todas y cada una de esas razones psicológicas que explican por qué comías, puedes encontrar mejores soluciones».

Me dijo que ahora lo que me tocaba hacer era pasar de pensar en la comida como estímulo para cambiar tu estado de ánimo y tus emociones, a pensar en ella como una forma de nutrición, un combustible que introduces en el cuerpo. «Intenta imaginar que la comida no tiene que ver con lo que te metes en la boca, sino con lo que introduces en tu sistema nervioso central, en tus órganos, en tu tejido muscular, en tu piel, en tu intestino. Piensa que su destinatario es todo eso, y no tu boca y tus emociones».

Se inclinó hacia atrás. «Si logras materializar este cambio, aprenderás a comer cuando tengas hambre, a nutrir tu cuerpo y, de hecho, a obtener placer de la comida. Piensa que ahora esa es tu misión».

Sabía que tenía razón, pero no tenía ni idea de cómo hacerlo.

9

«Creo que no estás en tu cuerpo»

Cómo el Ozempic me llevó a darme cuenta de que debía cambiar

En un estudio sobre los efectos del Ozempic en el peso, los científicos implicados descubrieron algo que me llamó la atención.[1] Siguieron a una serie de personas durante 68 semanas para ver cómo les afectaba. Casi todas ellas adelgazaron muchísimo, pero había letra pequeña. Hacia el final del estudio, su peso había empezado a aumentar ligeramente. Al parecer, se iniciaba una tendencia hacia un nuevo aumento de peso. Llegados a ese punto, la investigación se interrumpía. Se trataba solo de un ligero aumento —el paciente típico seguía pesando al final el 14.9 por ciento menos que al principio—. Pero ¿qué aspecto habría tenido la curva de la gráfica si el estudio hubiera seguido?

Me lo planteé en relación con Michele Landsberg, la madre de una amiga. Cuando, en 2008, le diagnosticaron diabetes, su médico le recetó Ozempic. Ella me contó: «El beneficio fue inesperado, sorprendente y maravilloso, porque casi de inmediato perdí el apetito en un 50 por ciento cuando menos. Llevo toda la vida peleándome con el peso, engordaba, adelgazaba, estaba gorda, estaba delgada. Nunca había tenido sensación de saciedad. Nunca me había sentido del todo llena. No tenía un freno natural en las comidas. [...] Milagrosamente, me sentía bastante saciada después de comer una cuarta parte, o la mitad, de lo que solía comer. Así pues, sin el menor esfuerzo, perdí casi 20 kilos en los seis meses siguientes. No había sido tan feliz en mi vida. En un arrebato de euforia embriagadora, tiré a la basura toda mi ropa de antes, de cuando era gorda».

Pero a medida que pasaban los años, el aumento de peso empezó a regresar sin que se diera cuenta. «Como era algo lento, gradual, no me costaba engañarme y decirme: "Bueno, son solo unos kilos, ya lo controlaré"». Y así, «aunque seguía tomando Ozempic, ese efecto secundario [de la pérdida de peso] se esfumó en el aire». Aunque seguía funcionando bien para controlar su diabetes, «empecé a comer más de la cuenta otra vez». En aquel momento, a los ochenta y cuatro años, había recuperado dos terceras partes del peso que perdió inicialmente. «Es muy deprimente. Mucho».

Desarrollamos tolerancia a la mayoría de los fármacos. El organismo se acostumbra a ellos y, con el tiempo, dejan de hacer el mismo efecto. Así pues, parecía que una posible explicación fuera que el organismo de Michele había desarrollado tolerancia al Ozempic.

¿Hasta qué punto la experiencia de Michelle va a ser típica para el resto de nosotros? Puede que, simplemente, ella engordara a causa de la vejez y de la diabetes, y que, por tanto, el medicamento siguiera haciéndole el mismo efecto, pero que fuera su propia fisiología la que se estuviera deteriorando.

Los expertos con los que hablé expresaron opiniones contrastadas al respecto. Cuando le dije que tenía dudas sobre una posible tolerancia, Shauna Levy, la doctora que receta estos fármacos para la obesidad, me dijo: «Yo también. Sospecho que algunas personas desarrollarán» tolerancia «como les ocurre con cualquier otro fármaco. Estamos inundando su cuerpo con GLP-1. No veo por qué no podría ocurrir». Pero hizo hincapié: «No creo que sea el caso de todo el mundo... El tiempo lo dirá». Gregg Stanwood, neurocientífico dedicado al estudio de estos fármacos, comentó que lo cierto es que, sobre esta cuestión, «sabemos muy poco». Sugirió que tal vez pudiera compararse con fármacos similares que actúan en partes similares del cuerpo, porque sabemos que en esos casos «esos receptores a menudo se regulan a la baja con una activación crónica». Es decir, que si esas áreas de nuestro cuerpo se ven sobreestimuladas por un fármaco, con el tiempo, esa parte de nuestro cuerpo, con frecuencia, empezará a trabajar menos, lo que igualará el efecto general. Aseguró no saber si eso es lo que ocurrirá con un medicamento como el Ozempic, pero que le sorprendería que unas proteínas como el GLP-1, que se dan de manera natural en el intestino, «no se regularan a la baja con el uso extensivo de uno de esos agonistas». Y enfatizó: «Ahora bien, eso no significa que [los beneficios] se reduzcan a cero, sino que sería de menor ayuda» con el tiempo.

Otros discrepaban. Robert Kushner, que ha contribuido a desarrollar Wegovy, manifestó: «No contamos con ningún dato que sugiera que se desarrolla tolerancia» y, en efecto, defendía que existen pruebas de que la gente no la desarrolla: los diabéticos que toman el fármaco no necesitan consumir dosis más elevadas para mantener su insulina en los mismos niveles. Esto le da a entender que a la mayoría de la gente el medicamento le seguirá siendo útil a largo plazo.

Pero Jerold Mande, el nutricionista de Harvard, me reiteró que siempre que se produce una pérdida de peso, «el cuerpo se rebela». Activa toda clase de mecanismos naturales para volver al peso anterior, a su anterior marca fija. «Es como si nuestro cuerpo dijera: "Necesito engordar de nuevo, y tengo muchas maneras sencillas para conseguirlo. Estoy un poco cansado. No quiero subir ese tramo de peldaños. Voy a empezar a quemar mucha menos energía. Voy a empezar a comer un poco más"». Se muestra escéptico con respecto a que esos medicamentos, a largo plazo, sean capaces de superar esos impulsos biológicos tan arraigados. Su intuición le dice que «quizá el cuerpo no lo recupere en cinco años. Pero quizá lo haga en diez».

Pregunté a las compañías farmacéuticas que elaboran los fármacos si querían matizar algo sobre esta cuestión, pero las dos declinaron el ofrecimiento. Aun así, Novo Nordisk reiteró que los fármacos llevan usándose mucho tiempo y han estado sujetos a prolongados ensayos clínicos.

Carel Le Roux afirma que, también en este punto, deberíamos fijarnos en la cirugía bariátrica para establecer la mejor comparación posible. «Alguien con un baipás gástrico que pesara 100 kilos adelgazará hasta los 66 kilos. Transcurrido un año, habrá perdido una tercera parte de su peso corporal. A los dos años, su peso estará en unos 68 kilos. A los tres años, en unos 75. A partir de ahí, empezará a estabilizarse en un rango que va de los 72 a los 75 kilos, peso que mantendrá unos veinticinco años. Esa es la curva típica que se observa. No existe ninguna razón fisiológica para imaginar que, con estos fármacos, no vamos a ver lo mismo».

Pasará tiempo hasta que sepamos quién tiene razón. Pero las implicaciones potenciales son serias. Me daba cuenta de que, cuando menos, es posible (y quizá probable) que esos fármacos hayan abierto en mi vida solamente una ventana de oportunidad para perder peso, y que sea durante un tiempo limitado, antes de que se cierre lentamente.

Así pues, me pregunto: mientras esa ventana se mantenga abierta, ¿voy a aprovechar esa oportunidad para cambiar de hábitos, para conseguir una mejor comprensión de mí mismo y para aprender ciertas aptitudes que me permitirán vivir de manera más saludable? ¿O voy a desperdiciar esta oportunidad comiendo media hamburguesa con queso en vez de una entera, y así, en unos cuantos años, quizá acabe en el mismo lugar en el que me encontraba al principio?

Lo cierto es que cuando llevaba siete meses tomando Ozempic, ya disfrutaba de los beneficios de la pérdida de peso, pero no había introducido casi ningún otro cambio en mi vida. Comía mucho menos, sí, pero sinceramente consumía porciones más pequeñas de la misma mierda de antes. En lugar de comerme todo un rollito de pollo cubierto de mayonesa para desayunar, me comía una tercera parte. En lugar de una Big Mac con papas fritas y *nuggets*, me comía solo las papas. Mi dieta seguía consistiendo abrumadoramente en comida procesada, o comida chatarra, pero en menores cantidades. Era un avance, sí, pero un avance limitado.

Robert Kushner me explicó que muchos de sus pacientes se encontraban en la misma situación. «Hay gente que llega pensando que el medicamento funciona y no tiene efectos secundarios. Así que yo la obligo a reflexionar: "¿De qué manera estás gestionando esas nuevas sensaciones? ¿Optas por consumir menos comida ultraprocesada? ¿Tomas más fruta y más verdura? ¿Cuál es tu patrón de alimentación? ¿Has adoptado una dieta más basada en verduras?". Y, de la misma manera: "¿Ha aumentado tu actividad física? ¿Realizas entrenamientos de resistencia? ¿Sales a caminar? ¿Sacas a pasear al perro?"». Cuando le conté que seguía comiendo mal, sonrió, comprensivo, y me dijo: «No hay duda de que la calidad de la dieta influye en la salud. Olvídate del medicamento. Sabemos que existen numerosos de datos que demuestran que una dieta nutricionalmente equilibrada, con mucha fruta y verdura y con pocas grasas saturadas y grasas trans, y con pocos productos cárnicos, conlleva muchos de beneficios para la salud [...]. Para mejorar tu salud debes ir un paso más allá. A partir de ahora debes fijarte en la calidad de tu dieta y en tu actividad física».

Siempre que oía ese consejo, sabía que quien lo pronunciaba tenía razón, pero al mismo tiempo me sentía totalmente perdido a la hora de ponerlo en práctica. ¿Por dónde empezar? Me avergüenza decirlo, porque me considero una persona competente; viajo por todo el mundo investigando conceptos complejos e intentando hacerlos comprensibles para el gran público, pero cuando se trataba de algo tan básico como alimentar mi propio cuerpo, no tenía ni idea de qué hacer. Nunca había cocinado nada que no fuera en el microondas. Literalmente. Nunca. Casi todo lo que comía, a menos que lo hubiera cocinado otra persona, lo había comprado hecho y para llevar, o era en un restaurante. En lo que respecta a la comida, me sentía como el equivalente a una persona analfabeta a la que sin transición se le pone delante un ejemplar de *Guerra y paz* y se le ordena que lo lea.

Solo empecé a sentirme algo menos necio al respecto después de leer el maravilloso libro *First Bite* (*El primer bocado*), de Bee Wilson, autora especializada en comida. En él nos explica: «Comer no es algo que nazcamos sabiendo hacer de manera instintiva, como respirar. Es algo que aprendemos». Desde que nacemos nos enseñan a comer, y es fácil que nos enseñen mal, tanto por lo que se refiere a los alimentos como a las razones. Y añade: «La razón por la que a mucha gente le cuesta comer saludablemente es que nunca ha aprendido a hacerlo de otra manera». Me daba cuenta de que, en mi caso, era así. Nunca había aprendido a alimentar mi cuerpo. Desde el principio, mi alimentación se había visto embrollada con la gestión de mis emociones y con mi intento de silenciar sentimientos negativos, lo que hacía llenándome de comida chatarra, procesada.

Pero Bee escribe: «Si nuestros hábitos alimenticios se aprenden, también pueden reaprenderse».

Al leerlo, recordé algo de lo que mi amigo el médico Rangan Chatterjee me había advertido hacía varios años: «Dedica un mes de tu vida a comer solamente comida de verdad, sin procesar, cocinada al momento. Solo un mes en el que no comas nada que no sea eso. Y te asombrará lo diferente que te sentirás».

Me daba cuenta de que, para tener alguna opción de seguir adecuadamente el consejo de Rangan, antes tendría que conseguir algo humillante de tan básico: a mis cuarenta y cuatro años, tendría que aprender a cocinar.

No tenía ni idea de por dónde empezar, así que le pedí a una de mis amigas más competentes, Rosie, que me enseñara. Le dije que se imaginara que debía enseñar a cocinar a una persona que llevaba toda su vida metida en un clóset, alimentándose solamente en Burger King y que hasta ese día no hubiera oído que la comida podía cocinarse. Una tarde me presenté en su casa y, sobre la mesa, había una bolsa de verduras y algo de pollo. «Hoy aprenderemos a preparar dos platillos saludables —me dijo—. El primero es una sopa de lentejas, porque es rica en proteínas, baja en grasas, barata y muy fácil de hacer».

Me pidió que tomara una medida de 200 gramos de lentejas. Después me enseñó a picar cebolla y a cortar en tiras unas zanahorias y un puerro (hasta ese momento, yo creía que los puerros eran un mito galés, como los duendes y los dragones; me asombró descubrir que existían en la realidad). «Así que estos son básicamente los ingredientes que necesitas, más un caldo de verduras y un poco de agua caliente», me explicó. Sacó una cazuela grande y me pidió que vertiera en ella un chorro de aceite de oliva. «Ahora espera a que se caliente un poco». Me mostró cómo se aplastaba un diente de ajo y se freía en la cazuela, y después eché la cebolla y oí un agradable chisporroteo. A continuación añadí la zanahoria y el puerro, y por último las lentejas, sin dejar de remover de vez en cuando. Sacó caldo de verduras y añadió agua hirviendo. «Ahora esto va a tardar unos treinta y cinco minutos en cocinarse. Mientras tanto, te enseñaré a preparar un guisado de pollo». Me explicó cómo se cocinaba el pollo (me admiró descubrir que podía presentarse en otras formas, no solo en la de *nuggets*) y cómo se freía con verduras.

Nos sentamos juntos y comimos. Estaba delicioso, pero yo no me creía capaz de seguir aquellas instrucciones por mi cuenta. Sin embargo, con paciencia, a medida que pasaban las semanas, ella seguía guiándome y me enseñó a preparar otros platillos, como espaguetis a la boloñesa y avena para desayunar.

Me encantaría poder decir que aquellas lecciones fueron una revelación y que, a partir de ese momento, dejé de lado la comida procesada y ya solo comí productos frescos que me preparaba yo mismo. Pero no. Me daba vergüenza no ser buen cocinero. Pero notaba que me ocurría algo más profundo, una extraña forma de resistencia a comer bien. Y seguía regresando a aquellas raciones más pequeñas de la comida chatarra que siempre he consumido.

No empecé a comprender el motivo hasta que le expliqué mi problema a una de las personas más sabias que conozco, V (antes conocida como Eve Ensler), que se dedica a la dramaturgia y que es conocida sobre todo por haber escrito *Los monólogos de la vagina*, así como por encabezar parte del activismo feminista más importante de los últimos cuarenta años. Me contó que, como buena amiga mía, llevaba mucho tiempo preocupada pensando que tenía un problema subyacente y que mi dieta poco saludable era solo un síntoma de él. Me comentó que yo estaba profundamente desconectado de mi propio cuerpo. «No creo que estés en tu cuerpo —me dijo—. Durante años, realmente no has pensado en lo que le metías porque estás separado de él». Todo ello derivaba de un error subyacente en el que había caído: «Tratas a tu cuerpo como si fuera una cosa, una cosa que está separada de ti... Toda tu relación con tu cuerpo es: "Ponte a trabajar. Haz que pueda hacer el trabajo que tengo. Sírveme, sírveme, hazme seguir adelante". Sinceramente, es una máquina que estás más o menos explotando, y no ese valioso contenedor de vida que nos han dado y que en realidad debemos honrar, alimentar y tratar bien».

V me dijo que si era capaz de reconocer en mí todo eso era porque ella también había vivido en ese estado gran parte de su vida. Desde los cinco años, su padre había abusado sexualmente de ella, y me explicó que ese tipo de traumas te sacan de tu cuerpo. «Porque, por ejemplo, en mi caso (abusaban sexualmente de mí y me golpeaban), mi cuerpo se había convertido en un paisaje de horror. Se había convertido en un paisaje de traición. Se había convertido en un paisaje de temor. Se había convertido en un paisaje de todo lo que quería evitar. Así que abandoné mi cuerpo, y tardé años en volver a él, porque el trauma te ocupa y se apodera de tu cuerpo, y entonces tú no consigues estar en él». Fumaba, bebía mucho, dejaba que los hombres la trataran mal. En ese estado, muchas veces, el cuerpo es una carga. «Siempre estás en guerra con tu cuerpo. Lo ves como un problema que necesita reprimendas, regaños, críticas» y piensas que nunca estará bien. «Por más que una haga, siempre fracasará [...]. Esa separación y descorporización permite hacer un enorme daño al cuerpo, hacerle toda clase de cosas. Puedes engordar hasta provocarte la muerte. Puedes consumir comida tóxica. Puedes no dormir, lo que destruye todo tu organismo. Y ni siquiera sabes que lo haces... porque estás muy desapegada de tu propio cuerpo».

El viaje de regreso hacia su cuerpo lo inició de una manera inesperada. Cuando ya había cumplido los cincuenta años, estaba tan desconectada que ni siquiera se había dado cuenta de que «tenía un tumor del tamaño de un aguacate», hasta que llegó a ser de grado 4. Le explicaron que tenía pocas probabilidades de sobrevivir. Pero, a medida que se iba restableciendo después de la cirugía, empezó a admirarse de lo que su cuerpo era capaz de hacer. «¿Puedes creer que había perdido siete órganos y mi cuerpo fue capaz de readaptarse para enfrentarse a ello y permitirme sobrevivir?». Se dio cuenta de que su cuerpo era un «genio». «Venero a mi cuerpo».

Con ese amor recién encontrado, empezó a habitar una vez más su cuerpo de la manera más primigenia que encontró: bailando. «Cuando bailas, entras en tu cuerpo. Sientes tu cuerpo. Mueves tu cuerpo al son de sonidos rítmicos, y descubres la luz y el flujo de energía que está en el cuerpo, y te vuelves parte de ese flujo de energía. Así que dejas de tratar a tu cuerpo como si fuera una cosa que debes controlar, y se convierte en una parte de ti por la que debes sentir misericordia y amor. Cuando entras en tu cuerpo, empiezas a sentir compasión por él» y puedes, al fin, empezar a oír y a sentir lo que te dice. Me dijo que si quieres empezar a tratar bien a tu cuerpo, debes aprender a amarlo y valorarlo.

En cuanto me lo contó, supe que aquellas palabras contenían una verdad importante, pero no sabía cómo trasladarlas a la acción. Era como si me hubieran dicho que debía aprender una nueva lengua para la que no encontraba guías. En un intento de avanzar, decidí ir a hablar con un científico que lleva mucho tiempo estudiando lo que la gente piensa de sus propios cuerpos, y cómo podemos hacer que sean más saludables.

Viren Swami es profesor de Psicología Social de la Universidad Anglia Ruskin, en la región inglesa de East Anglia. Es un hombre delgado, barbudo, con una mirada interesante y penetrante. Apenas empezamos a conversar, me explicó que tendemos a pensar en la imagen corporal como en algo que solo existe cuando las cosas están mal, cuando alguien tiene anorexia, por ejemplo. Pero, según me dijo: «Todo el mundo tiene una imagen corporal. Todos sentimos cosas en relación con nuestro cuerpo. Todos tenemos pensamientos sobre nuestro cuerpo. Todos vemos nuestro cuerpo de una determinada manera». Todos «tenemos una visión interna de nosotros mismos. Si imaginamos que tenemos a una persona diminuta alojada en el interior de nuestro cerebro, pensando en nuestro cuerpo, sintiéndolo y tratando de entender lo que significa habitar en él..., eso es, básicamente, nuestra imagen corporal».

Me explicó que, en los últimos veinte años, ha ocurrido algo perturbador en relación con la imagen corporal. En

ADELGAZAR A CUALQUIER PRECIO

investigaciones llevadas a cabo en la década de 1950 se descubrió que había muy poca gente descontenta con su cuerpo.[2] Pero actualmente, en el Reino Unido y en Estados Unidos, hasta un 90 por ciento de las mujeres sienten algún aspecto de su imagen corporal como negativo. Un 70 por ciento de los hombres experimentan alguna forma de imagen corporal negativa».[3] De manera masiva, casi todos nosotros hemos empezado a sentir que nuestros cuerpos no eran lo bastante buenos. Actualmente, «la mayoría de la gente está descontenta consigo misma. No existe otro campo de la psicología en que algo así pueda aceptarse como norma. Si dijéramos que el 90 por ciento de la población está deprimida, aplicaríamos estrategias para determinar por qué es así y de qué manera solucionarlo. Con la imagen corporal, en cambio, hemos llegado a un punto en el que creo que lo hemos aceptado como algo normal». Y le parece que debemos verlo como una crisis e intentar ponerle remedio.

Son muchas las razones por las que eso ha ocurrido, pero una de ellas resulta fácil de entender: una industria muy sofisticada descubrió que podía ganar mucho dinero haciéndonos sentir mal con nosotros mismos. Por poner un ejemplo entre miles, Viren comentó que el desodorante «Lynx emitió un anuncio muy raro en la década de 1990 en el que un hombre aparece en una playa. Está muy flaco y no le gusta a ninguna mujer. Pero entonces se pone el desodorante y de pronto todas las mujeres corren en masa hacia él. El relato explica bien todo lo que hace la industria de la publicidad. Nos dice que somos deficientes. Nos dice que somos incompletos».[4] El hombre que no está «musculoso» es ridículo, poco atractivo. Todos estamos expuestos a centenares de mensajes como ese todas las semanas, hasta el punto de que ya no los registramos. Viren añadió, de manera directa: «¿Cómo opera ese complejo de moda y belleza? Opera diciéndole a la gente que no es lo bastante buena tal como está, y que puede rectificar esos defectos comprando los productos que ellos venden». En consecuencia, «todo el mundo está preocupado por su aspecto».

Además, en las redes sociales reforzamos esas ideas sobre nosotros mismos y sobre las personas que nos rodean.[5] Según Viren, uno de los grupos con una peor imagen de sí mismo es el de las personas que consultan las redes sociales y creen que estas les indican qué aspecto deben tener. «Si entro en internet y veo a Daniel Craig y pienso: "Ese es el aspecto que deben tener los hombres", y yo no lo tengo, es fácil que me sienta mal conmigo mismo». Después de años de ese tipo de exposición y refuerzo, nuestra capacidad para ver nuestros propios cuerpos se ha visto profundamente distorsionada. Un grupo de científicos reunió a cien personas en la Facultad de Medicina del Hospital St. George de Londres, les mostraron un archivador y les pidieron que calcularan su grosor. Todos acertaron. A continuación les pidieron que calcularan cuánto medían ellas de ancho. Se equivocaron mucho, exagerando la talla de sus cinturas en un 25 por ciento, y la de sus caderas en un 16 por ciento.[6]

Viren lleva años explorando de qué manera la gente puede revertir ese proceso y empezar a desarrollar imágenes corporales positivas —a apreciar y a querer sus cuerpos—. Según él, puede lograrse de varias maneras. El primer paso consiste en que nos formulemos una pregunta fundamental: ¿qué puede hacer nuestro cuerpo que nosotros apreciemos y valoremos? Casi todos podemos enumerar sin pensarlo algunas cosas positivas que nuestros cuerpos hacen por nosotros. Quizá nos guste que nuestro cuerpo vaya a dar largos paseos. Quizá nos guste que pueda levantar pesas. Quizá sea que haya podido gestar a nuestros bebés y parirlos. Ser conscientes de esas cosas y pensar en ellas nos lleva a «alejar la atención del aspecto del cuerpo y dirigirla hacia lo que el cuerpo es capaz de hacer». Se trata de un cambio profundamente sanador. El término técnico para describir lo que esa pregunta despierta en nosotros es *apreciación de funcionalidad*:[7] vemos nuestro cuerpo no como un objeto que está siendo constantemente evaluado por otros, sino como nuestro, y como un portador de dones.

Otra manera de mejorar nuestra imagen corporal pasa por estar en contacto con la naturaleza. Viren ha llevado a cabo cinco estudios en los que se ha constatado que cuando las personas entran en contacto con el mundo natural, su imagen corporal mejora de manera significativa.[8] Para explicarlo, aporta diversas teorías. «Cuando uno está en contacto con la naturaleza, se aleja de las fuentes que le dicen que no es lo bastante atractivo. También le da tiempo para sentir más compasión por uno mismo». En la naturaleza, la mayoría de la gente se siente menos egocéntrica y empieza a verse como parte de una red de vida más amplia.

Un modo distinto e igualmente poderoso de mejorar la imagen corporal es implicarse en lo que él denomina *actividades de corporización*. Estas son cualquier cosa que nos lleve a sentirnos más ubicados en nuestro propio cuerpo: podría tratarse de jugar futbol, de bailar, o de practicar yoga o CrossFit. Cuando empezamos a practicarlas, muchas veces, según sus palabras, sentimos algo así como «estoy orgulloso de lo que mi cuerpo es capaz de hacer». Lo más importante es que esas actividades «promueven un mayor cuidado de nuestro cuerpo». Existen algunas excepciones, añadió. Los bailarines de *ballet*, por ejemplo, tienden a tener una peor imagen corporal, porque en ese mundo existe una gran presión por alcanzar una forma corporal muy determinada.

Mientras me lo contaba, me daba cuenta del acierto de V al hablarme de mi desconexión con mi cuerpo. Al enfrentarme a la pregunta de Viren —«¿qué es capaz de hacer tu cuerpo que tú aprecies?»—, permanecí largo rato paralizado. Literalmente, no se me ocurría nada. Casi todo lo que valoraba estaba en mi mente: en palabras, en conceptos. Después de mucho pensar, se me ocurrió la respuesta obvia: el sexo. Pero, más allá de eso, lo cierto es que me costaba mucho pensar en alguna otra cosa.

Reacio, sintiéndome ridículo al principio, seguí el consejo de V y de Viren. Durante los meses siguientes ponía música chafa y les pedía a personas a las que quiero (a amigos, familiares y a un hombre con el que mantenía una relación sentimental) que bailaran conmigo. Me sentía casi absurdamente torpe e inepto. Pero gradualmente, a medida que movía mi cuerpo a la par que ellos, sentía una especie de alivio, de liberación. Nos reíamos. Notaba que algo crecía: una sensación de placer al saber que mi cuerpo era capaz de algo así, tan raro, tan ridículo, tan hermoso. Y mientras lo hacía, descubrí que el bloqueo psicológico que me impedía preparar comida fresca y saludable cedía un poco más. No es mi intención exagerar: por cada día que cocinaba, había dos en los que seguía recurriendo a la comida procesada. Aún no he sido capaz de seguir el consejo de Rangan respecto a dedicar un mes entero a alimentarme solo de productos frescos. Pero noto que, lentamente, voy progresando.

Sentado en la mesa, mientras me comía el guisado de pollo que me había preparado, pensaba: «Quizá los efectos del

Ozempic no sean duraderos». Es posible que desarrolle tolerancia, y que esta supresión de mi apetito cese. Si ese
fuera el caso, aun así seguiría habiendo, tal vez, un argumento para defender el uso del fármaco: que este puede
abrir una ventana de oportunidad que nos permita interrumpir de manera radical nuestros hábitos y propiciar un gran
cambio. No sé si podremos consumirlo siempre, pero si
solo puedo tomarlo durante un tiempo breve, al menos me
habrá servido para cambiar y prepararme mejor para un
futuro sin él.

Al día siguiente, pedí una Whopper Doble en Uber
Eats. Solo me comí una tercera parte. Me quedé contemplando el resto, que se enfriaba lentamente en su caja de
cartón, y pensé: «Esta no va a ser una historia fácil de progreso lineal».

10

¿Autoaceptarse o pasar hambre?

*¿Qué supondrán estos medicamentos para
los trastornos alimentarios?*

Un día, ocho meses después de empezar a tomar Ozempic,
estaba hablando con mi sobrina Erin por videollamada. Mi
mente racional sabía que tenía dieciocho años y que estaba
a punto de entrar en la universidad, pero es el miembro
más joven de mi familia, el bebé, y para mí siempre tendrá
siete años. Nadie en este mundo activa más mis instintos
de protección. Me hablaba desde un bar, y me comentaba:
«¡Has adelgazado tanto que hasta te veo la mandíbula!».
Y se rio. Yo estaba a punto de agradecerle el comentario,
pero su sonrisa dio paso a un ceño fruncido. Bajó la vista y,
mirándose a sí misma, me dijo: «Necesito tomar Ozempic.
¿Me lo comprarás?».

Tardé unos instantes en darme cuenta de que no lo decía en broma.

Mi sobrina tiene un peso normal, saludable, pero de
pronto parecía triste y desdeñaba su cuerpo.

De todos los momentos que he pasado escribiendo este
libro, este es el que más me ha hecho sentir que estaba
haciendo algo mal. Me preguntaba si, al perder peso como
lo había hecho —y al mostrarme tan satisfecho con mi
cambio físico— habría entrado en contradicción con todos

los mensajes que había intentado transmitirle desde que era niña. Yo quería que se aceptara tal como era; que se valorara; que no comprara los mensajes que decían, sobre todo a las mujeres, que para que sus cuerpos tuvieran valor debían estar delgadas.

Me daba cuenta de que en el año aproximado que había transcurrido hasta el momento de esa conversación, mi sobrina había asistido a un cambio más amplio. A diferencia de lo que ocurría cuando yo tenía su edad, existían algunas mujeres famosas que no eran delgadas: comediantes, actrices, estrellas de *reality-shows*. Con frecuencia expresaban, orgullosas, lo contentas que se sentían con sus cuerpos. Pero ahora, de pronto, todas habían adelgazado drásticamente. Muy pocas admitían estar tomando esos nuevos medicamentos adelgazantes, pero la única otra explicación posible era que se hubiera declarado un brote de disentería en Malibú. ¿Qué le estaba transmitiendo aquello? ¿Y qué le estaba transmitiendo yo?

A causa, en parte, de esos fármacos, el lentísimo avance hacia la aceptación de un abanico más amplio de cuerpos ha empezado a revertirse. Algunas de las mujeres más famosas del mundo están adelgazando de manera apreciable. ¿Cuál va a ser el efecto de ello? Existen pruebas contundentes de que, si se modifican los tipos de mujer que se representan como hermosos, se modifica también la manera que tienen, sobre todo las chicas, de sentirse en relación con sus cuerpos. Por ejemplo, en 1966, una encuesta realizada entre alumnas de secundaria reveló que el 50 por ciento de ellas creían estar demasiado gordas (en realidad, solo el 15 por ciento tenía a lo mucho un ligero sobrepeso en términos médicos).[1] ¿Qué había cambiado? En 1966, una modelo de diecisiete años llamada Lesley Hornby fue declarada de pronto, con bombo y platillo, el nuevo paradigma de belleza femenina. Fue proclamada «rostro de 1966» por la prensa especializada en moda, y empezó a ser conocida por su nombre artístico, Twiggy. Pesaba 41 kilos. Desde que saltó a la fama, las modelos de pasarela pasaron a ser más delgadas, y creció el desprecio de las mujeres a sus propios cuerpos.

¿Generarían esos medicamentos adelgazantes un efecto similar en chicas como mi sobrina? Le dije a Erin que de ninguna manera estaba dispuesto a comprarle Ozempic. Ella se encogió de hombros. Es una persona resiliente, y al final aquel deseo suyo resultó algo pasajero.

Pero me preguntaba cuántas otras jóvenes con peso saludable estarían formulando la misma pregunta que me había formulado ella a mí, y qué les ocurriría. La exploración de esa pregunta me llevó a descubrir el duodécimo riesgo asociado al consumo de estos medicamentos.

La persona con la que más me interesaba abordar esta cuestión era Elise Loehnen, una mujer que, desde que la conozco, ha vivido una transformación increíble. La vi por primera vez en un local minimalista de Los Ángeles cuando ella era directora general de contenido de Goop, la marca de Gwyneth Paltrow dedicada al estilo de vida. Goop ha creado un templo comercial de «bienestar» y vende a la gente unas experiencias y unos productos muy caros que prometen limpiarla y rejuvenecerla. Evidentemente, Elise es muy inteligente, pero en un primer momento di por sentado que formaba parte de ese mundo y de sus ideas de una manera acrítica. Y entonces ocurrió algo curioso.

En 2020, Elise veía a personas con covid en las noticias y pensó: «La gente está muriendo y yo me invento razones para estar descontenta con mi cuerpo, y eso que estoy muy sana». Le pareció que aquella era una forma de locura. Dejó Goop y empezó a expresarse públicamente cada vez más sobre toda aquella filosofía de intentar «arreglar» los cuerpos de manera tan costosa, y a advertir que, en su opinión, aquello no conducía a las mujeres a la liberación, sino al autocastigo. Y si bien no critica a la persona que la contrató, es una de las críticas que más reflexiona sobre esa visión, tan dominante en Hollywood, y que desde ahí empapa gran parte de la cultura.

Elise me explicó que ya no tiene sentido salir a cenar con amigas, porque se inyectan dosis tan altas de Ozempic que «no tienen hambre» ni «interés por la comida». Se trata de unas mujeres que cuando empezaron a tomar el medicamento ya eran delgadas, y que ahora lo toman para «erradicar por completo su apetito». Así pues, cuando comparte con ellas una mesa y las ve con tantos remilgos con la comida, piensa: «¿Qué estamos haciendo aquí, cenando?». Se diría que, para sus amigas, «la delgadez es mucho más satisfactoria que la comida». Negó con la cabeza. «Ese es un precio que yo no estoy dispuesta a pagar».

Según cree, para saber el efecto que tendrá todo esto, no hay más que dirigir la vista a la década de 1990, cuando ambos éramos adolescentes. Ella ingresó en un internado a los quince años y, por esa época, se produjo un cambio brusco en el tipo de cuerpo que la industria de la moda valoraba. En los años ochenta, las supermodelos —Christy Turlington, Cindy Crawford— «tenían unos cuerpos espectaculares, pero tenían cuerpos», comentó Elise. «No digo que no fueran delgadas, pero no se veían flacas... Eran altas. Eran mujeres. No eran niñitas diminutas». Pero entonces todo cambió. Kate Moss fue escogida como la nueva imagen de la industria de la moda. Tenía un cuerpo diminuto y parecía casi prepuberal. Los pechos empezaron a estar *out*. Lo que estaba *in* era el aspecto demacrado. Pronto, todas las modelos empezaron a parecer niñas hambrientas. En la comedia de situación *Absolutely Fabulous* (*Absolutamente fabulosas*), la editora de una revista de moda afirma: «Si ponen a modelos más jóvenes, habrá fetos desfilando por la pasarela». En ese contexto, Elise y sus amigas se obsesionaron con lo que ella denomina «delgadez antinatural». Veían a Kate Moss y pensaban: «Nos estamos haciendo mayores que ella, la estamos superando en tamaño». Así que empezaron a preguntarse: «¿Cómo deja una de convertirse en mujer?».

Asistió al proceso por el que todas sus mejores amigas empezaron a mostrarse tal como eran. Se volvieron hiperrestrictas con la alimentación, restringiendo exageradamente lo que comían, y empezaron a practicar ejercicio de manera compulsiva. «Una corría, la otra bailaba, la otra remaba. Yo asistía al cambio de sus cuerpos». En ese entorno, Elise se volvió muy consciente de su propio cuerpo. «Cuando entré en el internado, comía mucho, y era una persona muy activa. Para desayunar me tomaba dos *bagels* con mantequilla, azúcar y canela». Aunque no tenía sobrepeso, oír a las otras chicas criticar constantemente sus cuerpos, más delgados que el suyo, le llevaba a pensar: «¡A ver! ¿Y a ustedes les parece que están gordas?». Y empezó a reducir drásticamente lo que comía.

Cuando se promociona una imagen de delgadez poco saludable ante mujeres jóvenes, algunas de ellas empiezan a pasar hambre voluntariamente, lo cual crea presión en otras chicas para que coman menos, y así, sucesivamente, es como se entra en una espiral descendente. «Era algo muy contagioso —me explicó Elise—. Son como arenas movedizas». Pero en la era del Ozempic, «cuando ahora veo a

Kate Moss, pienso: "Pues se ve bastante saludable comparada con las modelos que se ven hoy en día...". Nuestros modelos de belleza se han vuelto aún más extremos». Cree que, hoy, «la dieta ya no está de moda», lo que está de moda es la «eliminación».[2]

Me explicó que no es posible pensar en ello con claridad a menos que se reflexione sobre el trato diferente que las mujeres reciben respecto de los hombres; a estos les está permitido un espectro más amplio de tipos corporales aceptables, incluidos los «papis» y los «osos». Cuando los hombres reciben presión para modificar sus cuerpos, por lo general es para adquirir un aspecto más musculoso, lo que plantea sus propios retos y también puede llevarse a un extremo, pero no es intrínsecamente malo para la salud, como sí lo es pasar hambre. A las mujeres no se les consiente tan fácilmente que encuentren su lugar propio en el mundo; han sido presionadas durante miles de años para ser delgadas y reprimir sus deseos. Con el Ozempic, están diciendo: «No tengo hambre. No tengo deseo. Voy a mantenerme delgada a cualquier precio. Para mí es lo más importante: más que alimentarme, más que mantenerme viva». Es una forma de anularse a una misma. «Matar los apetitos —advertía en un artículo— parece una forma de muerte».[3]

Me dijo que, después de pasarse toda la vida rechazando su cuerpo y atormentándolo, ya había tenido suficiente. No quería tomar un medicamento que dominara su cuerpo. No quería perder el apetito. Decidió vivir en paz con su cuerpo y sus deseos.

Ya sabemos qué ocurre cuando las dos cosas colisionan: la promoción de una delgadez antinatural y la existencia de un fármaco que permite restringir lo que se come. Y lo sabemos porque ya ocurrió en el pasado.

En la década de 1990, Ron Wyden, congresista del estado de Oregón, dirigió por primera vez unas sesiones del Congreso estadounidense relacionadas con unas píldoras adelgazantes. En ese momento, las más populares eran unas que, desde el punto de vista químico, guardaban mucha relación con las antiguas anfetaminas, y actuaban como estimulantes y a la vez como supresoras del apetito. Se conseguían sin receta médica, y en cuanto estuvieron disponibles, un grupo de población en concreto se apresuró a obtenerlas. La enfermera Vivian Meehan, que dirigía la Asociación Nacional de la Anorexia Nerviosa y Otros Trastornos Asociados, expuso ante el subcomité que las niñas con trastornos de alimentación las consumían a gran escala. Su intención era matarse de hambre, y habían descubierto que, con esos medicamentos, lo conseguían de manera más eficaz. Según ella, esas pastillas se habían convertido en «el medio para acabar con un trastorno de alimentación devastador».

Para explicar el efecto de esos fármacos, una mujer de veinte años llamada Jessica McDonald subió al estrado. Cuando tenía doce, contó, se dedicaba muy en serio al *ballet*. «Si bien no tenía sobrepeso, las bailarinas muestran un aspecto determinado, un tipo físico determinado, que yo sabía que debía conseguir». Las niñas de su escuela de danza hablaban obsesivamente sobre el peso, y «todas hacían algo, todas probaban alguna dieta o alguna pastilla a fin de adelgazar. Fue en esa época cuando empecé a consumir regularmente píldoras para perder peso y otros productos como laxantes y diuréticos. Quería adelgazar, y deprisa. Suponía que si podía adelgazar un poco tomando una pastilla, podría adelgazar mucho tomando más pastillas». Así pues, «tomaba todo el frasco (dieciocho o veinte a la vez). No hace falta que les diga que no me sentaban demasiado bien. Sentía debilidad, mareos, náuseas y, en más de una ocasión, llegué a perder el conocimiento, a veces durante un minuto o más. Sabía que algo estaba mal, pero a pesar de todo seguía tomándome aquellas pastillas para adelgazar. Estaba segura de que el consumo de productos adelgazantes fáciles de obtener, sin receta, agravaba mi problema». Le habían proporcionado un instrumento para matarse de hambre, un instrumento con el que acercarse mucho más a la autodestrucción de lo que habría podido conseguir solo con su empeño. Suplicó a los miembros del subcomité que hicieran algo para retirar las pastillas adelgazantes de las listas de medicamentos que se venden sin receta. «No creo que deban ser tan accesibles», concluyó.

Un hombre de mediana edad llamado Tony Smith, residente en la localidad de State Center, Iowa, también subió al estrado. Explicó que cuando su hija, Noelle, tenía diez años, empezó a preguntar con insistencia a sus padres: «¿Creen que estoy demasiado gorda?». Prosiguió contando: «Cuando íbamos de compras, casi siempre la encontrábamos frente a la sección de revistas, fijándose en las modelos, o leyendo consejos para perder peso en zonas concretas del cuerpo, o información sobre nuevas dietas. Llegó a creer que su éxito dependía de su imagen corporal y de su aspecto». Noelle se obsesionó con aquellos medicamentos adelgazantes. «Tomaba a escondidas fármacos para perder peso, constantemente. Nosotros no podíamos hacer nada para impedir que los comprara. Cada vez que lo descubríamos y le quitábamos un frasco de pastillas adelgazantes, de laxantes, de diuréticos, ella se iba a la tienda de la esquina y compraba más. Nadie intentaba disuadirla, nadie se lo impedía. Nadie le preguntó nunca por qué una chica de dieciséis años se pasaba el día comprando píldoras para adelgazar, laxantes, diuréticos. Supongo que no querían perder la venta».

El 12 de julio de 1989, Tony y su mujer recibieron una llamada de un hospital. Noelle había muerto de un infarto. Tenía veinte años.

Su padre leyó un poema que ella había escrito poco antes de morir. «Aquí sentada / me asusto porque bajo la mirada / y veo que parece que he engordado / y me pregunto si vuelvo a tener hambre / y me digo que no, que todavía no».

Mientras leía su testimonio, solo pensaba en una cosa: los nuevos medicamentos para adelgazar son mucho más eficaces que cualquiera de los que Jessica y Noelle acopiaron en su día. Así pues, ¿qué ocurrirá cuando la gente con trastornos alimentarios tenga acceso a ellos? Una de las personas que más ha advertido de ello es Kimberly Dennis. Es psiquiatra y directora médica general de SunCloud Health, un grupo de centros clínicos dedicados a tratar trastornos de alimentación en Chicago. Según ella, estos nuevos fármacos adelgazantes son como «combustible de nave espacial» para personas que restringen su ingesta de alimento por algún trastorno alimentario. En su clínica, todos los días ve a personas que intentan matarse de hambre, y ahora esos medicamentos les proporcionan la herramienta más eficaz para no comer que se ha descubierto hasta el momento.

El Ozempic ha llegado en un momento en que ya existe una crisis creciente de trastornos relacionados con la alimentación. «Durante la pandemia —dijo Kimberly— se triplicó la tasa de adolescentes admitidos en urgencias y en plantas hospitalarias para recibir tratamientos por trastornos alimentarios. El aumento fue exponencial». En su opinión, va a aumentar aún más. No es esa, claro está, la intención de las empresas que fabrican estos fármacos, que indican a los médicos que no los receten a personas con un IMC inferior a 27. Pero el criterio que se usa para prescribirlos es muy laxo. Para conseguirlos, puedes concertar una visita médica por internet, y muchos de los facultativos no pueden verificar el IMC correctamente a través de una videollamada.

Kimberly también cree que esos medicamentos dificultarán la recuperación de sus pacientes y de otras personas como ellos. «Cuando intentamos tratar a personas con trastornos de alimentación, una de las cosas que procuramos es que vuelvan a entrar en contacto consigo mismas, con sus cuerpos, con aquello que de manera natural activa su hambre». Pero en el caso de gente que se medica con estos fármacos, esas activaciones naturales del hambre están realmente cerradas. Así pues, carecen de esa sensación interna que les dice: «Mmm, ahora tengo hambre». Y eso es problemático cuando se trata de aplicar un tratamiento.

Me comentó que ha habido advertencias serias sobre riesgos vinculados a estos fármacos en personas con trastornos alimentarios. «La mayoría de los médicos de cabecera que los recetan para perder peso tienen poca o nula experiencia a la hora de identificar trastornos de la alimentación». Ella cree que este tipo de medicamentos debería recetarse en consultas presenciales, y por médicos especialistas en esos trastornos, capaces de identificarlos. Su temor es que las personas con esos trastornos utilicen de manera errónea estas sustancias para potenciar sus ayunos.

He expuesto esta preocupación a las compañías fabricantes de los medicamentos. Novo Nordisk me respondió que su empresa no promueve, sugiere ni anima a más usos que los especificados en sus prospectos, ni a hacer un mal uso de cualquiera de sus medicamentos. «Hacemos todo lo posible para asegurar que pacientes y médicos se formen en el uso apropiado de nuestros productos y animamos al personal sanitario a recetar solo el producto adecuado para cada paciente».

Eli Lilly declinó hacer declaraciones.

Desde que empecé a tomar Ozempic también me ocurrió otra cosa curiosa. Comentaba con mis amigos todo lo que experimentaba en mi cuerpo y lo que aprendía en el transcurso de mi investigación. Algunos parecían entusiasmados al ver que adelgazaba y empezaba a sentirme más saludable. La mayoría de ellos se mostraban intrigados. Y a algunos les interesaba saber dónde lo conseguía. Pero una de mis mejores amigas, que lo era desde hacía mucho tiempo, y a la que llamaré Lara, reaccionó de forma muy diferente.

Se mostraba cortante e irritada cuando sacaba el tema. Si yo hablaba a favor de esos medicamentos, ella enumeraba todos los argumentos en contra, y si yo respondía con alguna información que hubiera adquirido, reaccionaba con hostilidad, se enojaba. Nunca había tenido sobrepeso, por lo que sabía que no se trataba de una actitud personal defensiva. Era algo tan alejado de su personalidad que no sabía bien cómo reaccionar. Entonces, una noche en que ella había venido a Londres, fuimos a cenar juntos. Cuando le comenté que ese día había estado leyendo acerca de trastornos de la alimentación, se enojó mucho más que otras veces, tanto que decidí preguntarle qué era lo que le ocurría en realidad.

«No estás siendo sincero contigo mismo —me dijo—. Y si lo escribes así, entonces tampoco serás sincero con tus lectores».

Me quedé perplejo. Ella siguió hablando.

«Me estás diciendo que todos los que toman este medicamento asumen un riesgo. Que podrá desencadenar una epidemia de trastornos de alimentación en todas esas chicas jóvenes. Como si no hubiera ya bastantes chicas que se matan de hambre. Y además, quien lo toma podría provocarse un cáncer de tiroides. Podrían causarse toda clase de problemas de los que aún no sabemos nada. Enumeras una larga lista de riesgos. Pero cada vez que reconoces ese peligro al que te expones y al que se exponen todas esas chicas vulnerables, cambias al momento y me hablas de salud. Dices que lo estás haciendo por tu salud. Dices que tu motivo es proteger tu corazón. Enumeras estadísticas. Dices que lo sopesas todo cuidadosamente. Lo siento, pero debo decirte que te estás engañando a ti mismo. No estás siendo honesto sobre tus motivos».

Lara me hablaba con ese ímpetu que muestra la gente cuando al fin suelta algo que lleva muchos meses callándose. «¿Hasta qué punto todo esto tiene que ver con mejorar tu salud? A mí me parece que, en tu caso, no es eso. No, principalmente. Me gustaría que lo dejaras, y la verdad es que es algo en lo que pienso».

Apartó un poco el plato y siguió hablando. «Te conozco desde hace veinticinco años, y nunca has estado satisfecho con tu aspecto físico. Tienes buen aspecto. Siempre he pensado que tenías buen aspecto. Pero a ti no te lo parece. Y por eso tomas este medicamento y asumes todos esos riesgos, para encajar en un aspecto determinado, un aspecto aprobado, el aspecto más validado socialmente. Por eso lo haces. Quieres estar delgado. Esa gente de la fiesta de Hollywood a la que asististe, en la que oíste hablar por primera vez de estos fármacos (me enviaste un mensaje todo entusiasmado)..., no lo hacía para mejorar su salud. Esas personas ya estaban sanas. Tenían chefs privados que cocinaban para ellos la comida más saludable del mundo. Practicaban ejercicio todos los días con entrenadores personales. Lo hacían para estar delgados de una manera que no es natural. Tú no asumes esos riesgos para mantener sano el corazón. Los asumes para marcar los pómulos. Por eso estás fomentando esa epidemia de trastornos en todas esas chicas jóvenes. Por eso te expones a tener cáncer de tiroides. Por vanidad».

Tardé unos momentos en procesar sus palabras. Y entonces, desconcertado, contraataqué. Le dije que me preocupaba de verdad lo que pudiera pasarle a mi salud si seguía con el peso que tenía. Ella se inclinó un poco hacia mí y me preguntó: «Si este medicamento te proporcionara los mismos beneficios para la salud, pero, además, al tomarlo, te saliera acné en la cara, ¿lo tomarías?».

Me quedé en silencio. Intenté pensar sinceramente en la respuesta a su pregunta. ¿Lo tomaría si mejorase mi salud pero me afeara? Mi amiga me estaba obligando a desentrañar unos motivos que, desde el principio, habían estado convenientemente entrelazados. Finalmente le dije: «No, no lo haría». Y ella siguió: «¿Y eso no te dice algo sobre tus motivos? Si realmente tuvieran que ver con tu salud, estarías dispuesto a perjudicar algo tu imagen. Creo que has usado el argumento de la salud para racionalizar los graves riesgos que estás asumiendo, precisamente para tu salud, y para la de las jóvenes de esta sociedad, a fin de tener mejor aspecto. Si quieres hacerlo, hazlo. Pero, por favor, sé honesto con los motivos. Sé sincero contigo mismo».

No sabía qué decir. Lara es una de las personas que mejor me conoce, y me preguntaba si tendría razón y, de hecho, estaría expresando algo que yo me había ocultado a mí mismo. ¿O quizá no me estaba entendiendo? «Si de verdad te preocupara principalmente tu salud, me estarías hablando de ejercicio físico, y estarías escribiendo un libro sobre eso —añadió—. El ejercicio no conduce a una apreciable pérdida de peso, pero sí mejora la salud, en todos los sentidos. Pero tú apenas has mencionado el ejercicio. Porque el ejercicio no hará que seas atractivo en el sentido convencional. Por eso hablas de medicamentos, no de deporte».

Volví a mencionar las pruebas que indican que la obesidad perjudica realmente la salud. Parecía claro que Lara había estado pensando bastante en todo aquello y había leído cosas que avalaran lo que dijo a continuación: «Cada vez que hemos hablado del tema, montas toda esta escena de sopesar a conciencia los riesgos. Lo estás haciendo en este momento, y me doy cuenta de que te has convencido a ti mismo de que lo que estás diciendo es real. Pero has manipulado los cálculos desde el principio. Por supuesto que presentar una obesidad severa es muy malo para la salud. Está claro que Hannah tenía una salud pésima —también había sido su amiga—, pero que te presentes como si pertenecieras a su misma categoría es ridículo. Tú tenías un poco de sobrepeso. Siempre has podido comprarte la ropa en tiendas normales. Tu IMC era de 30. Si lees las evidencias sobre lo que ocurre con ese peso, las perspectivas no son buenas. Aumenta la probabilidad de sufrir problemas de salud. Pero los mayores riesgos empiezan con un IMC mucho más elevado, a partir de 35. Ahí sí que la gente empieza a enfermarse gravemente. Y tú sigues actuando como si existieran dos estadios: la gente con un IMC de 25 o más bajo, que está bien, saludable, y entonces llegas a 26 o más y todo el mundo se encuentra en la misma zona de peligro. Y las cosas no son así. Es una pendiente, y tú estabas en su zona más baja. Así que cuando me dices que estás sopesando los riesgos de tomar esos medicamentos contra la obesidad, yo digo que eso es mentira, porque no dejas de asumir unos peligros a los que se enfrentan personas con obesidad severa y actúas como si también afectaran a personas mucho más delgadas, como tú, con un pronóstico muy diferente».

Volví a hablarle del infarto que sufrió mi abuelo cuando tenía mi edad. «Pero tú no tienes problemas cardiacos —replicó—. Mira, no te estoy diciendo que no sea sensato que tomes medidas para proteger tu salud. Que hagas deporte. Que comas mejor. Podemos estar todo el día hablando de los problemas psicológicos que te han llevado a comer más de la cuenta. En ese aspecto, te entiendo perfectamente. Pero la idea de que, por tener un poco de sobrepeso, y porque tu abuelo muriera de un infarto en la década de 1960, cuando la capacidad de detectar enfermedades cardiacas era totalmente distinta a la de hoy, tenga que traducirse en que ahora, en 2023, tú debas inyectarte un medicamento con riesgos... es una locura. —Y prosiguió—: Me dices que estás preocupado por todas esas jóvenes que van a usar el fármaco para matarse de hambre. Pero es que todos los que lo toman y no sufren obesidad severa o diabetes están contribuyendo a modificar la cultura, a hacerla diferente, a valorar incluso más la delgadez. A partir de ahí, a niñas como tu sobrina les llega el mensaje fuerte y claro. Lo que ellas reciben es: "Es mejor estar delgada que comer". ¿Qué era aquello que decía Kate Moss? "Nada sabe tan bien como estar delgada". Quizá valdría la pena correr ese riesgo si de verdad fueras a mejorar muchísimo tu salud. ¡Pero es que tú estás sano! ¡Ningún médico te ha dicho que estuvieras enfermo! No has tenido ni problemas cardiacos ni prediabetes. Tú no necesitabas mejorar tu salud».

No sabía bien qué hacer con todo aquello. La preocupación por mi salud era real, y, al minimizarla, Lara estaba yendo demasiado lejos. Pero, a la vez, me obligaba a enfrentarme a algo que también era real. Creo que hasta ese momento había exagerado lo mucho que me movía mi salud, y lo poco que me movía mi preocupación por el aspecto físico. De pronto fui extraordinariamente consciente de lo mucho que me avergonzaba tener sobrepeso, así como hasta qué punto lo consideraba un signo visible de fracaso. ¿Había podido eso decantar mis razonamientos, alejarlos de la imparcialidad? ¿Estaba haciendo algo perjudicial... para mí mismo y para otras personas?

El tono de mi amiga cambió. Notaba que su indignación había remitido. Ahora ya solo se mostraba melancólica. «No sé, creía que por fin, en estos últimos años, habíamos empezado a dejar que a la gente le gustara su cuerpo, tuviera el aspecto que tuviese. A mí me alegraba ver que era así. Esperaba que a ti empezara a gustarte el tuyo. Y ahora te veo librando una guerra contra tu propio cuerpo. Me entristece».

Me daba cuenta de que debía pasar más tiempo investigando el movimiento que intenta que aceptemos más nuestros propios cuerpos, independientemente de su apariencia. Me interesaba saber si podría encontrar en ellos la respuesta al reto de Lara, que pasaba por pensar más en profundidad sobre esas cuestiones.

11

¿El cuerpo prohibido?

*¿Qué representan estos nuevos fármacos para
la estigmatización de los cuerpos no normativos?*

En la década de 1980, cuando yo era niño, en la televisión daban por sentado que estar gordo era una vergüenza: las personas gordas eran perezosas y glotonas, y por ello eran blanco de burlas. Yo lo veía como algo normal, porque nunca había conocido otra cosa. Pero entonces, un día, en un programa televisivo de las mañanas, cuando yo tenía unos diez años, oí a alguien decir algo nuevo.

Shelley Bovey fue una de las primeras personas de cierta prominencia en Gran Bretaña en hablar de la gordura de manera diferente. Tiene una voz dulce, cadenciosa, y en un tono digno y sereno defendía que debíamos dejar de burlarnos de las personas gordas y empezar a comprenderlas y respetarlas. En su momento, sus argumentos concitaron un apoyo más bien escaso, pero con el paso de los años empezó a surgir un movimiento de personas inspiradas en parte por sus ideas. En los años anteriores a la comercialización de esos nuevos fármacos adelgazantes, empezaron a obtener victorias significativas. Ese movimiento desafía cada vez más la legitimidad de estos medicamentos, con el argumento de que son a la vez innecesarios e injustos.

En la actualidad, Shelley tiene setenta y seis años. La localicé y fui a visitarla a un pueblo del sur de Inglaterra una mañana de verano. Cuando me vio, me hizo una seña desde el estacionamiento de la estación de tren. Su esposo, Alistair, permaneció de pie junto a ella en actitud protectora. Él nos llevó en coche hasta el bar del pueblo, donde nos pasamos todo un día conversando sobre el movimiento que había contribuido a llevar a nuestro país.

Cuando Shelley tenía doce años, su maestra le dijo un día que se quedara al terminar la clase. Lo hizo, sin saber qué había hecho mal, y entonces aquella mujer declaró: «Estás demasiado gorda. —Shelley no tenía ni idea de cómo responder—. Tienes que ir a ver a la enfermera —le dijo—, y ella te hará adelgazar».

Al llegar al pequeño consultorio de la enfermería, explicó por qué la habían enviado allí. La enfermera le pidió que se desnudara para poder examinarla. Mientras lo hacía, sentenció: «Tú vas a morir joven». Aquella enfermera le dijo que debía dejar de comer como lo hacía. No le dio ningún consejo sobre cómo conseguirlo. Para aquella mujer, la respuesta era obvia: dejar de ser tan perezosa y tan glotona.

«Me sentí muy humillada... —me contó Shelley—. Todo era vergüenza. Todo era vergüenza». Cuando oyó que iba a morir, por supuesto, se sintió «aterrorizada».

Era la única niña gorda de la escuela, y constantemente, de todas partes, le llegaba el mensaje de que era desagradable. Las otras niñas fruncían el ceño cuando pasaba por su lado, y decían: «¡Oh, qué gorda estás! No soportaría estar tan gorda como tú». Shelley me contó: «No había límites. Nadie pensaba: "Bueno, quizá esto le haga daño". Para ellas era divertido [...]. Lo que pasa cuando tienes sobrepeso es que nadie se reprime [...]. No hay barreras que limiten a la gente». Un día estaba comiendo en la cafetería de la escuela y una profesora le dijo: «Te he estado observando, y eres una niña muy glotona». Para castigarla, le ordenó que se comiera otro flan, y luego otro, y otro más, como si fuera una cerda en un corral, hasta que al final Shelley vomitó.

Iba interiorizando todo lo que le decían. Creía que realmente era muy desagradable. «Cómo odiaba mi cuerpo... No podía ni mirarme». Le parecía que se merecía que la trataran así, y no dejaba de pensar: «Tengo que adelgazar, y entonces seré un ser humano, un ser humano de verdad».

En otra ocasión, todas las niñas de su clase estaban en fila porque iban a medirlas para confeccionarles sus uniformes para deportes. La maestra la rodeó con un metro y, delante de todas, en tono burlón, declaró: «¡Vaya! Tú eres una niña grande, ¿verdad que sí?». Cuando la maestra se alejó para seguir midiendo cinturas, Shelley se volteó hacia una compañera y, visiblemente alterada, le dijo: «Soy gorda y soy fea, y no sé qué hacer». Aquella niña me miró, y yo me di cuenta de que buscaba algo agradable que decirme. Finalmente me habló: «Pero tienes los pies bonitos».

Shelley se crio en Port Talbot, una localidad galesa de clase trabajadora en la que se encuentran las mayores siderúrgicas de Gran Bretaña. Sus padres, que administraban el bar de la familia, estaban siempre muy ocupados. Cuando salía de clase, ellos ya estaban preparando el local, por lo que físicamente estaban presentes, pero en realidad nunca estaban disponibles. Se sentía muy sola. Al verlo con distancia, se daba cuenta de que su soledad se manifestaba en un apetito atroz de comida. Le explicaba a su madre que se sentía muy sola y ella, sintiéndose culpable, le ofrecía comida en lugar de atenciones. «Me dejaba cuatro donas en una bolsa de papel. Yo llegaba a casa de la escuela y ahí estaban mis donas. Lo eran todo para mí».

Desesperada, intentaba hacer dieta. Era el final de la década de 1960, y «lo que querían todas las chicas era ser como Twiggy —aquella famosa modelo tan flaca—. Todo el mundo pasaba hambre. Literalmente». Para conseguirlo, «tenías que dejar de comer [...], la gente se desmayaba por todas partes». Probó cosas como la dieta de la toronja, que consistía en comer solo esa fruta días y días. «En una sola ocasión adelgacé hasta conseguir ponerme una talla 34, pero creo que me duró solo un día. Conservo una foto». Cuando ya no podía más y se saltaba la dieta, se lo comía «todo». Su madre la llevó a un médico, que le recetó medicamentos con base de anfetaminas, pero no le sentaban demasiado bien. «Se me aceleraba el corazón..., me alteraban el ritmo cardiaco».

Le interesó la música. Aunque solo tenía trece años, tocaba tan bien Bach que salió en las noticias. Pero en la escuela, para poder sobrevivir, tuvo que modificar su carácter. «Mi única manera de pertenecer mínimamente al grupo era portarme muy mal», recordaba; se subía a los pupitres, tiraba cosas al suelo, sentía la emoción de la transgresión. «Ya está la payasa», decía la gente. Como consecuencia, siempre la expulsaban.

Aun así, las maestras le decían que académicamente tenía aptitudes, y que debería solicitar un lugar en Cambridge. Pero ella no se sintió capaz. Sí la solicitó en otra universidad, donde le ofrecieron cursar estudios de Lengua Inglesa y Psicología —una oferta que en ese momento, para una joven galesa de clase obrera, constituía todo un cambio de vida—. Sus padres estaban entusiasmados. Pero, la noche antes de su partida, la duda se apoderó de ella por completo. «Pensaba: "No, no puedo ir. No puedo ir. No puedo hacerlo". Pero quería, de verdad quería... Era solo que me parecía que todos serían delgados y me molestarían, y yo ya no podía soportarlo más».

No llegó a presentarse.

Su futuro le parecía un agujero negro. Estaba convencida de que nunca conseguiría trabajo, de que ningún hombre la desearía nunca. A su madre le dijo: «Soy gorda y fea, y nadie querrá saber nunca nada de mí. Nadie se casará conmigo, pero yo quiero tener hijos». A mí me contó: «Era algo que me preocupaba mucho. No dormía por la noche, deseaba tener hijos, pero no iba a poder tenerlos porque era gorda». Entonces, un día, un hombre flaco de sonrisa dulce entró en el bar de sus padres. Se llamaba Alistair. Poco después la llevó de viaje a Londres, y cuando la tomó de la mano, según contaba: «Creí que iba a morir de la felicidad». Nunca, ni una sola vez, criticó su cuerpo. La adoraba. Y se casaron. «Él era muy tímido, y encajaba muy bien conmigo».

Cuando quedó embarazada de su primer hijo y fue a ver a una enfermera, lo primero que le dijo esta fue: «No deberías tener hijos... con ese peso». Meses después, en el área de maternidad, completamente agotada después de un parto largo y difícil, la partera la miró con desprecio y le dijo que debía perder peso. Cuando su hijo tenía un año, estaba preocupada porque no comía, y lo llevó al médico. «¿Qué pretendes? —le dijo él—. ¿Que sea tan gordo como tú?».

Soportar todo ese maltrato constante se le hacía insoportable. Como consecuencia de ello, sentía que no era un ser humano de verdad. «No pertenecía... Realmente, no eres una persona..., eres solo un cuerpo, y ese cuerpo es malo».

Esa clase de crueldad hacia las personas con sobrepeso está muy extendida. En torno a un 5 por ciento de hombres con sobrepeso y un 10 por ciento de mujeres son objeto de insultos y discriminaciones diarias. Para la gente con un IMC superior a 35, las cifras son mucho peores: el 28 por ciento de hombres y el 45 por ciento de mujeres soportan maltrato a diario.[1] La probabilidad de que un propietario alquile su vivienda a una persona gorda se reduce en un 50 por ciento a pesar de que sus condiciones sean las mismas que las de otra persona. Por increíble que parezca, las personas gordas tienen más probabilidades de resultar condenadas penalmente por tribunales populares que las delgadas.

Parte de estas conductas de humillación no son más que una forma de sadismo deliberado, pero en otros casos se trata de miedo. Muchas veces estigmatizamos aquello que tememos en nosotros mismos.

Cuando la revista *Esquire* entrevistó a mil mujeres, a las que preguntó si preferían engordar 70 kilos o ser atropelladas por un camión, más de la mitad de ellas optó por el camión. Shelley se daba cuenta de que las personas que se comportaban con ella con mayor hostilidad eran las que temían engordar. Durante un año trabajó con una productora de radio que siempre hacía comentarios negativos sobre su cuerpo, y un día aquella mujer le dijo: «No lo vas a creer, pero yo, si no me cuidara constantemente, podría acabar como tú». Una amiga le comentó a Shelley: «Cada vez que te ve, es consciente de en qué podría convertirse».

Con todo, parte de esas conductas de humillación responden a un motivo diferente. Mucha gente con la que he hablado parece creer sinceramente que esa herramienta usada contra Shelley, la estigmatización, es la mejor manera de reducir la obesidad. Posiblemente su maestra, y aquella enfermera, y la partera, creían que al comunicarle el desagrado que les causaba su peso la impulsarían a perderlo. Existe la creencia, muy extendida, de que estigmatizar a las personas gordas es algo que se hace por su propio bien, algo que las lleva a ocuparse de su salud.

Así pues, veamos hasta qué punto funciona la estigmatización a la hora de reducir la obesidad. Un estudio llevado a cabo con 93 mujeres las clasificó en dos grupos: el de las que creían que tenían sobrepeso y el de las que no lo creían.[2] A todas se les mostró un artículo de periódico sobre la estigmatización de personas con sobrepeso en el mercado laboral. A partir de ahí, se hizo un seguimiento de todas las mujeres para ver si aquella lectura tenía alguna incidencia en sus hábitos de alimentación. Y resultó que oír aquellas afirmaciones no tenía efecto alguno en las mujeres de peso normal, pero hacía que las mujeres que creían que tenían sobrepeso comieran bastante más.

En otro estudio, las personas con sobrepeso a las que se les mostró un video en el que se juzgaba con dureza su condición comieron tres veces más calorías que otras personas con sobrepeso que vieron otro donde no se les juzgaba mal.[3] Actualmente, existe un amplio abanico de pruebas que demuestran que estigmatizar el sobrepeso resulta, de hecho, contraproducente: en promedio, conduce a un aumento de peso.[4]

Son varias las razones que lo explican. La primera resulta bastante obvia. Como yo ya había aprendido, si se aumenta el estrés, aumentan las comidas reconfortantes. Shelley me explicó que cuando a ella la insultaban y la denigraban por su peso, se decía a sí misma: «No soy una persona de verdad». Y a continuación pensaba: «Me voy a comer algo, una última vez, para calmarme».

La estigmatización también provoca que las personas con sobrepeso sean menos proclives a practicar deporte.[5] La activista de Fat Pride y autora de *bestsellers* Aubrey

Gordon escribió que, cuando era niña, le encantaba nadar. Pero al llegar a la pubertad, cada vez que se ponía un traje de baño la hacían sentirse cohibida, por lo que dejó de hacerlo.

Se trata de algo realmente peligroso, porque incluso aunque el ejercicio físico no conlleva una gran pérdida de peso, sí potencia enormemente la salud, se tenga la talla que se tenga. La estigmatización también frena a la gente a la hora de buscar ayuda médica: el 45 por ciento de las mujeres estadounidenses han retrasado una visita médica hasta que han adelgazado. La misma razón dificulta a las personas con sobrepeso recibir consejos médicos necesarios. Si alguien se pasa la vida soportando maltratos por lo que pesa, es fácil que acabe considerando que unas directrices bien intencionadas también son una forma de crueldad.

Y existe otra razón más profunda: la autora Lindy West fue la primera persona a la que le oí formularla. Según escribió: «Quererse a una misma no es la antítesis de la salud; es inherente a la salud. Una no puede cuidar bien de aquello que odia». Shelley, tras tantos años de formación oyendo decir que su cuerpo era malo, confesaba: «Voy a decirte algo que no le he dicho nunca a nadie, pero creo que es importante: yo nunca me he mirado a mí misma sin ropa. No podría soportarlo, de ninguna manera». Cerró los ojos con fuerza. Me contó que, incluso cuando se bañaba, apartaba la mirada de su propio cuerpo, escandalizada. ¿Cómo iba a aprender a cuidar de un cuerpo que ni siquiera era capaz de mirar? ¿Por qué creemos que hacer que la gente deteste su cuerpo la llevará a cuidar de él?

A finales de la década de 1980, Shelley trabajaba como periodista y se dio cuenta de que, en Gran Bretaña, nadie había escrito un libro en contra de esa forma de crueldad. Así pues, sentada ante el escritorio de su casa, empezó a hacerlo ella, sin saber bien adónde la conduciría. Escribió: «No hay manera de ocultar que una está gorda, más allá de no salir, y por eso la mayoría de las mujeres gordas viven dentro de una camisa de fuerza tensa y estresante, incapaces de liberarse a ellas mismas, constreñidas por la censura social, conscientes todos los días, en todo lo que hacen, de que están siendo definidas por su tamaño».[6]

Consideraba que ese prejuicio —al que se había enfrentado casi todos los días de su vida— era cruel, injusto y contraproducente. Empezaba a verlo como algo equivalente al racismo y el machismo. Le indignaba particularmente leer pruebas que demostraban lo crueles que eran algunos médicos con las personas gordas. Uno de estos, llamado Cecil Webb-Johnson, había escrito hacía años: «Un hombre gordo es un chiste, y una mujer gorda son dos chistes: uno a su costa y otro a costa de su esposo».[7] También leyó testimonios de mujeres que afirmaban: «Mi médico me dijo que si le regalaran un dólar por cada kilo de más que peso, podría cancelar su hipoteca»; «Mi médico me dijo que mejor me compre una pistola y me mate»; «Mi médico me dijo que no podía quedar embarazada, que era gorda, que quién querría embarazarme» (y resultó que estaba embarazada).[8]

Shelley pensaba: «¿Y si dejara de estar enojada conmigo misma y empezara a enojarme con la gente que me insulta?». Supo que, en 1969, en Estados Unidos, se había fundado un grupo que se hacía llamar Fat Acceptance, y que posteriormente cambió de nombre y pasó a conocerse como Fat Pride. Había publicado un manifiesto en el que proclamaba: «Rechazamos unos conocimientos científicos confusos que aseguran falsamente que no estamos en forma».[9] Shelley tituló su primer libro *The Forbidden Body* [El cuerpo prohibido], porque eso era lo que sentía: que vivía en un cuerpo que estaba prohibido. Se editó en 1989, y fue entonces cuando yo, que era niño, vi cómo se burlaban de ella en la tele. La gente era extremadamente hostil con su persona. La pintaban como a una loca que promovía la enfermedad y la disfuncionalidad. Pero su atrevido paso adelante fue el nacimiento de algo en Gran Bretaña: era una de las primeras ocasiones en que alguien ponía nombre a este estigma y luchaba públicamente en su contra. Aquella obra se convirtió en un éxito de ventas, y fue objeto de un amplio debate. Durante un tiempo, Shelley fue una persona conocida.

En los años que siguieron a la aparición del libro de Shelley, y al trabajo de otros pensadores, los activistas de Fat Pride desarrollaron un conjunto de argumentos más detallados, que con el tiempo trascendieron a la simple denuncia de una estigmatización. Consideraban que todos los conocimientos científicos relacionados con la obesidad, tal como los presentaban médicos y estudiosos, se habían construido a partir de una serie de errores.

Los leí con detenimiento, y me pareció que plantean cinco afirmaciones fundamentales basadas en hechos.

En primer lugar, defienden que muchas personas obesas son saludables, y de hecho existen cada vez más evidencias que apuntan a que es posible estar «saludable con cualquier talla».

En segundo lugar, argumentan que la ciencia de la obesidad se fundamenta en un error básico. Según ellos, es cierto que, en muchos casos, la obesidad se relaciona con toda clase de problemas de salud —si aumenta la obesidad es más probable desarrollar diabetes, por ejemplo—. Pero aseguran que eso no demuestra que la obesidad cause esos problemas. El hecho de que dos cosas ocurran a la vez no demuestra que una sea causa de la otra. Por ejemplo, si nos fijamos en las estadísticas, cuando la venta de helados aumenta, los crímenes con violencia con frecuencia también se incrementan. Sería fácil leer estos datos y asumir que los helados vuelven violenta a la gente. Pero, evidentemente, no es el caso. De hecho, lo que ocurre es que existe un tercer factor que hace aumentar tanto los crímenes con violencia como las ventas de helado: el calor. Los activistas de Fat Pride argumentan que, de manera similar, pueden existir otros factores subyacentes que causen tanto la obesidad como otros problemas de salud. Esos otros factores contra los que advierten incluyen la estigmatización de la obesidad, la pobreza y la obsesión con las dietas, que en todos los casos llenan nuestro cuerpo de estrés, perjudican el organismo y nos enferman.

En tercer lugar, defienden que, sencillamente, en las formas corporales humanas existe variedad, que esta se basa sobre todo en nuestros genes y que, en lugar de librar una guerra contra esa variedad, deberíamos ayudar a la gente a aceptarse a sí misma.

En cuarto lugar, defienden que la ciencia de la obesidad trabaja con menos certezas de lo que parece, dado que la principal medida usada por médicos y científicos, el IMC, es fatalmente erróneo en varios frentes. No es capaz de distinguir entre personas que presentan una elevada masa muscular de los que tienen una elevada masa de grasa: un jugador profesional de futbol americano que esté muy «musculoso» tendrá un IMC similar al de alguien que se come diez cubetas de KFC al día. Y, lo que es peor, se trata de un tipo de medición racista: fue diseñado en el siglo xix por un hombre blanco que usaba cuerpos de personas blancas como únicos referentes de medición e ignoraba que otros grupos étnicos pueden presentar formas corporales diferentes.

Por último, también exponen que, en 1999, a esa ciencia de la obesidad le asestaron otro golpe.

Katherine Flegal es epidemióloga de los Centers for Disease Control, y fue una de las primeras personas en advertir del aumento drástico de la obesidad en Estados Unidos a principios de la década de 1980.[10] Publicó un estudio en el que sus colegas y ella analizaban un conjunto de datos de más de 36 000 personas, a partir de los cuales detectaron algo que consideraban asombroso: la gente con sobrepeso tenía algo menos de probabilidades de morir que la gente con peso normal.[11] Eso es lo que —junto con un pequeño número de hallazgos aparentemente anómalos— ha dado en llamarse la *paradoja de la obesidad*.

Algunos de estos argumentos convencieron a Shelley. «Había leído numerosas investigaciones científicas según las cuales los riesgos del sobrepeso en la salud tenidos por buenos eran, en el mejor de los casos, exageraciones, y en el peor, meras falsedades. Se trataba de una vil estrategia de la profesión médica, con aversión a las personas gordas, para librar al mundo de aquellos indeseables obesos».

Pero Shelley tenía otro problema, un problema que empezaba a causar división en su propia mente. Para entonces ya pesaba 124 kilos, y su IMC era superior a 40, y consideraba que, «físicamente, es incómodo. Tienes mucho estómago y cuesta llevarlo de un lado a otro».

Fue con su familia a pasar un fin de semana a un parque temático, Center Parcs, y se dio cuenta de que le costaba mucho recorrer distancias mínimas a pie. Su familia pidió una silla de ruedas, pero incluso a su esposo, que estaba en forma, le costaba empujarla, mientras que su hija, instructora de *fitness*, no pudo llevarla por una pendiente y tuvo que pedir ayuda a unos desconocidos. «No pude evitar sentir que era una carga, literalmente».

Su médico también le dijo que estaba forzando su corazón. Shelley empezaba a estar muy preocupada por su salud, y cada vez le costaba más caminar. Tenía poco más de cincuenta años.

Pero le parecía que si hablaba de ello con sinceridad, estaría decepcionando a todas las mujeres que veían en ella una celebración de las tallas grandes. La situación se convirtió en un gran dilema. Deseaba abrazar la positividad corporal, pero también quería contar con un cuerpo saludable, y sospechaba que la obesidad se interponía en su camino. ¿Era aquello una contradicción? ¿Cómo podría conciliar ambas cosas?

En el seno del movimiento ya habían empezado a surgir ciertas tensiones. El Fat Pride británico publicaba un boletín con el título *Fat News*, y en un momento dado, un grupo de mujeres quiso publicar un artículo sobre los retos de ser diabéticas, pero fue desestimado alegando que ello daría una imagen negativa del sobrepeso, y que el grupo se basaba en mostrar solo una imagen positiva. Los únicos aspectos negativos que podían consignarse eran la discriminación y la estigmatización.

Shelley estaba muy orgullosa de su labor combatiendo esa estigmatización, y no pensaba renunciar a ella. Pero le parecía que el movimiento debía encontrar el modo de diferenciar esos dos aspectos: los males sociales causados por la estigmatización y los daños físicos debidos al sobrepeso, que seguirían existiendo en cierta medida incluso si no existiera la estigmatización en el mundo. Pero ¿cómo podía hacerlo?

Empezó a contrastar algunas de las afirmaciones planteadas por sus aliadas, en el sentido de que la obesidad no es perjudicial, para ver si eran ciertas. Quería creerlas. También yo las analicé con gran detalle, conversando con algunos de los científicos más reconocidos en la materia (lo que sigue es lo que yo saqué en claro, no Shelley, cuya historia retomaré más adelante).

Walter Willett es profesor de Epidemiología y Nutrición de la Escuela de Salud Pública de Harvard y de la Facultad de Medicina de la misma universidad, así como uno de los investigadores más citados del mundo en materia de nutrición. En cuanto a la primera afirmación —que muchas personas obesas gozan de buena salud— me dijo: «Nada se da en un cien por ciento de los casos. No todos los fumadores contraen cáncer de pulmón, pero fumar aumenta drásticamente el riesgo». De manera similar, por supuesto que hay algunas personas obesas que, incluso al envejecer, se mantienen físicamente en forma y libres de enfermedades, pero, desgraciadamente, tienen las probabilidades en contra. La obesidad «conlleva un aumento del riesgo de una amplia variedad de enfermedades». Expuso que, rebasado cierto punto, cuanto más obesa es una persona, mayor es el riesgo para su salud, de la misma manera que, cuanto más fuma alguien, mayores son sus probabilidades de contraer cáncer de pulmón. Así pues, afirmar que se puede estar saludable con cualquier peso es algo que se construye «a base de mucha negación, y lleva a engaño». Y añadió: «La industria del tabaco decía: "Mi abuela vivió noventa y cinco años, y fue fumadora toda su vida"». La mayoría de la gente entiende por qué eso es algo que lleva a engaño. La existencia de excepciones no refuta los riesgos estadísticos.

En contra de esto, los activistas de Fat Pride señalan un pequeño conjunto de investigaciones científicas que se basan en un concepto llamado *salud con cualquier talla*.[12] Por ejemplo, en un experimento llevado a cabo por el doctor Lindo Bacon en el que se investigaban esos principios, los científicos seleccionaron a un grupo de mujeres con sobrepeso que habían intentado hacer dieta muchas veces, y las dividieron en dos grupos. El primero intentó contar y restringir las calorías de la manera que a todos nos resulta familiar. Al segundo se le ofreció un planteamiento diferente: el grupo se reuniría todas las semanas con un *coach* de apoyo, y a sus integrantes, en la práctica, se les diría: «Dejen de obsesionarse con el peso. Olviden esa meta. Enfóquense en otra cosa. Decidan que van a sacarle el mejor partido a su vida. Van a comer alimentos saludables. Harán ejercicio físico. Intentarán encontrar otras maneras de recompensarse para sentirse bien, que no sean comer helado ni matarse de hambre. Dejen de pensar en el peso y empiecen a pensar en su salud». En realidad les estaban ofreciendo la ayuda de Weight Watchers, pero sin centrarse en el peso: se trataba de un grupo de apoyo para ayudarlas a mejorar su salud.

Al terminar el experimento se compararon los dos grupos, y transcurridos dos años Lindo los reunió de nuevo y volvió a compararlos. El grupo de la dieta perdió una pequeña cantidad de peso, mientras que el segundo, el de «salud con cualquier talla», no perdió peso. Pero había letra pequeña: el 41 por ciento de las integrantes del grupo de la dieta lo había dejado seis meses después, e incluso las que siguieron en él recuperaron gran parte del peso que habían perdido, y su autoestima bajó. En cambio, casi ninguna de las de «salud con cualquier talla» abandonó su grupo. Empezaron a comer de manera algo más saludable, aumentaron el tiempo dedicado a la actividad física, y su autoestima era más alta; y esos cambios se mantuvieron al menos dos años. En la actualidad existen algunos estudios más sobre este enfoque, y en general las conclusiones son las mismas.

Basándome en estos experimentos, considero razonable afirmar que, en el caso de la gente que ya tiene sobrepeso y no quiere consumir esos nuevos fármacos adelgazantes, existen algunos beneficios reales derivados de potenciar la salud con cualquier talla, de optar por la salud como meta, y no necesariamente por la pérdida de peso. Pero eso no tiene nada que ver con decir que uno está sano con cualquier talla y que la obesidad no entraña un mayor riesgo.

Por desgracia, lo que le llega a mucha gente es este segundo mensaje. Por ejemplo, Igor Sapozhnikov, que ejerce la medicina en Panorama City, una zona de clase trabajadora de Los Ángeles, me explicó que ha detectado un cambio inquietante: ahora, cuando intenta hablar con pacientes obesos sobre los riesgos para su salud, cada vez más se lo rebaten, le dicen que están sanos y que está mal decirles que su peso puede afectar negativamente a su salud. «Está siendo todo un reto». Cuando intenta explicarles las pruebas que demuestran que, con el tiempo, la obesidad aumenta enormemente las probabilidades de padecer diabetes o problemas en las rodillas, muchas veces contraatacan recurriendo a argumentos que se basan en una comprensión distorsionada del concepto de *salud con cualquier talla*. «El otro día tuve un paciente que me dijo: "Mi IMC no importa, porque la salud es individual". Se trata de una persona con un IMC de 40, es decir, muy alto. Resulta asombroso oírlo decir eso, porque, con un valor como ese, prácticamente es como ponerse una venda en los ojos».

Comentó que esas ideas y ciertos aspectos de Fat Pride son algo así como un «falso profeta». Pueden hacernos sentir bien a corto plazo, pero si nos llevan a ignorar los riesgos a largo plazo, podríamos acabar con una pierna amputada a causa de la diabetes, o con una artritis tan severa que no podamos movernos y debamos permanecer encerrados en casa. «Creo que la tolerancia es importante en la sociedad, y yo sería la primera persona en afirmarlo. Sin duda. Pero me parece que la gente tiene una opinión equivocada de este movimiento».

Con respecto a la segunda afirmación —que la obesidad no causa el amplio espectro de problemas de salud que se le atribuyen, sino que simplemente se da junto con estos—, Walter Willett me dijo que sabemos que la obesidad causa esos problemas por muchas razones. Cuando se reduce la obesidad (lo que es muy difícil, reconoce), esos problemas se reducen enormemente. Fijémonos, me dice, en «los cambios inmensos que obtenemos con una reducción de peso». Se trata de estadísticas que ya he expuesto con anterioridad, pero creo que vale la pena reproducirlas una vez más: cuando la gente se somete a cirugía bariátrica, el 75 por ciento de las personas con diabetes ven cómo esta desaparece por completo, el 60 por ciento con hipertensión se cura, y las probabilidades de morir de cáncer disminuyen el 56 por ciento en cinco años. De manera similar, la pérdida de peso causada por el Ozempic reduce los ictus y los infartos un 20 por ciento en cuestión de cinco años.

¿Cómo podría ser así si fuera algún otro factor el que realmente causara el problema? La cirugía bariátrica revierte la obesidad, y solo la obesidad. No acaba con la pobreza ni con otros factores que, según las activistas, podrían ser los causantes de esos problemas. Y aun así las evidencias demuestran que mejora drásticamente la salud. «El estrés,

271

probablemente, empeora el problema» de los efectos negativos causados por la obesidad, admitió Walter, pero «se trata de unos cambios mucho más potentes de los que se han documentado nunca en el caso del estrés».[13]

Existen importantes verdades en la tercera afirmación —que las formas corporales de los seres humanos son variadas por naturaleza, sobre todo debido a nuestros genes, y que es mejor animar a la gente a aceptar y amar sus cuerpos que a cambiarlos—. Las formas corporales humanas varían en parte a causa de la genética. Eso siempre ha sido así, y siempre lo será. Decididamente, es más saludable amar el propio cuerpo que detestarlo.

Pero cuando oí a algunos activistas afirmar que casi cualquier variación en el peso viene determinada por los genes, seguí pensando en lo que, hasta ese momento, me habían enseñado los científicos sobre el extraordinario incremento de la obesidad en el transcurso de mi vida. Y una analogía, en concreto, me venía mucho a la mente. El tiempo siempre ha cambiado en función de factores naturales, y siempre lo hará. Pero ahora, como resultado de la crisis climática, estamos experimentando un calor más severo, e incendios descontrolados, e inundaciones, porque a esas diferencias naturales se suman, además, nuestras emisiones de gases de efecto invernadero. De la misma manera, los datos científicos que había leído me mostraban que siempre había existido una variación natural en nuestras formas corporales, pero que, en la actualidad, los extremos se ven sobrealimentados. La brecha entre las personas más delgadas y las más gordas se ha duplicado con creces en el transcurso del siglo XX. Tanto en el caso del cambio climático como en el de nuestras formas corporales, los factores naturales subyacentes interactúan con otros que no lo son para producir un resultado arriesgado.

Es evidente que la composición genética de la raza humana no se ha transformado espontáneamente en el transcurso de mi vida para hacer que seamos mucho más obesos. Si el peso viene determinado entera o principalmente por los genes, ¿qué ha cambiado tanto, y tan deprisa? Negar el papel de los genes es absurdo; pero negar que nuestros genes interactúan con el ambiente para producir nuestro peso también lo es. No hay duda de que es bueno que nos aceptemos a nosotros mismos. Pero ¿es que no hay ninguna diferencia entre aceptarnos a nosotros mismos y aceptar los efectos de una industria alimentaria depredadora que nos ha envenenado?

Sobre la cuarta afirmación —que el IMC es un mal indicador, que no nos aporta nada sobre la salud—, Walter comentó: «Definitivamente, el IMC no es una medida conceptualmente perfecta porque no distingue entre la masa de grasa y la masa magra; esa es su limitación fundamental». Pero la mayoría de las personas que se presentan en la consulta de un médico con un IMC alto no son supermusculosos, y si lo son, el médico es capaz de detectarlo de inmediato. Walter expuso que, cuando se trata de predecir los perjuicios de la obesidad, el IMC «funciona extraordinariamente bien». Si un médico mide nuestro IMC y detecta que es superior a 30, existe «una probabilidad extremadamente alta» de que también tengamos un elevado exceso de grasa corporal, algo que, según se ha demostrado, tiene toda clase de efectos negativos para la salud. Los médicos pueden recurrir a otros criterios de medición de la obesidad, si lo desean. Por ejemplo, podrían medir los niveles de grasa visceral, o usar el índice de adiposidad corporal, o medir la circunferencia de la cintura. Todos ellos permiten distinguir entre grasa y masa muscular, y ninguno fue inventado por racistas del siglo xix, como sí lo fue, indudablemente, el IMC. Aun así, Walter hacía hincapié en que las evidencias científicas muestran que se corresponden con bastante exactitud con el IMC, y que cuando recurrimos a ellos descubrimos unos resultados negativos muy similares al hecho de tener sobrepeso.

La última de las afirmaciones es la más compleja, y tardé un poco en comprenderla. Si se observa cualquier gráfica donde se representa que el peso corporal afecta a las probabilidades de morir, su forma siempre es similar. Hay que imaginar una curva con forma de «U». En el lado izquierdo de esa «U», que es el de las personas muy delgadas, existe un elevado riesgo de muerte. Entonces, a medida que la gente muestra un peso más normal, las probabilidades de morir descienden, y en ese punto el descenso de la curva es bastante largo y gradual. Entonces, a la derecha de la «U», que corresponde a la gente con exceso de sobrepeso, el riesgo de morir vuelve a dispararse. Quienes trabajan con datos científicos relacionados con la obesidad coinciden en la existencia de esa «U», y en que esta describe con precisión la relación entre peso y mortalidad.

Pero, como ya he comentado anteriormente, en 1999 Katherine Flegal prestó atención a un detalle curioso cuando estudiaba los datos relativos a esa curva en forma de «U». Y descubrió que, en Estados Unidos, tanto la delgadez extrema como un peso excesivo resultan ciertamente peligrosos, y que el grupo que parecía tener menos probabilidades de morir era, de hecho, el de las personas con un sobrepeso ligero, con un IMC de entre 25 y 29. Eran las que se encontraban en la parte más baja de la «U». Aquello potenciaba el argumento de que existe esa *paradoja de la obesidad*.

Los activistas de Fat Pride suelen recurrir a sus investigaciones para argumentar que estar gordo no es, de hecho, tan malo para la salud como insisten en decirnos.

Walter me explicó que este argumento se basa en un error. Katherine Flegal se había fijado solo en las tasas de mortalidad de grandes cifras de personas de todo el espectro del IMC, desde las delgadas hasta las obesas. Pero, según él, si uno quiere conocer los efectos de la obesidad en la salud, no es una buena idea, porque esas cifras están contaminadas por otros dos importantes factores que inciden en los resultados. Es bastante más probable que las personas muy fumadoras se encuentren en la categoría de las personas «no obesas», porque la nicotina es supresora del apetito, pero también te mata antes. Asimismo, es más probable que personas gravemente enfermas y moribundas se encuentren en la categoría de las personas «no obesas», porque cuando alguien está enfermo o se está muriendo, por lo general pierde peso. Esos factores, combinados, implican que sus datos lleven a una «respuesta engañosa». Según él, si alguien pretende saber lo que hace con nosotros la obesidad, debe comparar a personas con un peso saludable que no fuman y no se están muriendo con personas obesas que no fuman y no se están muriendo. Afirma que él lo ha hecho así muchas veces en sus investigaciones, y que siempre se muestra que existe «una relación bastante directa entre el peso corporal y la mortalidad». Por encima de un IMC de 25, el riesgo de morir empieza a aumentar. Por lo tanto, según él, «no existe paradoja de la obesidad», y la idea de que exista está «desconectada de las realidades de la biología».

En respuesta a esa crítica, Katherine Flegal llevó a cabo con posterioridad otro estudio a gran escala, esforzándose por excluir de sus datos a fumadores y a personas enfermas en fase terminal.[14] Y aun así descubrió que las personas con un ligero sobrepeso eran las que tenían menores probabilidades de morir. Cuando Walter leyó su análisis, rebatió que sus datos publicados no excluían adecuadamente a aquellos grupos, por lo que este seguía estando contaminado.[15] En la actualidad sigue desarrollándose un debate complejo y bastante acalorado sobre esta cuestión, y hay científicos serios en ambos bandos.[16] Pero en los muchos años transcurridos desde que se publicaron por primera vez los hallazgos inesperados de Katherine Flegal, ningún ente médico importante del mundo ha modificado el sentido de sus consejos afirmando que sea saludable tener un IMC de entre 25 y 29. El resto de las pruebas son, sencillamente, demasiado contundentes.

Cuando leí todos esos estudios, el hecho más importante que me llamó la atención fue que tanto Walter como Katherine, así como todos los científicos de su ámbito, coinciden en que un IMC superior a 30 conlleva un aumento del riesgo de muerte, que más allá del 35 se incrementa muy sustancialmente.

Todos coinciden en la forma general de la curva en «U». Al final, los hallazgos de Katherine, tristemente, no apuntalan las tesis de los activistas de Fat Pride como estos creen que hace.

En un tono de voz neutro, Shelley me dijo: «He consultado los datos científicos y no puede decirse que no sea perjudicial» estar obesa. Según ella, «debemos asumir la realidad».[17]

A ella le gustaría que esas afirmaciones, según las cuales la obesidad no perjudica, fueran verdad, pero notaba en su propio cuerpo —y constataba en los datos— que lo eran. Escribió: «La verdad es que a partir de cierto peso» nuestros cuerpos «nos defraudan. Es inútil protestar y decir que no es así. Yo creo en asumir la realidad [...]. Ser gorda no es nunca un pecado. Nunca es culpa de nadie. Pero puede resultar discapacitante en muchos sentidos, y creo que es esencial no negarlo ni edulcorarlo». Y enfatizaba: «Que existen problemas de salud con pesos elevados es irrefutable; negarlo sería esconder la cabeza debajo del ala».

Cuando era joven, Shelley era obesa y bastante saludable, igual que la mayoría de los fumadores de veintitantos años presentan unos pulmones sanos; pero al llegar a la mediana edad, los riesgos empezaron a darle alcance. Un estudio llevado a cabo por científicos del University College de Londres se dedicó a seguir a un grupo de 2521 funcionarios del Gobierno británico —de pesos muy variados— a lo largo de veinte años a fin de hacer un seguimiento de su estado de salud.[18] Al principio, una tercera parte de las personas obesas del estudio gozaban de buena salud. Pero entonces, a medida que pasaban los años, la mayor parte de ellas se enfermaban, y después de elaborar las estadísticas, los científicos llegaron a la conclusión de que la obesidad multiplicaba por ocho las probabilidades de enfermar.

Así pues, ¿dónde dejaba eso a Shelley? La gente le decía: «No puedes adelgazar; estarías traicionando la causa». Ella respondía: «¿Qué quieren decir? ¿Por qué? Para mí, esto tiene que ver con la solidaridad de las personas gordas contra una sociedad hostil, no con mantener un peso elevado».

Decidió acudir a un grupo de apoyo para personas que perdían peso y que se encontraba cerca de su lugar de residencia. No fue fácil: en su libro se había expresado de manera muy crítica con esos grupos, comparándolos con iglesias fundamentalistas y asegurando que promovían el autoodio. Pero cuando entró, pensó: «Voy a dejar de lado todo lo que sé sobre gordura y delgadez, sobre comida y sobre todo eso, y voy a limitarme a formar parte de este grupo en concreto». Le explicaron que entregaban un librito donde

ADELGAZAR A CUALQUIER PRECIO

había anotadas varias opciones de alimentos frescos y saludables que cada uno se preparaba por su cuenta y que cada día había que escoger tres. Después, durante los encuentros semanales, la gente hablaba y se pesaba. «A mí me parecieron unas mujeres sensatas, comunes, y su manera de hacer las cosas también lo era».

Según me explicó: «En la primera semana no creí que hubiera adelgazado nada», y la mujer que dirigía el grupo le dijo: «Súbete a la báscula y veamos». Había adelgazado tres kilos. Para su sorpresa, a medida que pasaba el tiempo, «funcionaba de verdad». Perdió 45 kilos en un año, y mantuvo su nuevo peso con éxito durante dieciocho años. Después sufrió una experiencia emocionalmente devastadora en su familia y engordó 12 kilos, peso en el que se ha mantenido desde entonces. Antes había citado a un investigador estadounidense que había dicho que «esperar que una persona gorda se vuelva delgada es tan poco razonable como esperar que una persona negra se blanquee la piel o que un judío se convierta al cristianismo». Pero ahora, aunque Shelley no es delgada, ha reducido su peso drásticamente. Sabe que formaba parte de una minoría a la que, a largo plazo, le ha funcionado modificar su alimentación, y se muestra discreta al respecto. Pero se siente mucho mejor con su cuerpo, su salud se está recuperando y desea contar la verdad.

Un día, Shelley se encontraba de visita en Edimburgo y vio que el autobús en el que quería subirse se detenía en Princes Street. Sabía que, si corría, llegaría a tomarlo. Cuando lo consiguió, estaba sin aliento, pero emocionada.

Había pasado de prácticamente perder la capacidad de caminar a ser capaz de correr. Según dijo, no podía negar que había una diferencia: poder correr era mejor.

Shelley ha acabado por creer que podemos, y debemos, conciliar dos metas importantes: tenemos que reducir la estigmatización que perjudica mentalmente a las personas y, a la vez, siempre que sea posible, reducir el exceso de peso que las perjudica físicamente. En ambos casos se trata de fuerzas que hacen daño a la gente, y es posible dejarlas atrás con amor y compasión. Según ella, no existe contradicción entre esas dos metas hermanadas.

Pero algunas personas del movimiento la consideran una traidora por decirlo. Shelley se muestra comprensiva con ellas. Cree que están «demasiado asustadas» para reconocer la realidad. «Creo que en todo esto hay mucho miedo. Distintas clases de miedo [...]. Hay mucha negación». No es difícil ver por qué. Si te pasas la vida recibiendo maltrato, es fácil que incluso las muestras de preocupación bienintencionadas, de fuentes fiables, sean percibidas también como maltrato. Si la única herramienta de la que has tenido conocimiento en tu vida para promover cambios ha sido la vergüenza, entonces está claro que te resistirás a esas ideas. Existe otra razón por la que para algunas personas resulta tan difícil. Como ya he expuesto anteriormente, a muchos de nosotros comer más de la cuenta nos sirve para toda clase de funciones psicológicas positivas: nos calma, vuelve a representar profundos patrones de infancia, nos mantiene a salvo de la mayoría de los depredadores sexuales. Cuando se habla de los riesgos de la obesidad, lo que mucha gente oye es que la amenazan con quitarle lo que la mantiene a salvo.

Como consecuencia de algunas combinaciones de esos motivos, muchas de sus anteriores amistades atacaron a Shelley, asegurando que se había rendido a la estigmatización y que se dedicaba a repetir las falsedades que se dicen de las personas gordas. Aun así, ella cree que ya estaría muerta si, hace ya bastantes años, no hubiera asimilado los conocimientos científicos sobre cómo actúa la obesidad en el cuerpo y no hubiera encontrado la manera de cambiar. Y empezaba a plantearse qué clase de positividad corporal es la que la acusa por mantener vivo su cuerpo. ¿Cómo puedes expresar positividad por tu cuerpo si este deja de existir? «La verdad es que no sé cómo se conjuga eso», comentó, negando con la cabeza.

Cuando me lo dijo, me pregunté de qué manera el Ozempic y otros nuevos medicamentos adelgazantes van a replantear el debate sobre la positividad corporal. En este punto ya se está conformando un debate polarizado. Dado que llevan años asegurando que la obesidad no perjudica la salud, algunos de los activistas de Fat Pride no pueden ver esos fármacos más que como armas del prejuicio. Por ejemplo, Virginia Sole Smith, una figura conocida en el movimiento —que en otros contextos ha planteado buenos argumentos— manifestó en una entrevista que lo que principalmente hay detrás del Ozempic era decir: «¿Podemos librarnos al fin de las personas gordas? [...] ¿Podemos por fin dejar de tener a personas gordas alrededor, para no tener que seguir viéndolas?».

Pero pronto, casi todas las personas obesas conocerán a alguien que tomará esos medicamentos, que perderá mucho peso y que encontrará enormes beneficios de todo tipo para su salud y su calidad de vida. Me vino a la mente una vez más el caso de Jeff Parker, el diseñador de iluminación jubilado al que entrevisté, que actualmente disfruta de su tiempo libre y pasea a su perro por el Golden Gate después de recibir los resultados de sus análisis médicos, que muestran que sus problemas de salud se están esfumando. Así, la mayoría de la gente que toma estos fármacos adelgazantes se convierte en un reclamo publicitario de los mismos, al revelar que es posible perder peso de una manera relativamente indolora y mejorar la salud significativamente. Nunca ha sido científicamente plausible negar que la obesidad causara esos problemas, y el caso es que a partir de ahora también será menos plausible hacerlo apelando a las emociones.

Mi intención es asegurar que cuando eso ocurra, no asistamos a un hundimiento del movimiento en favor de la positividad corporal. Nos hace falta un movimiento que se oponga a la estigmatización de las personas con sobrepeso: se trata de algo cruel, destructivo, que empeora el problema. Degrada y hiere a la gente. Incluso si somos capaces de regresar al rango de formas corporales humanas que teníamos antes de que la comida procesada nos superengordara como ha hecho, siempre existirá mucha variación y variedad. Hace falta un movimiento que defienda que ni es posible ni deseable que todos aspiremos a parecernos a Kate Moss o a Timothée Chalamet; que haga depender la autoestima de algo más que de la talla de cintura; que reafirme el valor moral y la dignidad de todos los seres humanos y que enfrente el abuso. Si ese movimiento se limita a negar que la obesidad puede perjudicar la salud humana, será improbable que sobreviva, salvo como una fuerza muy marginal. Si se vincula a estas verdades morales más amplias, unas verdades que Shelley ha contribuido a expresar desde la década de 1980, entonces resultará tan necesario como siempre.

Y Shelley cree que, en este sentido, existe un punto medio sensato.

«Hay muchas mujeres grandes (diría que la mayoría) apasionadamente comprometidas con poner fin a los prejuicios, pero que, a la vez, no se sienten a gusto ni cómodas con su propio cuerpo», ha escrito. Por ello «debemos encontrar la manera de conciliar la aceptación de la talla con la pérdida de peso».

Tenemos dos tareas por delante: aprender a amar nuestros cuerpos, sean como sean, y aprender a aportar tanta salud y funcionalidad como sea posible a nuestros cuerpos. No hay contradicción entre ambos objetivos, porque los dos son formas de amor propio. Shelley cree que «las cosas no son nunca o "esto o lo otro". Son "esto y lo otro"». En una era radicalmente simplificadora impulsada por la furia de las redes sociales, cuesta defender la complejidad y la compasión, pero ella está decidida a hacerlo.

Después de nuestra larga conversación, Alistair, el esposo de Shelley, vino a recogerla en coche al bar. Cuando se alejaban por el estacionamiento, él le tomó la mano, como había hecho en aquella escapada a Londres, hacía casi cincuenta años, llenándola de felicidad. Mientras la veía marcharse, fui consciente de que, en la década de 1980, ella decidió situarse a la vanguardia de una manera valiente y necesaria de abordar la estigmatización, y que quizá ahora también estuviera anticipándose al adoptar este otro enfoque más complejo con el que vamos a tener que pensar acerca de la positividad corporal en esta era en la que, posiblemente, vayan a producirse unas pérdidas de peso radicales. Nada de esto o lo otro. Esto y lo otro.

La tierra que no necesita Ozempic

*Qué hacen bien los japoneses, y qué podemos hacer
para ser como ellos*

En julio de 2023, me tropecé con una noticia curiosa.[1] Apareció en *Pharma Letter*, un medio de comunicación que aborda cuestiones de la industria farmacéutica y está pensado para personas que trabajan en ella y para inversores. Exponía lo que, a primera vista, parecía una buena noticia para Novo Nordisk, la empresa que fabrica Ozempic y Wegovy: acababa de aprobarse su venta en Japón para el tratamiento de la obesidad. Sin duda, la medida comportaría un aumento de los beneficios: el país es la tercera economía del mundo y aporta una población de 125 millones de personas.

Pero en ese punto el artículo disminuía las expectativas. Un analista de mercados entrevistado por el medio predecía que, si bien los fármacos llegarían a dominar el mercado de medicamentos adelgazantes en Japón, ello no supondría gran cosa, dado que en ese país la obesidad prácticamente no existía. Solo el 4.5 por ciento de los japoneses son obesos,[2] muy lejos de las cifras del 26 por ciento del Reino Unido y el 42.5 por ciento de Estados Unidos.* Más sorprendente

---

* En España, un estudio sobre obesidad en personas adultas señala que un 55.8 por ciento de la población mayor de dieciocho años en 2020 pre-

aún resultaba el dato incluido en el informe: se estimaba que la actual tasa de obesidad se reduciría un 0.8 por ciento anual. Así pues, en el artículo se destacaba que el desarrollo del mercado de esos fármacos sería «lento».

Ello forma parte de una visión más amplia, perspectiva que he ido construyendo a lo largo de mi investigación para el presente libro. Japón es el único país del mundo que se ha vuelto rico sin volverse gordo. Resulta curioso que los luchadores de sumo sean uno de los símbolos más reconocibles del país, porque esperar que otros japoneses se parezcan a ellos es como esperar que los estadounidenses se parezcan a las águilas calvas.

Naturalmente, al leer la noticia quise entender cómo se convirtió Japón en la tierra que no necesita Ozempic. Si aspiramos a evitar un futuro en el que nos veamos obligados a escoger entre una obesidad extendida y unos medicamentos adelgazantes, ¿era posible que Japón tuviera la clave?

Mi primera presuposición fue que los japoneses debían de haber ganado la lotería genética; que había algo en su ADN que los hacía mantenerse delgados. Cuando empecé a indagar en la cuestión, descubrí que hace algo más de cien años ocurrió algo que ayudó a los científicos a determinar si era así.[3]

A finales del siglo XIX y principios del XX, un gran número de trabajadores japoneses emigraron a Hawái, y ya llevan cuatro generaciones viviendo en la isla. Genética-

---

senta exceso de peso; un 18.7 por ciento padece obesidad, y un 37.1 por ciento, sobrepeso. Véase <https://www.aesan.gob.es/AECOSAN/web/nutricion/subseccion/prevalencia_obesidad.htm>. *(N. del T.)*

mente son muy similares a los japoneses que no se fueron, pero habitan en un medio muy diferente. Así pues, al concentrarse en esos grupos distintos, los científicos pudieron investigar si la delgadez de las personas japonesas se halla inscrita de manera indeleble en sus genes, o si se modifica con los cambios del entorno.

Y resulta que, transcurridos aproximadamente cien años, los hawaianos de origen japonés son casi tan gordos como las personas entre las que viven. Un 17 por ciento de ellos son obesos, comparados con el 25 por ciento de los hawaianos y los integrantes de otros grupos étnicos que lo son. Los hawaianos japoneses tienen cinco veces más probabilidades de ser obesos que las personas que viven en Japón. El hecho de que su nivel de obesidad sea ligeramente inferior que el de otros grupos de hawaianos sugiere que los genes de los japoneses pueden hacerlos algo menos proclives a ganar peso, pero solo un poco. Parece claro que hay algo más. Pero ¿qué?

La única manera que tenía de averiguarlo era desplazarme a Japón, y tan pronto como se me ocurrió la idea, supe que quería que me acompañara una persona concreta. Hacía seis años, había emprendido un viaje desastroso con mi ahijado adolescente, Adam, sobre el que escribí en mi libro *El valor de la atención* (he modificado su nombre y ciertos detalles menores para impedir su identificación). Se pasaba el tiempo metido en Snapchat y en YouTube, y su capacidad para prestar atención se había visto reducida a aquellos brevísimos fragmentos del tamaño de los videos que veía. Para intentar romper con aquella rutina narcotizante, me lo llevé de viaje por el sur de Estados Unidos. Antes de salir, me prometió que dejaría su celular en el hotel durante el día, pero no fue capaz de hacerlo. Se pasaba el tiempo consultando la pantalla, y acabamos discutiendo en Graceland, gritándonos a las puertas de la Casa Blanca y también en el Bayou.

Pero cuando decidí desplazarme hasta Japón, mi ahijado ya era un hombre nuevo. Había encontrado un trabajo que le gustaba, ayudando a personas con problemas de adicciones, tenía una novia con la que se sentía bien y, gradualmente, se había construido una vida en la que quería estar presente y a la que quería prestar atención. Aquello lo había llevado a otro cambio en su vida. Al llegar a la adolescencia, engordó rápidamente, y cuando tenía poco más de veinte años pesaba 127 kilos. Aun así, los mismos factores que lo llevaron a reducir su uso de redes sociales también parecieron ser los que le permitieron perder una gran cantidad de peso. Ahora que tenía una vida por la que quería vivir, había perdido 50 kilos; fundamentalmente, a partir de una reducción drástica del consumo de comida chatarra. La gente que lo conocía desde hacía años pasaba de largo cuando lo veía por la calle porque no lo reconocía.

Era una alegría constatar que ya no se ahogaba ni se enfermaba cada vez que tenía que recorrer una corta distancia, y verlo tan confiado y lleno de salud. Pero algo en mi mente me mantenía preocupado, porque había estudiado estadísticas en las que se revelaba que el 80 por ciento de las personas que adelgazan gracias a dietas recuperan el peso en los años siguientes. Y me preguntaba si ser testigo de la magia que habían descubierto en Japón podría ayudarle a mantenerse saludable. En esa ocasión, no tuve siquiera que pedirle que dejara el teléfono en el hotel: ya casi no lo usaba.

Y así, a finales de agosto, en plena ola de calor estival, aterrizamos en Tokio. La primera mañana que pasamos en el hotel me fijé en que había dos desayunos dispuestos uno al lado del otro. A la derecha había un desayuno para los huéspedes japoneses. Consistía en pequeñas porciones de pescado fresco a la parrilla, encurtidos y unos tazones diminutos de sopa. A la izquierda se encontraba el desayuno para los huéspedes occidentales: huevos revueltos, papas fritas, montañas de tocino, *hotcakes* y muchas rebanadas de pan tostado con mantequilla.

Decidí que, para aprender sobre la dieta japonesa, debía alimentarme de ella durante las dos semanas que íbamos a estar allí. Estaba sentado a la mesa, sorbiendo mi sopa, cuando Adam regresó del bufet. «Acabo de ver una cosa rarísima —me dijo en voz muy baja—. Una mujer japonesa escogió pescado y encurtidos de su zona del bufet. Acto seguido se acercó a nuestro sector, tomó las pinzas y seleccionó una sola papa frita, que depositó en su plato. Pero lo pensó mejor, y volvió a dejarla en su sitio para optar por otra aún más pequeña, porque sin duda le pareció que la primera era excesivamente grande». Me señaló discretamente, con un movimiento de cabeza, la mesa que ocupaba. Me volteé y, en efecto, vi aquella solitaria papa frita en su plato, junto al pescado blanco que masticaba parsimoniosamente.

Cuando terminamos de desayunar, Adam y yo nos fuimos directo al centro simbólico de la ciudad, el cruce de Shibuya, un punto muy concurrido en el que confluyen siete calles y todos los semáforos se ponen rojos a la vez, lo que desencadena un flujo ordenado de personas que lo atraviesan en todas las direcciones. Al sumarnos a los 2.5 millones de personas que pasan apresuradamente por ese punto todos los días, echamos un vistazo a las enormes pantallas electrónicas que lanzaban sus destellos a nuestro alrededor. Estuve a punto de quedar petrificado al ver la imagen tridimensional, gigantesca, de un perro que parecía saltar de la pantalla en dirección a nosotros. Para un británico de mi generación, resulta extraño visitar Japón por primera vez, porque cuando era joven, era así como creía que se vería mi propio futuro: una escenario febril de neón, denso y abigarrado. Pero, como con las patinetas voladoras, ese mundo alternativo no se había materializado. Me sentí como si acabara de llegar al futuro de ayer, un futuro que no había llegado a ser del todo.

A la hora de comer, compramos *sushi* en un local cualquiera de una estación de tren. Pagamos cuatro dólares cada uno. Di por sentado que sería el equivalente de esos sándwiches rancios que ofrecen en los sitios de comida rápida de Estados Unidos y Gran Bretaña, pero no: todo estaba fresco y delicioso. «Sabe genial», comentó Adam, asombrado.

Para comprender por qué la comida japonesa es tan diferente, nos dirigimos al Tokyo College of Sushi and Washoku a entrevistar a Masaru Watanabe, que es uno de los maestros de cocina más respetados del país.[4] Había aceptado preparar una comida con nosotros y algunos de sus alumnos, y explicarnos en qué se basaba. Cuando llegamos, nos esperaba a la entrada con un traje de corte impecable y en calcetines (los japoneses andan descalzos en espacios interiores). Nos dedicó una gran reverencia en cuanto nos vio y nos acompañó hasta una cocina de acero, donde dos de sus chefs ya estaban trabajando. «El rasgo [fundamental] de la cocina japonesa es la simplicidad —expuso Masaru—. Para nosotros, cuanto más simple, mejor. Por ejemplo, el sushi es una comida muy sencilla, ¿verdad? Simplemente, un tazón de arroz con pescado encima. Así que es muy sencillo: una forma sencilla y un sabor sencillo. Pero cuanto más sencillo [es], más difícil» resulta de preparar, porque si es más sencillo, hay que prestar más atención a cada detalle para que todos los sabores destaquen.

Explicó que íbamos a preparar una comida japonesa típica, como la que la gente iba a comer por todo el país ese mediodía. Asaríamos una caballa, herviríamos arroz, prepararíamos una sopa de miso y algún encurtido. Nos dijo: «Como verán, en nuestras comidas servimos raciones muy pequeñas, pero más variedad, cinco en una comida normal». Eso implica que las comidas japonesas incluyen una variedad más amplia de ingredientes. Por lo general, se usan entre sesenta y sesenta y cinco ingredientes, mientras que en una comida comparable cocinada al estilo clásico francés, los ingredientes estarían en torno a los veinte (mientras lo decía, me vino a la mente lo que Tim Spector había descubierto en Londres: que cuanto más diversa es la dieta, más saludable es el intestino y más mejora la salud en general).

Sus chefs asaron una caballa. Me fijé en que sus diversos aceites y grasas brotaban de ella y fluían. Me explicó que los japoneses se alimentan principalmente de pescado y verduras, no de leche, mantequilla y carnes. «Tradicionalmente, no consumimos mucha carne. Somos un país formado por islas. Valoramos el pescado». Señaló las grasas que rezumaban y dijo: «Con este proceso, se reduce la cantidad de aceite y grasa del propio pescado, lo que hace que resulte mucho más saludable».

«Y, más importante aún —prosiguió Masaru—, esta manera de asar la caballa ilustra uno de los principios fundamentales de la cocina japonesa». Según él, la cocina occidental tiene que ver con «añadir». Para dar sabor a los alimentos, se añaden mantequilla, limón, hierbas, salsas. «Pero el estilo japonés es totalmente opuesto». Es «una cocina de menos». Tiene que ver con extraer el sabor intrínseco, no con «añadirle nada extra». La idea es intentar «sacar al máximo el sabor natural de los ingredientes». Para ellos, menos es más. En otra parrilla, el arroz que nos íbamos a comer se cocinaba lentamente en un recipiente de barro. Uno de los chefs nos explicó que la arcilla distribuye el calor más uniformemente, por lo que extrae más el sabor natural del arroz.

Masaru me explicó que otra regla clave de la cocina japonesa es que todas las comidas deben incluir «cinco sabores, cinco acciones y cinco colores». Los cinco sabores —repartidos por todas las pequeñas raciones— son dulce, salado, agrio, amargo y *umami* (que es una especie de sabor «sabroso»). «Intentan combinar estos cinco sabores en una comida», porque cuando lo hacen así, «el equilibrio de nutrientes será perfecto» y más saludable. Las cinco acciones que habría que tratar de usar al preparar la comida son: cortar, hervir, asar, freír y cocinar al vapor. Y los cinco colores que habría que procurar incluir en los platillos son el negro, el blanco, el verde, el amarillo y el rojo. El negro suele proceder de las algas, que son alimentos muy populares en Japón, y «contienen muchos ingredientes minerales naturales, como calcio y potasio, que reducen la presión arterial».

A medida que las distintas partes de nuestra comida iban preparándose, sus chefs añadían pequeñas flores comestibles y diminutos cítricos japoneses a los lados de los platos. Cuando nos sirvieron la comida, parecía más una obra de orfebrería que una clásica comida estadounidense o británica, de tan bonita que se veía. Masaru me explicó que, por todo Japón, fuera donde fuese, encontraría comida presentada de esa manera. Para ellos, me dijo, la «comida es un arte total, no solo un arte del gusto. Lo que se ve es importante. Un emplatado hermoso es importante. Los japoneses realmente adoran los detalles. Dios vive en los detalles».

Antes de que empezáramos a comer, nos dijo que tendría que enseñarnos cómo consumir los platillos, porque si recurríamos a los principios occidentales normales, nos equivocaríamos.

Lo primero que debíamos aprender era a «comer en triángulo». Nos dijo que en Occidente, si te ofrecen una comida compuesta de cinco platillos, te los comes secuencialmente, uno detrás de otro: empiezas por la sopa, te terminas la sopa; después empiezas la ensalada y te terminas la ensalada; después empiezas la pasta y te la terminas. «En Japón, eso se ve como algo muy raro —comentó—. Se considera de mala educación». Una comida como esa debe comerse en forma de triángulo. «Primero bebes un poco de sopa, después atacas el acompañamiento: un bocado. A continuación pruebas el arroz; otro bocado. Después la caballa: una vez más, un solo bocado. Se vuelve a empezar con un poco de sopa [...]. También esto es clave para mantener una buena salud... Para conservar el equilibrio y no comer mucho».

Lo segundo que tuvimos que aprender fue que se supone que en Japón hay que combinar los diferentes alimentos en la boca. Tomar un poco de caballa, masticarla ligeramente y entonces, antes de tragar, añadir un poco de encurtido, o de arroz, o una de las flores comestibles, y masticar un poco más. «El chef cocina los platillos, pero el resultado final lo hacemos nosotros en la boca». Uno de sus chefs comentó: «De esa manera, la comida japonesa es algo que puede disfrutarse, porque pueden probarse cosas diferentes y crear sabores diferentes».

Lo tercero que tuvimos que aprender fue cuándo había que dejar de comer. En Japón, ya desde la infancia, enseñan que conviene comer solo hasta que la persona está llena al 80 por ciento. Comer hasta estar totalmente lleno se considera perjudicial. El cuerpo tarda un poco en percibir que ha tenido suficiente, y si sentimos que estamos saciados cuando aún estamos comiendo, sin duda habremos comido demasiado.

Adam y yo empezamos a comer la comida de esa manera: consumiéndola en triángulo, combinándola en la boca y dejando de comer al llegar al 80 por ciento de plenitud. No creía que juntar en la boca un rabanito diminuto y una flor amarilla minúscula pudiera procurarme tanta alegría, pero lo sentí como un estallido genuinamente nuevo de sabor que no había experimentado nunca.

No hubo postre. Cuando pregunté al respecto, Masaru me dijo: «No comemos postre muy a menudo. Son para ocasiones especiales. ¿En una comida diaria?», negó con la cabeza. Cuando querían un pequeño «bocado de dulzor» podían comer algo de fruta.

Me explicó que, cuando estudiaba, vivió en Ohio durante un año y medio, y le sorprendió que «comieran mucho más de lo que esperaba. Comen demasiado..., como si no tuvieran la sensación de plenitud. Comen muchísimo». Le sorprendió oír cosas como «pasta..., la pasta es solo un primer plato; después de la pasta tenemos que comer carne». La primera vez que vio un *cheesecake*, sintió rechazo. Según recordaba, puso mala cara y dijo: «Yo eso no puedo disfrutarlo». Cuando intentó comer como un estadounidense, se sintió muy mal. Bajó la mirada y me confesó: «Diarrea». Y añadió: «Me dan mucha pena. Tanta comida chatarra no es buena para la salud». Cree que, en Occidente, de las principales enfermedades recientes que han surgido en adultos, quizá la mitad tengan que ver con la alimentación diaria. ¿Demasiada sal? Las arterias se ponen rígidas y sube la presión. La comida chatarra altera así los cuerpos.

Adam le contó que, en Gran Bretaña, una tradición navideña consiste en comer tanto que la gente no puede moverse y entra en un «coma de comida». Masaru abrió los ojos como platos. Parecía perplejo y no sabía qué decir. «Bien —dijo al fin—, es totalmente opuesto a nuestra cultura».

Cambiando discretamente de tema, Masaru me explicó que existe otro aspecto crucial de la cocina japonesa que debíamos conocer. La mayoría de la población japonesa come habitualmente alimentos fermentados. Uno de los productos más populares es algo que se conoce como *natto*, que yo probé más tarde: son unos granos de soya ligeramente podridos que se dejan fermentar durante días. El *natto* apesta. Adam se negó a probarlo. Pero su sabor era extrañamente delicioso. Según Masaru, comer esos alimentos es importante, porque hacen que aumenten las bacterias buenas en el intestino.

Aunque ya estábamos recogiendo nuestras cosas y nos preparábamos para irnos, no dejaba de darle vueltas a algo que me preocupaba: todo lo que habíamos probado era delicioso y raro, pero no me parecía que hubiéramos comido mucho. Aun con los efectos del Ozempic, creía que poco después volvería a tener hambre. Pero, curiosamente, ni Adam ni yo volvimos a tenerla hasta la noche. No sabía por qué, y me vinieron a la mente las investigaciones sobre las que había leído antes, respecto a las comidas que generaban sensación de saciedad y las que no. La dieta japonesa está llena de alimentos que crean saciedad, aunque sea en raciones bastante pequeñas: pescado, legumbres, verduras.

Nos despedimos de Masaru con una reverencia, y él señaló nuestros platos vacíos con un movimiento de cabeza, y nos dijo: «Cuando comemos esta clase de comida todos los días, estamos sanos y vivimos más».

Pero también sabía que era un chef prestigioso de alta cocina. Y me preguntaba: ¿hasta qué punto estos principios son ampliamente seguidos en la vida diaria japonesa? Me metí en un supermercado, y al recorrer los pasillos constaté que los estantes y los refrigeradores contenían sobre todo pescado fresco, fruta y verdura. Vi muy pocos alimentos envasados. El local en su conjunto se basaba en la idea de que allí se adquirían los ingredientes que posteriormente se cocinaban para preparar las comidas. Había, sí, una pequeña sección llamada de «comida procesada» que incluía algunas latas y envases. En Estados Unidos y Gran Bretaña, los alimentos procesados ocupan la mayor parte de los supermercados. Allí, en cambio, se encontraban en un rincón lánguido y apartado.

Después de tres días alimentándome solo de comida japonesa, empezaba a experimentar una curiosa mezcla de esperanza y humillación. Muchas veces, en Occidente, la gente defiende que la obesidad es atribuible a una causa muy simple: la gran cantidad de comida que nos rodea. El argumento es el que sigue: nada en nuestro proceso evolutivo nos ha preparado para la actual abundancia de comida. Todos nuestros instintos se desarrollaron en entornos en los que los alimentos eran escasos y las hambrunas constituían un peligro constante, por lo que cuando nos encontramos con comida, nuestros instintos nos dicen que nos la comamos toda. Si encontramos mucho, comemos mucho. Así pues, en un país rico con excedente de comida, es inevitable que comamos de más, y muchos de nosotros nos volvemos obesos. Se trata de un relato que lleva a la desesperanza o que, en el mejor de los casos, presenta los nuevos medicamentos adelgazantes como la única opción. Pero la experiencia de Japón sugiere que, en esta historia, hay algo que no encaja. El país es extraordinariamente rico. Todos, en Japón, incluidos los ciudadanos más pobres, tienen acceso a un excedente de comida. Y, sin embargo, han evitado caer en la trampa de la obesidad. Es posible. No se trata de algo que esté escrito en el destino de todos los países ricos.

En todo caso, en cuanto aquellas ideas positivas empezaron a agolparse en mi mente, no pude evitar pensar: sí, pero el pueblo japonés lo ha hecho de una manera que nosotros no podemos emular en modo alguno. Ellos llevan miles de años construyendo una relación totalmente diferente con la comida, que nosotros difícilmente vamos a poder importar.

Por eso mismo me sorprendió descubrir que, de hecho, la mayor parte de la actual cultura japonesa en relación con la comida se ha inventado recientemente (lo cierto es que hay personas vivas que conservan memoria de ello). Barak Kushner, que es profesor de Historia del Este Asiático en Cambridge, ha explicado que, hasta la década de 1920, la cocina japonesa, simplemente «no era muy buena» —el pescado fresco se comía solo una vez por semana, la dieta resultaba peligrosamente baja en proteínas y ni siquiera se usaban las técnicas de guisado y salteado—. La esperanza de vida era de cuarenta y siete años. A Bee Wilson, la autora especializada en alimentación, le explicó que «la cultura japonesa no es ni atemporal ni inmutable». Hasta que el Gobierno imperialista japonés, inmerso en el proceso de crear un ejército para atacar otras partes de Asia, no se dio cuenta con preocupación de que la población comía muy mal y se encontraba muy débil, no empezó a inventarse una nueva cultura de los alimentos, algo que se llevó a cabo de manera bastante consciente, a fin de producir unos soldados más saludables. Tras la derrota de Japón en la Segunda Guerra Mundial, cuando el país estaba en ruinas, el nuevo Gobierno democrático tomó conciencia de que si no contaba con una población saludable, no tendría nada, y potenció aún más aquella transformación. «Los japoneses solo empezaron a comer lo que nosotros consideramos que es comida japonesa en los años posteriores a la Segunda Guerra Mundial —afirma Bee—. En lugar de frustrarnos por la manera de comer de los japoneses, su ejemplo debería animarnos. Japón muestra hasta qué punto evolucionan los hábitos de alimentación».

Entonces ¿cómo crearon los japoneses esa manera tan radicalmente diferente de comer? Para averiguarlo, una bochornosa mañana de septiembre me dirigí a la escuela Koenji Gakuen con mi traductor. Se trata de la clásica escuela de primaria y secundaria situada en una zona residencial de clase media de Tokio a la que, como ocurre en todas las escuelas del país, los niños acuden todas las mañanas a pie, por su cuenta, sin que los lleve ningún adulto. Los padres se despiden de sus hijos en la puerta de casa y los dejan solos para que practiquen esa forma de ejercicio físico matutino, cosa que hacen a partir de los seis años, aproximadamente.

Nos recibió junto a la entrada Harumi Tatebe, una mujer de cincuenta y tantos años que nos explicó que llevaba tres como nutricionista del centro. Mientras recorríamos los pasillos, los niños nos saludaban cariñosamente a nosotros, y a ella la llamaban por su nombre, a gritos, ansiosos por saber qué había de comer ese día. Harumi nos contó que, de acuerdo con la ley, todos los centros escolares japoneses deben contratar a un profesional como ella. Además de su titulación académica, dedicó tres años más a formarse, y nos explicó que su puesto incluye tres misiones importantes: diseñar los menús escolares en consonancia con las estrictas reglas que estipulan que estos deben ser frescos y saludables; supervisar la preparación de los platillos en la escuela; y usar esas comidas para educar a los niños sobre nutrición. Después se educa a los padres sobre la misma cuestión. Y, finalmente, se proporciona apoyo y consejo a cualquier alumno que coma menos o más de la cuenta. Nos dijo: «A mí siempre me ha encantado comer. Disfruto comiendo, y me gusta ver a la gente que parece contenta cuando come».

Entramos en la cocina y la observamos a través de una gran ventana de cristal. Harumi me explicó que la comida de ese día estaba formada por cinco pequeñas porciones: algo de pescado blanco, un tazón de fideos con verduras, leche, un poco de arroz blanco para sushi y una cucharadita de una pasta dulce. Todos los niños comen lo mismo, y las comidas precocinadas y envasadas están prohibidas. Ninguna incluye alimentos procesados ni congelados. Incluso si usan algo tan sencillo como pasta de curry, no la compran ya hecha. «Partimos de cero». Le pregunté por qué, y ella me respondió: «Todo tiene que ver con la nutrición [...]. A veces, en los alimentos congelados se usan aditivos artificiales».

Una vez que la comida estuvo preparada, Harumi le llevó una bandeja al director del centro, Minoru Tanaka. La ley estipula que la dirección de cada escuela coma lo mismo que los niños, y el responsable debe hacerlo antes para asegurarse de que cumpla las garantías, sea nutritivo y sepa bien. El señor Tanaka se arremangó y empezó a comer. Al cabo de un momento, asintió para indicar que todo estaba en orden. Una vez obtenido el visto bueno, un grupo de ocho niños de cada clase llegaron a la cocina, vestidos con uniformes de chef de sus tallas. Les asignaron unos carros y, juntos, los empujaron hasta sus respectivas aulas. Los niños que iban vestidos como cocineros permanecieron de pie frente a sus compañeros mientras estos se adelantaban para que les sirvieran la comida (sí, en efecto, es una escena encantadora). Antes de empezar a comer, una niña se levantó y leyó en voz alta en qué consistía el menú, de qué parte de Japón procedía y en qué aspectos los ingredientes resultaban beneficiosos para la salud. Y al acabar dijo «*meshiagare!*», el equivalente japonés de «buen provecho», y todos aplaudieron.

Mientras los pequeños comían, Harumi mostró cuatro cuerdas, cada una de un color. Cada una de ellas representaba un tipo de comida necesaria para mantenerse saludable: las de ese día representaban los carbohidratos, el calcio, los carbohidratos con contenido adicional de calcio y los vegetales verdes. Sostuvo en alto la cuerda amarilla, que representaba los carbohidratos, y preguntó en qué beneficiaban a la salud. Un niño respondió en voz alta: «¡Te dan energía!». A continuación enseñó la cuerda roja, que representaba el calcio, y una niña gritó que fortalecía los huesos. A medida que iba pasando por los grupos de alimentos, iba atando las cuerdas unas a otras, para mostrar que, combinándolos, se consigue una comida saludable. A mí me dijo: «Al comer todos los días estas comidas escolares, que son equilibradas, aprenden qué es una comida equilibrada». El señor Tanaka, director del centro, se mostró de acuerdo y añadió: «A través de los menús escolares explicamos la comida».

Muchas veces Harumi les dice a los niños: «Su cuerpo está hecho de lo que comen ahora mismo. Las células de su cuerpo se reponen cada tres meses. Así que lo que comen ahora construye su cuerpo ahora y comen cuerpo futuro... Tienen que comer con la cabeza».

Mi traductor y yo nos dedicamos a ir de clase en clase, preguntando a los niños qué era lo que más les gustaba comer. La primera alumna con la que hablé, de diez años, me dijo: «Los vegetales verdes, como el brócoli». Otro me dijo que le gustaba el pescado. Un tercero, que le encantaba el arroz con algas. Quise saber por qué y me dijo: «Normalmente no me gustan las algas, pero si las preparan con arroz, me las como», y se mostró orgulloso de haber ampliado sus gustos. Un niño de once años me dijo que a él le encanta «el arroz porque tiene proteínas. Si comes de manera equilibrada en todas las comidas, entonces tienes un cuerpo muy fuerte». Dobló el bracito, me enseñó sus bíceps y se rio.

Le pregunté a mi traductor si aquello era una broma, si me estaban tomando el pelo. Un puñado de niños y niñas de diez años diciéndome que les encantaban el brócoli, el pescado, las algas y el arroz. Pero muchos de los japoneses con los que hablé de esta cuestión se sorprendían de que a mí me sorprendiera. Me explicaban que enseñaban a los niños a disfrutar de la comida. «¿Ustedes no lo hacen?», preguntaban.

Mientras me paseaba por las instalaciones, tenía la sensación constante de que había algo atípico en ese sitio, pero tardé varias horas en darme cuenta de qué se trataba. Allí no había niños con sobrepeso. Ni uno solo. Le pregunté a Harumi si tenían a alguno, y me dijo que había un caso que les preocupaba. Es decir, que había un niño con sobrepeso de un total de casi mil alumnos.

Y, sin embargo, estaba claro que la japonesa no es una cultura que enseñe a los niños a privarse de la comida. Lo que comían aquellos niños era contundente y saciante. «Creo que es importante disfrutar comiendo, y disfrutar de las comidas —me explicó Harumi—. Yo nunca les digo: "No, no puedes comer esto". Si te gusta el pastel, puedes comértelo. Si te gusta el pollo frito, puedes comértelo, por supuesto. Pero si lo comes todos los días, quizá no sea bueno para ti». Tienen la misión de animar a los niños a ampliar sus gustos y a aprender a disfrutar de nuevos alimentos que quizá al principio no les gusten. Me contó que a algunos, el sabor de las verduras les parece horrible la primera vez que las prueban. Así que ella convierte la situación en un juego, les pide que la ayuden a preparar las verduras, y después los reta a probar solo un poco de lo que prepararon ellos mismos. «Siempre me impresiona ver cómo evolucionan», me dijo.

Cuando los niños terminaron de comer, saqué mi teléfono y les mostré imágenes de las típicas comidas escolares en Estados Unidos y Gran Bretaña para ver qué les parecían. Escogí a propósito las más desagradables —imágenes de aquella mezcla normal de comida frita, papas fritas y frijoles cocidos que me había criado comiendo en el comedor de mi escuela—. Al verlas, ahogaron un grito: «¡Dios mío!», exclamó un pequeño en inglés. Otro soltó: «¡Se ve asqueroso!». Otra, sin dar crédito, me preguntó: «¿Comen eso cada día?».

A una niña de doce años que no decía nada, pero que parecía asombrada, le pregunté qué pensaba. Ella ladeó la cabeza y dijo: «Es muy grasienta. Quizá sea muy duro para el cuerpo consumir eso». Otro preguntó: «¿Y no hay ensalada para acompañar?». Le expliqué que yo nunca comí ensalada en la escuela, ni una sola vez. Él me miró, incrédulo, y me dijo: «Es mejor comerla. Es buena para la salud. Estar sano es bueno. Si no comes ensalada, engordas, o tienes problemas de estómago».

Otra niña, con gesto serio, añadió: «Creo que te pierdes muchas cosas de la vida si no comes ensalada». Y me acarició el brazo, intentando, sin duda, encontrar la manera de animarme a ampliar mis gustos, antes de sugerir: «Con la carne sabe muy bien».

Al día siguiente, en otra escuela situada en otra zona de Tokio, les mostré las mismas fotografías a un grupo de madres. Y también ellas se quedaron atónitas. Una de ellas, llamada Maiko Arai, me preguntó: «¿Existe algún movimiento para cambiar esta situación tan espantosa?».

Yo la miré sin saber bien qué decirle.

Hasta ese momento, Adam y yo habíamos visto aspectos del planteamiento japonés respecto a la salud que me resultaban absolutamente admirables. Pero a continuación me fijé en una parte crucial de su modelo, que me despertó sentimientos encontrados. En 2008, el Gobierno japonés se percató de que la obesidad estaba aumentando ligeramente (aunque seguía siendo ridículamente baja comparada con la nuestra). Asustados, sus representantes aprobaron una medida legislativa que pasó a conocerse como ley metabo, porque estaba pensada para reducir uno de los peores efectos de la obesidad: el síndrome metabólico, combinación de obesidad, diabetes e hipertensión arterial, que destruye gravemente la salud. La ley contenía una regla simple. Una vez al año, todos los centros de trabajo del país deben convocar a un equipo médico y de enfermería para que mida el peso y la cintura de todos los empleados, y si sus valores han aumentado, esa empresa y ese empleado deben trazar juntos un plan de acción para hacerlos descender.

A mí no me cabía en la cabeza cómo podía funcionar algo así, por lo que quise verlo aplicado en la práctica. En una empresa, Tanita, aceptaron dejarme conversar con los empleados sobre la cuestión y mostrarme las medidas que habían aplicado. Se trata de una compañía especializada en alimentos veganos, sustitutos de comidas y equipos de ejercicio, por lo que se muestran interesados en promover un Japón saludable, y en que el mundo lo sepa.

Cuando llegué a la recepción, me reí. En lo que parecía una parodia de cómo ve el mundo a Japón, lo primero que vi fue un robot gigante de más de dos metros de altura y una imagen de Hello Kitty saltando (después supe que el robot lo habían diseñado la empresa y Sega para un videojuego que pretende animar a la práctica de ejercicio físico). Si trabajas en Tanita, cuando llegas a la oficina registras tu entrada parándote delante de una gran pantalla. Esta te escanea el rostro y te da la bienvenida llamándote por tu nombre y facilitando alguna información sobre ti. Todos los empleados deben llevar un dispositivo que mide cuántos pasos caminan todos los días y que, de manera automática, informa el puesto que ocupan en el *ranking* de la empresa. «Hola, Bob —podría decir—. Estás en el puesto 143 del *ranking* de pasos que se caminaron ayer». Si llevas más de una semana sin pesarte en alguna de las básculas de la oficina, te recuerda que lo hagas, y si alguno de los colegas que se sientan cerca de ti se olvidó de hacerlo, te pide que le recuerdes que debe hacerlo. Te felicita si consigues una nueva meta. «Enhorabuena —dice—; caminaste el equivalente a todo el trazado de la línea circular del metro de Tokio este año».

A todos los que trabajan en la empresa los animan a subir fotos de sus comidas, que posteriormente se muestran en la pantalla, para que todos puedan buscar y sepan qué comen sus compañeros. También es posible leer los compromisos de estos para mejorar su salud, pues incluyen sus nombres. Yo pude ver que uno había prometido: «Intentaré beber en promedio menos de una vez al mes». Otro afirmaba: «No me serviré dos veces ninguna comida». Y otro más: «Intentaré comer de manera equilibrada, muchas más verduras, y solo hasta que esté lleno al 80 por ciento».

Hay más empresas que actúan en consonancia con la ley metabo, de diferentes maneras, y Tanita es una de las que muestra un mayor entusiasmo. Pero por todo Japón, los lugares de trabajo fomentan a su manera los hábitos saludables.

Cuando Hiro Yokota, director de relaciones públicas de la empresa, me condujo a la planta superior había trabajadores que se congregaban en la sala de descanso para practicar sus ejercicios matutinos. Como en la mayoría de los puestos de trabajo japoneses, todas las mañanas, a las nueve (hora en que en las oficinas de Occidente la gente come donas y toma café), todos se reúnen para practicar algún ejercicio aeróbico. La gente llegaba con sus propias cintas elásticas verdes, gigantes, fabricadas por la empresa, y una voz grabada, enérgica, empezaba a sonar en la sala. Les decía lo que tenían que hacer. «Levanten los brazos e inclínense a la izquierda: ahora, a la derecha; ahora, hacia delante». Todos lo hacían, y subían y bajaban dando saltitos con los brazos en cruz. Era una tabla de ejercicios ligera, pero no exenta de cierto esfuerzo, y me resultaba interesante ver que los empleados de más edad se sumaban con el mismo vigor que los jóvenes. Todos se sabían los movimientos, y el ambiente era distendido y alegre. Resultaba extrañamente hermoso verlos moverse al unísono, con aquellas bandas verdes extendidas al máximo.

Al cabo de diez minutos, la gente abandonó la sala y se dirigió a sus respectivos escritorios. En un despacho que quedaba a un lado, conocí primero a Junya Nagasawa, el jefe de la compañía. Se trata de un hombre apuesto, de cincuenta y siete años, que muchas veces ocupa el primer puesto en el *ranking* de caminar, con casi 2 000 pasos al día. Me contó que cuando la ley metabo entró en vigor, las empresas demandaron de golpe tecnologías que las ayudaran a monitorear la salud de sus empleados y a encontrar maneras de mejorarla. Así pues, Tanita diseñó esas pantallas y sistemas de vigilancia de la salud, y él pensó que, si iban a venderlas, había que predicar con el ejemplo y aplicarlas a su propio lugar de trabajo. Como consecuencia de ello, empezó a caminar mucho más. «Creo que es muy importante caminar como parte de la rutina diaria —me comentó—. En realidad, caminar no es difícil, lo difícil es sacar tiempo. Como soy empresario, siempre estoy ocupado. En mi caso, intento caminar en el tiempo libre que tengo antes de venir al trabajo. De hecho, es la única hora que controlo». Ahora se levanta más temprano y se baja del metro cuatro paradas antes para seguir el resto del trayecto a pie. «Tenía que dar ejemplo —dijo—. No podía no caminar. Perdí peso. Me sentía más ligero. Ahora casi nunca me resfrío. Mi sistema inmunitario ha mejorado mucho desde que camino».

Explica que, a veces, los chequeos de salud anuales exigidos por la ley indican que el peso de algún empleado está aumentando. Cuando eso ocurre, el Gobierno paga para que la empresa los remita a un especialista que los tratará durante seis meses y se les proporciona asesoramiento y apoyo para revertir su situación. En su empresa, el cien por ciento de las personas enviadas a los asesores completan el curso y ven resultados positivos. Pero si una compañía no tiene éxito y tiene una plantilla que engorda, puede ser multada.

Por ejemplo, NEC, el mayor fabricante japonés de electrónica, calculaba que podía enfrentarse a 19 millones de dólares en multas por la mala salud de sus empleados, así que para evitarlo introdujo importantes cambios.

Junya me explicó que nadie está obligado a hacer nada como consecuencia de la ley. «Nunca decimos: "Haz esto". ¿Verdad? Lo ideal es que la gente se dé cuenta de cuál es su estado. Es posible que su salud se esté deteriorando, y de esa manera pueden verlo y asumir el control de su salud. En esta empresa decimos: "Mide, entiende, sé consciente y cambia"». Explicó que sus empleados pueden ver los datos sobre lo que comen los demás y el ejercicio que practican porque «cuesta mucho seguir una rutina cada uno por su cuenta. Si ves que los demás lo hacen, te sientes motivado para participar. Ves al presidente de la empresa —se señaló a sí mismo— involucrado también. El presidente está ocupado. Él también intenta caminar mucho. Todo el mundo sabe que la obesidad conduce a enfermedades graves. Hay pruebas. El Estado y el Gobierno así lo muestran. Así pues, aunque las personas estemos sanas, debemos pensar en el día de mañana a fin de prevenir futuras enfermedades posibles. Quizá ahora puedas ser obeso y no te pase nada, pero dentro de diez o quince años, sufrirás. ¿No te importa? Creo que esa es la cuestión».

Conversé con algunos de sus empleados. Un hombre de treinta y tres años llamado Yusuke Nagira me explicó que empezó a trabajar allí recién salido de la universidad, y que hasta ese momento nunca había hecho nada para cuidar de su salud. «Comía lo que se me antojaba y no practicaba ejercicio físico. Ese era mi estilo de vida». Pero al empezar a pesarse se dio cuenta de que estaba engordando, y era consciente de que el chequeo anual se estaba acercando. Así que adoptó algunos cambios. Antes, «cuando veía la tele, solía optar por la comida chatarra y las botanas». Dejó esos hábitos por completo. «[Y] cuando salgo a otros lugares, intento no ir en tren, ni en coche, sino a pie». Me dijo que a él le ayuda saber que debe rendir cuentas. Eso era algo que oía una y otra vez de los trabajadores.

Yo les decía a todos los japoneses con los que hablaba que si se intentara aplicar algo así en Estados Unidos o en Gran Bretaña, la gente se sentiría indignada e incendiaría las oficinas. Ellos, sin excepción, se mostraban desconcertados y me preguntaban por qué. Yo les explicaba que pensarían que su peso no era asunto de la empresa, y que se trataba de una invasión monstruosa de su intimidad. La mayoría asentían educadamente, no decían nada y me miraban como si yo estuviera un poco loco. Yusuke se limitó a comentar: «Estar gordo no es bueno». Yo me sentía como si estuviera comunicándome a través de un abismo cultural.

Aquello también me generaba dudas con respecto a la estigmatización. Las evidencias eran muy claras: una vez que alguien es obeso, la estigmatización es una herramienta muy mala para propiciar cambios y, de hecho, hace que sea más probable que la persona coma más y se ejercite menos. Pero me preguntaba si la experiencia de Japón sugeriría que la estigmatización podía tener cierto efecto preventivo. En todo caso, era una pregunta que incluso me incomodaba formular, pues la estigmatización es algo que detesto.

Sea cual sea nuestra opinión sobre los aspectos éticos, la ley metabo parece estar teniendo —junto con otras medidas aplicadas en Japón— cierto impacto. La tasa de obesidad del país es, actualmente, la más baja del mundo desarrollado.

Cada vez me quedaba más claro que los japoneses colocan unas enormes barreras culturales entre ellos y las comidas excesivas. Sí, por supuesto, existen algunas sucursales de McDonald's y KFC, y puedes comer en ellas tres veces al día si es lo que quieres, pero, todos juntos, en cada una de las etapas de la vida, se lo impiden los unos a los otros. La comida rápida se consume en ocasiones especiales, no a diario.

Mientras recorríamos el país, Adam y yo empezábamos a entender qué se gana viviendo al estilo japonés. Todas las mañanas, alrededor de las siete o las ocho, en los parques de todo el país, se congregan personas mayores a ejercitarse juntas. Se ve a gente de ochenta y noventa años danzando o practicando yoga. Los japoneses viven más que ningún otro pueblo en el mundo.[5] En promedio, los hombres viven ochenta y un años, y las mujeres, ochenta y seis. Y lo que es más importante, se mantienen sanos durante mucho más tiempo. El estadounidense o británico promedio vive con mala salud entre dieciséis y diecinueve años antes de morir.[6] En Japón, ese periodo es de cinco o seis años.[7] Sufren muchos menos infartos, y si una de cada siete mujeres británicas y una de cada ocho mujeres estadounidenses tienen cáncer de mama,* en el caso de las japonesas la proporción es de una de cada treinta y ocho.[8]

---

* En España, según los últimos datos recogidos por la Sociedad Española de Oncología Médica, la probabilidad estimada de desarrollar cáncer

En Kobe, fui a conocer a los miembros de un equipo de futbol masculino que tenían más de ochenta y más de noventa años, y que compiten con otros en una liga que se organiza a nivel nacional. Un hombre llamado Yukio Morimoto, de ochenta y un años, me explicó que actualmente juega futbol tres veces por semana. Cuando volvió a jugar, a sus sesenta y tantos años (una edad a la que la mayoría de los occidentales deja de practicar ejercicios vigorosos), descubrió que sentía la misma emoción que cuando se enamoró por primera vez. «Aprendía mucho de mis compañeros de equipo. Todos los días intentaba absorber nuevas aptitudes. Nuevos trucos». Me contó que siguen siendo competitivos. Entre risas admitió que si no ganan, se enojan. Los compañeros de equipo de más de noventa años llevan unos shorts especiales con tortugas y grullas bordadas, porque, en la mitología japonesa, se dice que las primeras viven mil años, y las segundas, diez mil. «A pesar de la edad —comentó—, puedes mantener la salud, el cuerpo. Claro que para eso hay que entrenarse». Le pregunté qué comía. «Yo nunca he controlado mi dieta de manera consciente. Al final, ha acabado por gustarme lo que me funciona bien, lo que es bueno para mi cuerpo». El otro ejercicio que practica es salir a bailar con su esposa todas las semanas. Llevan cincuenta y dos años casados.

Acercándose más a Adam y a mí, nos preguntó si nuestros familiares mayores jugaban futbol. Nos quedamos perplejos. Adam le explicó que lo más cercano que había en Gran Bretaña era que, a veces, algunos hombres de cin-

---

de mama siendo mujer es de una de cada ocho, como en Estados Unidos. Véase <https://www.geicam.org/sala-de-prensa/el-cancer-de-mama-en-espana>. (*N. del T.*).

cuenta y tantos años se emborrachaban los sábados por la noche y que, al día siguiente, le daban patadas a un balón para quitarse la cruda. Aquellos futbolistas japoneses guardaron un educado silencio.

Pero a algunos japoneses incluso esos futbolistas les parecen unos mocosos. Nos desplazamos hasta Okinawa, un archipiélago situado en el extremo más meridional del país, para conocer un lugar de resonancias casi míticas, el pueblo con la población más longeva del mundo. A los pies de un monte cubierto de frondosa vegetación, llegamos a la localidad de Ogimi. Cuenta con 215 hogares, y 173 de sus habitantes tienen noventa años o más.[9] Allí la gente ha tenido vidas duras —casi todos eran granjeros pobres, y durante la guerra, en el transcurso de apenas tres meses, casi una tercera parte de la población murió en la batalla de Okinawa—. Y aun así, según ciertos cálculos, nadie en el mundo vive más que ellos.

En su pequeño centro comunitario, algunos de los residentes más ancianos iban llegando, con ganas de ponerse al día, de participar en algún juego de mesa y de practicar ejercicio.

La primera persona a la que conocimos fue Matsu Fukuchi, una mujer de ciento dos años que había llegado desde su casa a pie, despacio pero sin andadera con asiento, apoyada solo en un bastón. Su rostro era una perfecta sucesión de arrugas, entre las que asomaban unos ojos que nos observaban con curiosidad. Nos explicó que ese día no iba a quedarse mucho rato porque debía cuidar de su hijo, de setenta y cuatro años, que se recuperaba tras haberse caído del tejado de su casa hacía unos meses. «Me crie en las montañas», me contó, y había trabajado durante años como recolectora de bambú; debía cortarlo y bajarlo hasta el mercado para su venta. Me dijo que la vida le proporcionaba un gran placer. «Me reúno con mis nietos y nos divertimos, y bailamos. Me encanta bailar. También me gusta ver deportes: basquetbol, voleibol, sumo. Ahora es la temporada, así que me paso el día viendo la tele... Todo el mundo me pregunta qué hay que hacer para vivir tanto. Pero para mí es algo natural. Ha ocurrido naturalmente. Yo siempre he sido pobre. Cuando era niña, comía hojas de papa y sopa de miso, y arroz hervido. La verdad es que no he prestado mucha atención a mi salud. Pero como verduras».

El grupo empezó a jugar: celebraban un concurso de piedra, papel o tijera, al que me uní (y perdí). Después sonaron los primeros compases de una música tradicional de Okinawa, y Matsu se cubrió con un kimono de vivos colores. Acto seguido, despacio, con cuidado y derrochando alegría, se puso de pie y empezó a bailar. Movía las caderas suavemente al ritmo de la música, y las demás mujeres hacían lo mismo, agitando los brazos. En un momento dado me miró y me sonrió con tal intensidad que sus ojos casi se le borraron del rostro.

Mientras contemplaba a aquellas mujeres de un siglo de edad moverse al ritmo de la música, me embargaba la emoción. De pronto me di cuenta: es de esto de lo que se trata todo este viaje. Si cuidas tu salud, si aprendes a comer, si derrotas la obesidad, si no te arruinas las rodillas, el corazón, el páncreas, podrás tener más vida y más salud. Mi abuela, mi amiga Hannah, toda la gente a la que quería y que quedó incapacitada o murió antes de tiempo por la obesidad..., todos deberían haber tenido aquello. Eso era lo que yo quería para mi ahijado Adam: una vida larga, llena de salud. Matsu había nacido un año antes de que empezara a emitir la primera emisora de radio, y ese día yo estaba grabando nuestra conversación con un iPhone.

Mientras ella movía sus caderas de ciento dos años y me miraba, yo pensaba: «He aquí el premio potencial: más vida. Más salud. Más años de alegría».

Una noche, poco antes de irnos de Japón, Adam y yo hicimos algo que así, de entrada, parece una locura. Nos internamos en una zona peligrosa de Tokio controlada sobre todo por la Yakuza, el grupo criminal organizado, porque queríamos conocer un pequeño restaurante de madera llamado Uoshou. Al entrar, una mujer menuda de más de ochenta años nos saludó y nos condujo hasta una mesita baja. Nos habían dicho que la clientela del restaurante estaba formada sobre todo por maleantes y prostitutas, que acudían a comer la especialidad de la casa, un platillo que a mucha gente le da demasiado miedo comer. En Japón existe un pez de agua dulce conocido como *fugu*, considerado como una de las mayores exquisiteces del país. Pero tiene su chiste: se trata de un pez globo extraordinariamente venenoso, con unas huevas trece veces más mortíferas para los seres humanos que el arsénico. Todos los años, dos o tres personas mueren después de comer un *fugu* que no fue preparado correctamente. El chef, Osamu Iimura, me explicó que se trata de una muerte espantosa. «Ataca las neuronas —me dijo—. Inmoviliza. Después ataca el sistema respiratorio», y la persona se ahoga lentamente. «Pero hasta el final tienes la mente clara».

Hizo hincapié en que, como chef con formación, sabía cocinarlo, y contaba con una licencia municipal para hacerlo. Pero acto seguido soltó una risa inquietante. Una hora después nuestro *fugu* llegó a la mesa, y Adam y yo nos miramos, y clavamos la vista en aquel pescado. El chef me indicó que me comiera primero la boca, por lo que me concentré en aquellos labios azulados, como los de Mick Jagger, le di un bocado y me lo tragué sin masticar. La verdad es que estaba delicioso, lleno de un sabor extraño que no había probado nunca. Me fijé en mi respiración. ¿Me estaba asfixiando? Le tocó el turno a Adam, que separó un pedazo de carne blanca. Y así seguimos, masticando con cuidado.

Mientras, despacio, delicadamente, dábamos cuenta de aquel pescado asesino, se me ocurrió pensar que incluso esto, que es la comida más peligrosa de Japón, es más saludable que la comida que comemos todos los días en Occidente. La comida chatarra, los alimentos procesados, y la obesidad que generan, matan, por lo menos, a 112 000 estadounidenses anualmente. El *fugu* acaba con la vida de apenas un puñado de personas. Le comenté a Adam: «Debería sentirme más nervioso comiendo en un McDonald's, o cuando devoro una de esas lasañas precocinadas, que aquí, comiéndome este *fugu* y esperando las señales de la muerte».

Cuando llegamos al aeropuerto de Tokio-Haneda para tomar el vuelo de regreso a casa, Adam parecía pensativo. «Comer comida japonesa durante dos semanas me ha hecho darme cuenta de que... —Vaciló unos momentos—. Me ha hecho darme cuenta de la mierda de comida que llevo consumiendo toda mi vida». Me comentó que, en Inglaterra, muchas veces sufre estreñimiento y dolor de estómago, pero que, después de unos días en Japón, aquellos síntomas habían desaparecido. «No quiero ser uno de esos idiotas que se la pasan diciéndole a la gente: "¡Ah! ¿En serio tú comes eso? Pues cuando yo estuve en Japón...", pero es que debemos aprender algo de todo esto». De pronto, vi muy claramente la pura artificialidad de la crisis de obesidad, mucho más que en cualquier otro momento de mi recorrido: es una crisis creada por nuestra manera de vivir. Así pues, debería ser posible *descrearla*.

Pero ¿cómo podemos hacerlo? A primera vista, la brecha entre nosotros y los japoneses parecía infranqueable. Pero entonces me vino a la mente un recuerdo de cuando era niño. Le dije a Adam que si pudiera llevarlo a la Gran Bretaña o los Estados Unidos, supongamos, de 1987, habría algo que le sorprendería más que cualquier otra cosa: la gente fumaba en todas partes. Fumaba en los restaurantes, fumaba en los aviones, fumaba en las competencias deportivas. Cuando ibas a ver al médico, este fumaba mientras te examinaba (no es broma: lo recuerdo bien). Conservo una foto de mi madre, que está conmigo cuando yo era bebé. Me está dando el pecho, está fumando y apoya el cenicero en mi abdomen (cuando encontré esa fotografía hace unos años y se la mostré, ella me dijo: «Es que eras un niño muy difícil. Me hacía falta ese cigarro»).

Si en 1987 le hubiéramos dicho a la gente que, una generación después, el tabaco casi se habría esfumado, no nos habría creído. En 1982, el 71 por ciento de los hombres y el 54 por ciento de las mujeres eran fumadores. Actualmente solo fuma el 12 por ciento, y la cifra sigue disminuyendo. El Gobierno británico está en el proceso de criminalizar lentamente la venta de cigarros. Casi ninguno de los amigos de Adam fuma. Se trata de una transformación cultural enorme, que ha tenido lugar en un periodo de tiempo muy breve.

Le había preguntado a Masaru Watanabe, el chef japonés, si era posible que los occidentales se volvieran como los japoneses. «Espero que sí —me respondió—. Espero que sí, de verdad».

Cuando nuestro avión despegó, pensé en todos los lugares del mundo en los que, a lo largo de los años, había asistido a los primeros pasos que podían darse para iniciar ese cambio cultural. Había estado en México en 2015, justo después de que se aprobara el impuesto a las bebidas azucaradas, lo que llevó a un aumento de precio de los refrescos menos saludables. En casi todos los lugares donde se ha aplicado esta medida, su venta ha disminuido.[10] Podía irse mucho más lejos, aplicar impuestos a alimentos ultraprocesados y destinar lo recaudado a subsidiar comidas saludables para que fueran más asequibles para todos.

Había estado en Ámsterdam en 2019, donde el alcalde planteó una importante iniciativa encaminada a reducir la obesidad infantil mediante la prohibición de la comida no saludable en las escuelas, la sustitución de refrescos y jugos azucarados por agua potable, un aumento notable de los programas de ejercicio físico y la oferta de asesores personales comprensivos a padres con niños obesos para ayudarlos a encontrar soluciones en casa. Concentraban la ayuda en los niños más pobres, que eran los que tenían los mayores problemas. En cuestión de cuatro años, la obesidad infantil se redujo un 12 por ciento en todos los niveles, y un 18 por ciento en el caso de los niños con menos recursos económicos.[11]

En Minneapolis, visité a un equipo de médicos que entendían que nuestra manera de comer enfermaba a sus pacientes. Aliándose con una entidad benéfica local, empezaron a «recetar» comida saludable gratuita a sus pacientes. Sarah Kempainen, una de las doctoras implicadas, me explicó: «¿Cómo puede la gente mantener la salud o evitar la enfermedad? En gran medida, mediante el acceso a comida saludable... Así pues, la comida es medicina». Un estudio mostró que, transcurridos seis meses, sus pacientes se sentían significativamente más saludables.[12] Era algo que podía aplicarse a gran escala.

En Gran Bretaña, me reuní con el experto en presión arterial Graham MacGregor, que convenció a las empresas de alimentos para que redujeran drásticamente la cantidad de sal en sus panes, un sencillo cambio del que nadie se percató en cuanto al sabor. Se trata de una medida que salva entre 6 000 y 9 000 vidas al año al evitar embolias solo en el Reino Unido.[13] Él me explicó que ese planteamiento —modificar las recetas de alimentos populares que se venden en nuestros supermercados— se está extendiendo por todo el mundo, y que podría aplicarse a muchos más productos. La mejor manera de conseguirlo es mediante la regulación gubernamental de la industria alimentaria.

También entrevisté a un científico finlandés llamado Pekka Puska, que tras la muerte de su padre, fallecido a causa de un ataque al corazón, investigó por qué su país tiene la mayor tasa mundial de infartos. Resultó que era porque seguían una dieta catastrófica abundante en grasas saturadas y exceso de sal. Impulsó una campaña para transformar la manera de comer de la gente —educándola sobre los riesgos, convenciendo a las empresas alimentarias para que cambiaran los ingredientes de sus productos, lanzando un programa ambicioso de voluntarios que enseñaban a cocinar de otra manera—. Como resultado directo, los hombres finlandeses pasaron a tener un riesgo un 80 por ciento menor de morir de enfermedades cardiovasculares. Y la esperanza de vida del país aumentó diez años.[14]

Mientras Japón desaparecía entre las nubes, me daba cuenta de que no es verdad que, a mediano y largo plazo, la única elección a la que nos enfrentamos sea entre la obesidad y los nuevos medicamentos adelgazantes. Existe una tercera vía. Podemos llegar a parecernos más a Japón y a todos esos otros lugares. Pero la madre japonesa a la que mostré fotografías de nuestras comidas escolares había formulado la pregunta clave: «¿Existe algún movimiento para lograrlo?». ¿La gente lucha por ello? Es algo que no caerá del cielo, que no se nos entregará desde las alturas. Solo ocurrirá si un número suficiente de personas lo exigen.

Me di la vuelta en mi asiento y contemplé el pasillo del avión. Adam apoyaba la cabeza en una almohada y ya empezaba a quedarse dormido. Se veía muy distinto a hacía apenas unos años, cuando pesaba 50 kilos más. Había un brillo saludable en su piel, y no le costaba respirar. En ese momento me pregunté si vamos a construir una cultura que facilite todo lo posible que Adam mantenga el peso que tiene ahora, o a propiciar otra que lo boicotee en cada esquina.

Conclusión

Qué opciones tenemos

¿Qué hacemos, entonces, por nosotros
y por nuestros hijos?

Gradualmente, a medida que he ido trabajando en la preparación de este libro, mi conflicto interno ha ido suavizándose un poco y he empezado a mantener una posición más firme sobre los fármacos adelgazantes. Sigue siendo una cuestión compleja, pero cada vez me resultaba más clara.

En primer lugar, estoy convencido de que debemos modificar de manera radical la clase de alimentos que nos dan desde muy temprana edad, de manera que la siguiente generación no se haga adicta a una comida chatarra que priva de la saciedad, y no sienta la necesidad de medicarse para librarse de las consecuencias. Los fármacos adelgazantes presentan riesgos; en cambio, no hay riesgo alguno en parecerse más a los japoneses. Dado que has emprendido este viaje conmigo, dudo que a estas alturas no lo creas también, a menos que trabajes para la industria alimentaria.

Pero, en segundo lugar, estoy convencido de que mientras luchamos para que eso suceda, entretanto, yo sigo teniendo que enfrentarme a una decisión: no vivo en un futuro mejor. Vivo en el presente imperfecto y, aquí, debo sopesar los riesgos de ser obeso y los que estos medicamentos plantean. Si hubiera seguido estando tan obeso como a principios de 2023, con un 32 por ciento de grasa corporal, sería significativamente mayor el riesgo de sufrir diabetes, problemas de rodillas y cadera, artritis, cáncer, trastornos cognitivos que podrían llevarme a la demencia, hipertensión arterial y posibilidad de embolia o —como le ocurrió a mi abuelo— de morir joven como consecuencia de un infarto. Es tentador ignorar las abrumadoras pruebas científicas de todo ello, pero si lo hago, solo me estoy engañando a mí mismo. Estos medicamentos han revertido mi obesidad, y noto que mi salud ha mejorado. Camino más deprisa; no me falta el aire; me siento más ágil y más libre en todo mi cuerpo. Siento que físicamente he sanado.

Aun así, también soy consciente de que estos medicamentos conllevan unos riesgos significativos por sí mismos. Hay efectos secundarios: todavía noto ciertas náuseas una vez por semana, y unos cuantos días experimento confusión, y tengo cierta sensación de mareo, que dura unos minutos. Cuesta obviar la sensación de que eso es una señal que me envía mi cuerpo para decirme que algo está mal. Las evidencias según las cuales estos fármacos conllevan un aumento del bajo riesgo de padecer cáncer de tiroides en un 56 por ciento no deja de ser preocupante. Yo me controlo cuidadosamente la masa muscular para no perderla y volverme más frágil a medida que envejezco; de momento no ha disminuido, pero es algo que les ocurre a muchas personas que toman estos medicamentos. Es posible que las advertencias sobre el largo plazo —en relación con la depresión, el suicidio o algún otro peligro aún por identificar— acaben resultando ciertas. Desde que empecé a consumir Ozempic, he sentido mis emociones más apagadas, sin duda, aunque sería exagerado afirmar que he estado deprimido. Doy por sentado que es así porque extraño el papel psicológico que comer más de la cuenta desempeñaba en mi vida, consolándome y calmándome, e intento encontrar otras maneras de satisfacer esas necesidades, paso a paso. Pero no puedo estar seguro. Quizá el fármaco esté creando ese efecto en mi cerebro. No puedo desechar ese temor.

También he llegado a recelar un poco de mi propio criterio, después de que mi amiga Lara pusiera en duda mis motivos. Soy consciente de que, además de mejorar mi estado de salud, estos medicamentos me acercan más a la idea convencional de lo que significa tener buen aspecto. Sigo sin estar seguro de si eso interfiere en mi capacidad de razonamiento y lo decanta a favor de los fármacos. Podría ser.

Pero después de darle muchas vueltas, he llegado a la conclusión provisional de que, en mi caso, los beneficios superan los riesgos, razón por la cual voy a seguir tomando estos medicamentos en un futuro predecible. El consejo que he empezado a dar a otras personas es el siguiente: si tu IMC es inferior a 27, definitivamente no deberías tomar estos fármacos. Si es superior a 35 y en tu familia no hay antecedentes de cáncer de tiroides ni estás intentando quedar embarazada, seguramente deberías tomarlos. Si tu IMC está entre 27 y 35, la respuesta es más debatible, incluye más matices. Pero también soy consciente de que muchas personas razonables estudiarán los mismos hechos que he estudiado yo y llegarán a conclusiones diferentes sobre esta cuestión.

En tercer lugar, estoy convencido de que, sea lo que sea lo que cada quién decida en su caso, deberíamos aplicar medidas urgentes para prevenir algunos de los problemas que estos medicamentos causarán a personas más vulnerables. Sigue preocupándome mucho que gente con trastornos de alimentación recurran a ellos para intentar conseguir su objetivo, que es matarse de hambre. No podremos impedirlo del todo, pero sí puede hacerse mucho por limitarlo. Debemos imposibilitar que se receten *online*. Para obtenerlos, debería acudirse personalmente a un médico especializado en detectar trastornos de alimentación.

Así pues, con estas tres convicciones, creía haber llegado a la conclusión moral del libro: luchar por un entorno en el que no debamos enfrentarnos al negro dilema entre obesidad y medicamentos; mientras tanto, sopesar cuidadosamente los riesgos antes de tomar la decisión en cada caso; y presionar para proteger a personas con trastornos de alimentación.

Pero entonces ocurrió algo que, una vez más, abrió las puertas del dilema y me obligó a replantármelo todo en relación con estos medicamentos.

A medida que gente de todo el mundo empezaba a experimentar una pérdida de peso radical con el uso de estos fármacos, los médicos se plantearon nuevas preguntas.

¿Deberíamos administrárselos también a los adolescentes?

¿Y a los niños?

Al subir la apuesta de manera tan radical, ese dilema reabrió todas mis dudas. Como adulto, puedo decidir correr un riesgo para mi propia salud, consciente de que la persona que pagará el precio si las cosas salen mal seré yo. Pero cuando tomamos esas decisiones pensando en un niño, estamos determinando la salud de otra persona. Estos medicamentos solo funcionan mientras se toman, por lo que si medicas a un niño, estás decidiendo que probablemente habrá de seguir tomando unos fármacos caros el resto de su vida, es decir, setenta u ochenta años. Si yo estuviera evaluando el riesgo no para mí, sino para un niño de diez años, ¿sentiría lo mismo?

No entendí del todo lo difícil que resulta una decisión como esa hasta que entrevisté a Debra Tyler. Es enfermera en Connecticut, y su hija, a la que llamaré Anna, empezó a engordar mucho desde que era muy pequeña. «Siempre ha comido mucho —me contó—. No se sacia nunca». Anna se pasaba el día corriendo, practicando ejercicio —muchas veces iba a nadar y a montar a caballo—, pero a causa de su peso, le costaba mantener el ritmo de los demás niños. Debra sabía a qué podía conducirla aquello, porque lo había visto en otros miembros de su familia. Su esposo había tenido mucho sobrepeso y había sufrido un infarto a los cuarenta y cinco años, y dos de sus hermanos habían muerto por problemas cardiacos. Aun así, no esperaba lo que ocurrió a continuación.

Cuando Anna tenía cinco años, un médico le solicitó análisis de colesterol y resultó que tenía los lípidos muy elevados. La derivaron al momento a un especialista en endocrinología que, alarmado, aconsejó a Debra un cambio urgente de su dieta. Esta se esforzó mucho al respecto, pero constató que «con los niños es difícil, porque no entienden... Era una lucha diaria». Intentaba animar a su hija a comer todo tipo de comida saludable, y a practicar toda clase de deportes, como el basquetbol. «Me pasaba el día intentando ver cómo podía ayudarla, pero lo cierto es que, sinceramente, no funcionaba nada. Era una lucha constante. Y te sientes culpable. Es como... "Dios mío, ¿qué hemos hecho"?».

Al llegar a la adolescencia, a Anna le faltaba poco para pesar 90 kilos y sus indicadores de salud empeoraron. La remitieron a un programa pensado para evitar que los niños desarrollaran diabetes, y las pruebas iniciales determinaron que también estaba forzando el hígado. «Pasó de un hígado graso del 7 al 21 por ciento, y el médico concluyó que casi con total seguridad iba a necesitar consultar a un hepatólogo, así que debíamos actuar». También tenía los valores del colesterol peligrosamente altos.

Cuando Debra supo de la existencia del Ozempic, se posicionó en contra de manera instintiva. «Lo último que quería era medicar a mi hija», explicó. Le preocupaba que Anna pudiera sentirse avergonzada de su cuerpo. «No quería provocarle un trastorno de alimentación. No quería que comiera a escondidas, o que llegara a ser anoréxica». Pero ya había probado muchas de las soluciones evidentes de dieta y ejercicio. Así que empezaron a inyectarle el medicamento una vez por semana. Los primeros días tuvo unas ligeras náuseas, que poco después remitieron. «Nos dimos cuenta enseguida de que tenía menos apetito», dijo Debra. Anna adelgazó drásticamente, y su funcionamiento hepático recuperó de manera rápida niveles saludables. Debra se alegraba al ver que su hija iba mejorando, pero seguía sintiéndose algo incómoda.

Entonces, un día, Debra se acercó a la farmacia a recoger la siguiente dosis de Ozempic y la farmacéutica le dijo que, como su seguro médico, vinculado a su puesto de trabajo, había cambiado, Anna ya no tenía derecho a adquirir el fármaco. Tuvo que dejar de tomarlo, y en cuestión de semanas sus niveles de apetito volvieron a ser los de antes. Debra sabía lo que probablemente ocurriría a continuación: se le deterioraría el hígado. Así que su esposo y ella tomaron una decisión dolorosa: decidieron comprar Wegovy (el mismo fármaco que Ozempic, pero recetado contra la obesidad) pagándolo de su bolsa, lo que suponía un gasto de más de ochocientos dólares mensuales. Según contó: «[Estamos] intentando evitar que sea diabética. Esa es la razón principal [...]. Lo hacemos solo por su salud».

Pero me confió que, aún hoy, no está del todo segura de que su decisión fuera la correcta. Nadie conoce los efectos a largo plazo de estos fármacos en niños. Literalmente, nos encontramos ante un experimento. Ella ha llevado a toda la familia a seguir una dieta vegana, y en la actualidad todos están perdiendo algo de peso. Cuando le pregunté por la necesidad de abordar las causas más amplias de la obesidad en nuestra sociedad, se mostró comprensiva, pero me respondió: «Buenas suerte en la lucha contra la industria alimentaria, porque no vas a ganar. No va a haber cambios en la comida, por razones políticas y económicas».

Muchos padres se enfrentan al mismo conflicto que está experimentando Debra. Su dilema era extremo, porque la obesidad de su hija —y los riesgos para su salud— eran muy agudos, y ella era muy joven. Pero la obesidad infantil se ha propagado enormemente en el transcurso de mi vida, más aún que la de los adultos. Si tienes más de cuarenta años y vas a cualquier patio de recreo en Estados Unidos o Gran Bretaña, te darás cuenta de que el aspecto físico de los niños es muy distinto al de los niños de tu edad cuando ibas a la escuela. En una sola década, la cantidad de niños con obesidad en Gran Bretaña aumentó un 70 por ciento.[1] En Estados Unidos, la tasa de aumento de la obesidad infantil se duplicó durante los años de pandemia.[2] Se trata de algo que, en parte, ha ocurrido porque las empresas de comida rápida se han concentrado de manera consciente en nuestros hijos. Actualmente, un 67 por ciento de las calorías que consumen los niños en Estados Unidos proceden de alimentos ultraprocesados.[3]

Giles Yeo, el experto en obesidad de la Universidad de Cambridge, me dijo: «Cuando tienes obesidad de niño, resulta muy difícil dejar de ser obeso [...]. Por tanto, es muy

probable que acabes con obesidad de por vida, o durante
gran parte de tu vida». Los efectos de la obesidad en la salud infantil han sido investigados por científicos, y muchas
veces son espantosos. En 2023, *Pediatrics* (revista de la Aca-
demia Estadounidense de Pediatría), publicó un resumen
de las pruebas.[4] Se exponía que «la obesidad coloca a niños
y adolescentes en riesgo de situaciones adversas para la salud a corto y largo plazo en etapas posteriores de la vida,
incluidas enfermedades cardiovasculares; dislipemia; resistencia a la insulina; T2DM [diabetes tipo 2] y enfermedad
del hígado graso no alcohólico». Estamos hablando de algunas de las principales causas de mortalidad en nuestra
sociedad.

No cuesta ver por qué algunos científicos han afirmado
que debemos experimentar dando medicamentos adelgazantes a los adolescentes. Estos consideran que si la obesidad puede revertirse pronto, será más probable que la salud
del joven mejore a lo largo de toda su vida. En el mayor
ensayo clínico llevado a cabo con jóvenes, se administraron
esos medicamentos a 134 adolescentes de entre 12 y 17 años
que habían desarrollado obesidad.[5] Su pérdida de peso fue
drástica. Transcurridas 68 semanas, casi la mitad de ellos
habían descendido por debajo del umbral de la obesidad, y
una cuarta parte alcanzaron un peso saludable para su edad.
Al cabo de un año tomando el fármaco, el 62 por ciento de
los jóvenes obesos habían perdido al menos el 10 por ciento
de su peso corporal, un resultado asombroso si se tiene en
cuenta que aún estaban en fase de crecimiento. El coautor
del primer estudio, Aaron Kelly —codirector del Centro de
Medicina Pediátrica para la Obesidad de la Universidad
de Minnesota—, explicó a un entrevistador que esos resultados «no tienen precedentes históricos en tratamientos
que no sean la cirugía bariátrica».

Las ventajas son claras. Así como Debra vio que empezaban a esfumarse las señales de advertencia que parpadeaban en torno a la salud de su hija Anna, esos niños también tenían una probabilidad mucho menor de desarrollar diabetes, enfermedades cardiovasculares y problemas hepáticos. El 62 por ciento de los menores participantes en ese experimento más amplio sufrieron náuseas o algún dolor abdominal. Por lo general, estos duraban dos o tres días, pero después mayoritariamente desaparecían, aunque en un 11 por ciento de los casos esos síntomas se prolongaban en el tiempo.

Esas evidencias suscitaron una oleada de optimismo sobre la conveniencia de administrar esos fármacos a adolescentes. Pero otros médicos —también sinceros y respetados— trataron entonces de levantar el freno de mano para disuadir de su expansión por los patios escolares de todo el mundo. Por ejemplo, Dan Cooper, profesor de Pediatría de la Universidad de California en Irvine, junto con sus colegas, publicaron un artículo advirtiendo que los «niños no son adultos en miniatura».[6] Administrar estos medicamentos a personas que todavía están en fase de crecimiento y desarrollo plantea todo un nuevo conjunto de riesgos, unos riesgos que no habrían aparecido en los ensayos con adultos, y que podrían ser muy graves. Para desarrollarse adecuadamente, los niños necesitan consumir muchas calorías, pero esos fármacos pueden causar «reducciones desequilibradas e inadecuadas de la ingesta calórica» (energética). Si las calorías que ingiere un niño disminuyen por debajo de un nivel saludable, ello puede limitar su crecimiento y causar otros problemas de salud. Los niños usan las calorías para la mineralización ósea, que constituye una parte clave del proceso de formación de unos huesos saludables. Si esta no se produce adecuadamente por una disminución excesiva de las calorías ingeridas, esos niños tendrán un mayor riesgo de padecer osteoporosis en etapas posteriores de su vida.

Además, los niños con trastornos de alimentación podrían adquirir esos medicamentos para perjudicarse seriamente. Según esos médicos, se trata de un peligro que actualmente es aún mayor, pues las redes sociales han magnificado la tendencia de personas que, en una edad infantil, se sienten mal con sus cuerpos, lo que crea «una tormenta perfecta de potenciales maltratos». Decirle a un niño que hay algo en su cuerpo que está mal, para lo que deberá medicarse de por vida, es un paso muy importante, de consecuencias impredecibles para el desarrollo de su autopercepción.

Existe otro peligro evidente, que este grupo de científicos no planteó. En la actualidad desconocemos los riesgos para los adultos de tomar estos medicamentos para el tratamiento de la obesidad durante diez o veinte años, por lo que no tenemos ni idea de a qué riesgos van a exponerse unos niños que, posiblemente, vayan a tomarlos durante ochenta años.

Dan y sus colegas defendían que, en lugar de administrar fármacos, deberíamos dejar de «medicalizar enfermedades pediátricas, muchas de las cuales surgen a partir de mecanismos ambientales y sociales, no biológicos», y abordar «las cuestiones ambientales y de estilo de vida que han contribuido en gran medida a la epidemia de obesidad infantil».

Estas preocupaciones van a agudizarse aún más, dado que algunos científicos defienden administrar los fármacos a niños cada vez más pequeños.

En el momento de escribir estas líneas, Novo Nordisk está llevando a cabo un ensayo clínico sobre la conveniencia de administrarlos a niños de seis años.

Intenté imaginar lo que debía de ser tener un hijo obeso y decidir si medicarlo o no. Pero no dejaba de embargarme una emoción que había conseguido mantener a raya casi siempre mientras escribía el libro: una ira aguda.

¿Por qué es esta la disyuntiva a la que nos enfrentamos: mantener a nuestros hijos con una peligrosa enfermedad física que podría arruinar su salud, o administrarles de por vida un medicamento potencialmente peligroso? ¿Cómo hemos llegado hasta aquí? No ha sido por casualidad. Hemos permitido que la industria alimentaria, desregulada, destruyera la salud de nuestros hijos. Existen numerosas pruebas de ello, pero escojo aleatoriamente una sola. En 1998, se hizo público un informe interno de una empresa que fabrica muchas de las galletas que seguramente has comido. En él estaba escrito que habían hablado con los nombres más conocidos de la industria de la comida rápida para buscar la mejor manera de vender sus productos a niños. Y concluían: «Es importante destacar que dado que las preferencias de gusto se determinan pronto, gran parte del esfuerzo se centra [en los] que son aún más jóvenes que los adolescentes». Para conseguirlo, esas empresas «se apoyan en películas infantiles y en personajes televisivos» y donan materiales con sus logotipos a las escuelas, así como comida rápida para sus menús de mediodía, y todo para que los niños ansíen sus productos lo antes y lo más a menudo posible.

Ese informe interno, como la industria, se construye alrededor de la idea de que los niños coman unos alimentos malos que los enfermarán, a fin de que esas empresas puedan ganar más dinero. Gastan más de mil millones de dólares al año, solo en Estados Unidos, en *marketing* dirigido a niños. A mí me lo hicieron durante toda mi infancia, lo que me llevó a consumir esas porquerías y a aprender a adorarlas. Es algo que no debería haber ocurrido. En las sociedades democráticas deberíamos haber regulado a las empresas para evitar que ocurriera. Podemos empezar a hacerlo ahora. Nuestros hijos no se merecen que les secuestren el gusto y la salud a cambio de más beneficios; merecen algo mejor.

¿Entonces? ¿Qué va a ocurrir ahora? Después de todo lo que he aprendido, creo que se plantean básicamente cinco escenarios para la implantación posible de estos medicamentos. Empezaré por el más pesimista e iré escalando hasta el optimista, y al final te diré cuál creo más probable.

El primer escenario es que esto sea como un fen-phen 2.0. Quizá exista un efecto desastroso de estos fármacos que de momento solo hemos intuido. Podría estar relacionado con los avisos de seguridad en relación con el cáncer de tiroides y con las ideas suicidas que la Unión Europea ya ha emitido, o quizá se trate de algo que aún no se ha detectado. Ese efecto oculto o desconocido tendría que ser muy severo para resultar peor que los efectos de la obesidad, pero ya hemos conocido otros fármacos adelgazantes y sabemos qué ha ocurrido, por lo que se trata de una posibilidad que no puede descartarse.

El segundo escenario es que estos medicamentos sean como los antidepresivos químicos. Estos generan un efecto muy acusado al principio, pero en la mayoría de las personas este se suaviza con el tiempo. Hay quienes toman antidepresivos químicos y experimentan un efecto que se prolonga en el tiempo (si es tu caso, te recomiendo que sigas tomándolos), pero, por desgracia, el mejor ensayo clínico realizado sobre estos medicamentos descubrió que, con el tiempo, la gente, en su mayoría, vuelve a deprimirse de manera gradual. Eso fue lo que me ocurrió cuando tomé

Paxil, un conocido antidepresivo que es un inhibidor selectivo de la recaptación de serotonina (ISRS). Es posible que, de manera similar, la pérdida de peso causada por estos medicamentos disminuya en el transcurso de cinco o diez años, es decir, dentro de una década. En mi caso, volveré al peso que habría tenido si no se hubiera inventado el Ozempic.

El tercer escenario es que sean como las estatinas que se nos recetan para los problemas cardiacos. Ese medicamento protector del corazón bloquea una sustancia que el cuerpo necesita para producir colesterol, por lo que, cuando se toma, los niveles de colesterol disminuyen drásticamente. Las estatinas no atacan las razones subyacentes que explican por qué la gente sufre infartos —el estrés, una dieta inadecuada, falta de ejercicio físico—, pero aun así, al afectar a uno de los mecanismos biológicos que intervienen en el proceso, impiden un gran número de infartos y, casi con total seguridad, han salvado la vida de alguno de nuestros seres queridos. Estos nuevos medicamentos adelgazantes podrían llegar a gozar de la misma consideración. Aunque en esta comparación hay trampa.

Las estatinas son de fabricación muy barata y, como consecuencia de ello, son el medicamento más recetado en muchos países ricos. En la actualidad, no podríamos desplegar los nuevos fármacos adelgazantes ni aun queriendo, porque resultan enormemente costosos. Si debiéramos administrárselos a todas las personas que cumplen los requisitos (el 70 por ciento de la población en Estados Unidos), se correría el riesgo de arruinar los sistemas de sanidad estatales o los seguros médicos privados. Walter Willett, el profesor de Harvard al que entrevisté, ha advertido que recetarlos a todas las personas susceptibles de tomarlos podría incrementar un 50 por ciento los presupuestos de sanidad existentes. Y no se debe al costo intrínseco de los medicamentos —pueden fabricarse por unos 40 dólares mensuales—. La razón es que la patente es propiedad de Novo Nordisk y Eli Lilly, que defienden que, al haber realizado inversiones de riesgo para desarrollar estos fármacos, deben recoger la recompensa.[7] Por eso cobran 1 200 dólares mensuales por paciente en Estados Unidos.

Así pues, existe el riesgo de que estos medicamentos sean verdaderos salvavidas pero que su uso se vea restringido a una pequeña élite y que el resto de la población siga engordando cada vez más y muera antes de tiempo. Los ricos conseguirán estar delgados, pero los niños pobres desarrollarán diabetes a los doce años.

El cuarto escenario es que esos medicamentos sean como las estatinas, pero que, además, con el tiempo, puedan ser administrados a todo el que los necesite. Diferentes países podrían expandir su acceso de distintas maneras. Gran Bretaña cuenta con un Servicio Nacional de Sanidad que se financia mediante los impuestos de los ciudadanos, por lo que quizá los adquiera y los distribuya al por mayor a un menor precio, consciente de que se ahorrará una fortuna en costos sanitarios más adelante. En Estados Unidos podría lograrse de varias maneras. Quizá la competencia entre diferentes fármacos adelgazantes conlleve un descenso de los precios. Quizá las compañías llegarán a la conclusión de que les conviene más vender una mayor cantidad a un menor precio. También es posible que esos fármacos conduzcan a mayores esfuerzos para regular las empresas farmacéuticas e instarlas a cobrar menos.

En cualquier caso, en 2032, la patente de muchos de estos medicamentos habrá expirado, lo que implica que cualquiera podrá fabricar versiones genéricas baratas a 40 dólares mensuales, aproximadamente. Si estas pasan a estar ampliamente disponibles, si resultan seguras y económicas, podría producirse un punto de inflexión extraordinario. Podría ocurrir que, dentro de unas décadas, volviéramos la vista atrás y dijéramos: «A causa de un espantoso sistema de alimentación, padecimos una crisis de obesidad, pero después un medicamento nos sacó a muchos de nosotros de ese pozo y revirtió gran parte del daño causado».

Y por último está el quinto escenario, el más optimista. Consiste en que muchos de nosotros empecemos a usar el medicamento y experimentemos una pérdida de peso significativa, y veamos que nuestra salud mejora, y que ello nos abra los ojos y nos lleve a preguntarnos cómo hemos llegado a esta situación. ¿Cómo hemos acabado por tener un sistema de alimentación tan disfuncional que nos ha obligado a aplicar un programa de medicación masiva para protegernos de él? ¿Queremos que nuestros hijos también tengan que medicarse de la misma manera? A los japoneses no les hacen falta estos fármacos. ¿Por qué a nosotros sí? ¿Quién nos ha robado la sensación de saciedad, y cómo impediremos que se la roben a la siguiente generación, de manera que no tenga que tomar también esta medida tan drástica? La extraordinaria necesidad de recurrir a este medicamento podría propiciar un momento de asombro, de autocomprensión, y animar a la creación de un movimiento para abordar los factores subyacentes que, de entrada, han causado la actual crisis.

Después de todo lo que he aprendido mientras investigaba para escribir este libro, resulta desalentador saber que aún no estamos seguros de cuál de estos escenarios se concretará. Estos medicamentos podrían matarnos, pero también podrían convertirse en el principio del fin de la crisis de obesidad. Si me apuntaran con una pistola a la cabeza y me obligaran a decir qué escenario considero más probable, diría que el tercero o el cuarto. Pero yo voy a luchar por el quinto. Y espero que te unas a mí.

Solo hay una fotografía de mi amiga Hannah en internet. Se la tomaron años antes de que, a los cuarenta y tantos, muriera de un infarto, después de toda una vida conviviendo con la obesidad. Es la foto de perfil de su cuenta de Twitter. Mira a la cámara con esa expresión facial que tantas veces le vi, pero que incluso hoy tanto me cuesta describir. Casi se ríe, pero no del todo. Hay un atisbo de temor en torno a sus ojos, pero también, en las comisuras de sus labios, la determinación de que va a matar ese miedo con alguna solución brillante. Habría que poner toda la carne en el asador a la hora de abordar la crisis de obesidad: millones de personas vivirán o morirán en función de que hagamos bien las cosas. Es a ella a la que no puedo olvidar. Si hubiéramos hecho las cosas bien hace una generación, creo que Hannah estaría aquí hoy.

Pero sé que, si ella estuviera aquí hoy, me estaría diciendo: «¿La carne en el asador? Pues esa carne me la como yo, llorón. Así que ve abriendo Uber Eats y encendiendo la tele. Y deja de lloriquear de una vez».

No te he olvidado, Hannah.

Te extraño.

Y no olvidaré qué fue lo que te mató.

Agradecimientos

Estoy muy agradecido, de verdad, con todas las personas que me han apoyado mientras escribía este libro y lo hicieron posible. Mis editores Kevin Doughten y Alexis Kirschbaum han sido extraordinarios, como también lo han sido mis agentes, Natasha Fairweather y Richard Pine. Sarah Punshon, Jake Hess y Sean Lavery han ejercido de verificadores de datos, y mis conversaciones con ellos han generado muchas de las ideas que has leído en estas páginas: estoy muy en deuda con ellos. Mis maravillosas amigas Elizabeth Davidson y Decca Aitkenhead me han ayudado especialmente al abordar estos temas conmigo largo y tendido.

Katie Aitken-Quack y Patricia Clark, las abogadas de mis editores, han hecho un trabajo excelente, lo mismo que mi correctora, Katherine Fry, y mi maravillosa directora de producción, Lauren Whybrow.

En Japón, mi organizadora fue Chie Matsumoto; en Islandia, me ayudaron Halldór Árnason y su familia; en Dinamarca, Jonas Ejlersen realizó algunas traducciones para mí; y en Países Bajos, Roseanne Kropmann hizo lo mismo. Les estoy agradecido a todos ellos.

Les agradezco muy sinceramente a todos los científicos y expertos que hayan compartido sus conocimientos conmigo. Asimismo, me siento muy en deuda con Naomi Klein,

333

V (antes conocida como Eve Ensler), Ben Hari, Jerome Johnson, Rosie Tasker, Jemima Goldsmith, Elisa Hari, Aaron Hari, Erin Hari, Josh Wood, Steph Sharkey, Isaac Wood, Deborah Friedell, Stephen Grosz, Rosie Tasker, Amy Li, Jessica Luxembourg, Rob Blackhurst, Andrew Sullivan, Patrick Strudwick, Ronan McCrea, Tristan Kendrick, Laurence Laluyaux, Stephen Edwards, Katharina Volckmer, Barbara Bateman y Hermione Lawton.

A quienes han contribuido a través de Patreon, gracias por su generosidad: me permiten disponer de tiempo para llevar a cabo la investigación en profundidad que mis libros requieren. Quiero dar las gracias especialmente a Pam Roy, Erik de Bruijn, Rachel Bomgaars, Lynn McFarland, Nicole Collins y Stephen Duke. Quien desee sumarse a ellos y recibir actualizaciones regulares sobre el objeto de mis investigaciones y trabajos futuros, puede hacerlo en <https://www.patreon.com/johannhari>.

La descripción que hago sobre el tiempo que pasé en la clínica Mayr está tomada en parte de un artículo que escribí sobre la experiencia y que se publicó en *Independent* en 2007. Agradezco al periódico que me haya concedido permiso para reproducir el material.

Todos los errores del libro son míos. Si detectas alguno, por favor, envíamelo a <chasingthescream@gmail.com> y lo corregiré en futuras ediciones y te daré las gracias en el sitio web. Todas las correcciones serán publicadas en <www.magicpillbook.com/corrections>.

Notas

Por favor, téngase en cuenta que estas son unas notas parciales. He incluido solamente los estudios más importantes en esta sección porque (ironías de la vida) no quería que este libro acabara siendo muy gordo.

En el sitio web del libro figuran treinta mil palabras en notas adicionales, que explican mucho más sobre el contexto de los datos científicos que abordo aquí, y mucha más información que considero que te ayudará. Así que te remito a <www.magicpill book.com/endnotes>.

Además, en esa sección del sitio web podrás acceder a los audios de las conversaciones sobre las que has leído en las páginas de este libro. Aparecen incorporadas a lo largo de toda la sección de «Notas».

Introducción: El Santo Grial

1. He escrito sobre esta experiencia en uno de mis libros anteriores: J. Hari, *Lost Connections: Uncovering the Real Causes of Depression — And the Unexpected Solutions* (Bloomsbury, 2018), p. 91. [Hay trad. cast.: *Conexiones perdidas*, Madrid, Capitán Swing, 2020].

2. Véanse <https://www.cnbc.com/2023/04/28/obesity-drugs-to-be-worth-200-billion-in-next-10-years-barclays-says.html>, consultado el 18 de junio de 2023; <https://companiesmarket

capg.com/mcdonald/marketcap/#:~:text=As%20of%20septem
ber%202023%20McDonald,cap%20according%20to%20our
%20data>, consultado el 28 de septiembre de 2023.

3. K. M. Flegal, B. I. Graubard, D. F. Williamson y M. H.
Gail, «Excess Deaths Associated With Underweight, Overweight, and Obesity», *JAMA*, 293(15), 2005, pp. 1, 861-867,
doi:10.1001/jama.293.15.1861.

4. La cifra procede de la versión de 2016 del estudio *Global
Burden of Disease*, como lo cita el Center for Science in the Public Interest, «Why good nutrition is important», s. f., <https://
www.cspinet.org/eating-healthy/why-good-nutrition-impor-
tant>, consultado el 18 de octubre de 2022. Véase también
<https://harvardpublichealth.org/nutrition/proces
sed-foods-make-us-sick-its-time-forgovernment-action/#:~:
text=Harvard%20professor%20Jerold%20Mande%20ar
gues,and%20USDA%20to%20step%20in.&text=Federal%20
food%20law%20is%20clear,food%5D%20injurious%
20to%20health.%E2%80%9D>, consultado el 10 de octubre de
2023.

5. Se trata de una estimación aproximada realizada por investigadores de la Facultad de Medicina de la Universidad Brown
basada en estudios anteriores sobre dietas y pérdida de peso. Véase R. R. Wing y S. Phelan, «Long-term weight loss mainte-
nance», *American Journal of Clinical Nutrition*, 82, supl. 1, 2005,
pp. 222S-225S, <https://pubmed.ncbi.nlm.nih.gov/16002825/>.
Es un tema que se aborda con más detalle en el capítulo 6.

6. Véase <https://pubmed.ncbi.nlm.nih.gov/16926275/>. Mi
primer conocimiento de ello fue en el *Oxford Handbook of the
Social Science of Obesity*, OUP, 2011, p. 24.

1. Encontrar el cofre del tesoro

1. S. Mojsov, G. C. Weir y J. F. Habener, «Insulinotropin:
glucagon-like peptide I (7-37) co-encoded in the glucagon gene

is a potent stimulator of insulin opinion in the perfused rat pancreas», *Journal of Clinical Investigation*, 79(2), 1987, pp. 616-619, doi:10.1172/JCI112855. Véase también este fascinante artículo para obtener una historia más completa de la implicación de Svetlana Mojsov en el trabajo sobre el GLP-1: <https://www.science.org/content/article/her-work-paved-way-blockbuster-obesity-drugs-now-she-s-fighting-recognition#:~:text=1987%3A%20Mojsov%20and%20Habener%2C%20with,listed%20as%20the%20sole%20inventor>, consultado el 6 de noviembre de 2023.

2. C. Orskov, J. J. Holst y O. V. Nielsen, «Effect of truncated glucagon-like peptide-1 [proglucagon-(78-107) amide] on endocrine secretion from pig pancreas, antrum, and nonantral stomach», *Endocrinology*, 123, 1988, pp. 2009-2013; véase también sobre hipoventilación severa por obesidad <https://err.ersjournals.com/content/28/151/180097#:~:text=Obesity%20hypoventilation%20syndrome%20(OHS)%20is,that%20may%20cause%20alveolar%20ohypoventilation>, consultado el 29 de octubre de 2023.

3. Véase <https://www.nature.com/articles/3790690>.

4. J. Eng, «Exendin peptides», *Mount Sinai Journal of Medicine*, 59, 1992, pp. 147-149. Véase también <https://www.diabetesincontrol.com/dr-john-engs-research-found-that-the-saliva-of-the-gila-monster-contains-a-hormone-that-treats-diabetes-better-than-any-other-medicine/>, consultado el 28 de octubre de 2023.

5. J. P. H. Wilding *et al.*, «Once-weekly semaglutide in adults with overweight or obesity», *New England Journal of Medicine*, 384(11), 2021, pp. 989-981, doi:10.1056/NEJMoa2032183.

6. Véase <https://dom-pubs.onlinelibrary.wiley.com/doi/10.1111/dom.14725>.

7. A. M. Jastreboff *et al.*, «Tirzepatide once weekly for the treatment of obesity», *New England Journal of Medicine*, 387(3), 2022, pp. 205-2016, doi:10.1056/NEJMoa2206038, <https://www.nejm.org/doi/full/10.1056/NEJMoa2107519>. La cifra del

20.9 por ciento es solo para la dosis más elevada; la pérdida de peso era menor con dosis más bajas.

8. A. M. Jastreboff *et al.*, «Triple-hormone-receptor agonist retatrutide for obesity — A phase 2 trial», *New England Journal of Medicine*, 389(6), 2023, pp. 514-526, doi:10.1056/NEJMoa 2301972. Véase también <https://www.newscientist.com/arti cle/mg25934470-900-beyond-wegovy-could-the-next-wave-of-weight-loss-drugs-end-obesity/>, consultado el 13 de agosto de 2023; <https://www.reuters.com/business/healthcarepharmaceu ticals/lilly-experimental-triple-g-obesity-drug-leads-242-weight-loss-trial-nejm-2023-06-26/>, consultado el 8 de octubre de 2023.

9. Los dos importantes estudios: <https://www.nejm.org/doi/full/10.1056/NEJMoa2301972>; <https://www.thelancet.com/journals/lancet/article/PIIS0140-6736(23)01053-X/fulltext>.

10. J. Seufert *et al.*, «Increase in pulse rate with semaglutide did not result in increased adverse cardiac events in subjects with type 2 diabetes in the SUSTAIN 6 cardiovascular outcomes trial», *European Heart Journal*, 39, supl. 1, agosto de 2018, ehy565.P2857, <https://doi.org/10.1093/eurheartj/ehy565.P2857>.

11. W. T. Garvey *et al.*, «Two-year effects of semaglutide in adults with overweight or obesity: the STEP 5 trial», *Nature Medicine*, 28, 2022, pp. 2083-2091, <https://doi.org/10.1038/s41591-022-02026-4>. No está absolutamente claro que los efectos secundarios sean la única causa de que los pacientes no sigan tomando el fármaco. STEP-5, por ejemplo, demostró una tasa de culminación del 92.8 por ciento, pero se trata de un promedio entre los grupos con placebo y los que tomaron semaglutida. Y en algunos estudios con adolescentes, la tasa de abandono es prácticamente idéntica para el placebo que para el fármaco real, por lo que en este aspecto interviene algo más, no solo los efectos secundarios.

2. Cheesecake Park

1. Véase «The surgeon general's vision for a healthy and fit nation», 2010, <https://www.ncbi.nlm.nih.gov/books/NBK446 56/>, consultado el 6 de noviembre de 2023, para un buen resumen de estudios sobre esta cuestión.

2. J. Komlos y M. Brabec, «The evolution of BMI values of US adults: 1882-1986», *Center for Economic Policy Research* (blog), 31 de agosto de 2010, <https://cepr.org/voxeu/columns/evolution-bmi-values-us-adults-1882-1986>, consultado el 28 de septiembre de 2023. En este estudio se vio que el IMC empezaba a aumentar en esa época, razón por la cual digo que es «probable» que la obesidad también lo hiciera. Un alto IMC y obesidad no son sinónimos, pero a menudo están estrechamente relacionados; véase la explicación de Walter Willett en el capítulo 11.

3. R. Casas, L. Brown y J. Gómez-Ambrosi, «The origins of the obesity epidemic in the USA — Lessons for today», *Nutrients*, 14(20), 2022, p. 4253, <https://www.ncbi.nlm.nih.gov/pmc/articles/PMC9611578/>.

4. Véase <https://www.cdc.gov/obesity/data/adult.html>, consultado el 23 de noviembre de 2023.

5. M. Moss, *Sugar Salt Fat*, W. H. Allen, 2014, p. 238 [Hay trad. cast.: *Adictos a la comida basura*, Deusto, Barcelona, 2016]; véase también S. Gill, «Is there an average weight for men?», *Medical News Today*, 11 de octubre de 2014, <https://www.medicalnewstoday.com/articles/320917#average-weight-of-men-in-the-us>, consultado el 28 de octubre de 2023.

6. National Institutes of Health, «Overweight and Obesity Statistics», septiembre de 2021, <https://www.niddk.nih.gov/health-information/health-statistics/overweight-obesity>, consultado el 26 de junio de 2023.

7. C. Baker, «Obesity statistics», Biblioteca de la Cámara de los Comunes, sesión informativa sobre investigación, 12 de enero de 2023, <https://researchbriefings.files.parliament.uk/documents/SN03336/SN03336.pdf>. Véase también Tim Spector,

The Diet Myth: The Real Science Behind What We Eat, Weidenfeld & Nicolson, 2016, p. 12. [Hay trad. cast.: *El mito de las dietas*, Antoni Bosch, Barcelona, 2017].

8. OMS, «Obesity and overweight», 9 de junio de 2021, <https://www.who.int/news-room/fact-sheets/detail/obesity-and-overweight>, consultado el 28 de septiembre de 2023.

9. P. M. Johnson y P. J. Kenny, «Dopamine D2 receptors in addiction-like reward dysfunction and compulsive eating in obese rats», *Nature Neuroscience*, 13(5), 2010, pp. 635-641, <https://pubmed.ncbi.nlm.nih.gov/20348917/>.

10. A. Sclafani y D. Springer, «Dietary obesity in adult rats: Similarities to hypothalamic and human obesity syndromes», *Physiology & Behavior*, 17(3), 1976, pp. 461-471, <https://www.sciencedirect.com/science/article/abs/pii/0031938476901098>. El primer conocimiento de los experimentos de Sclafani me llegó a través de Kessler, *The End of Overeating*, Harmony/Rodale, 2009, p. 15. Véase también M. Tordoff, «Obesity by choice: the powerful influence of nutrient availability on nutrient intake», *American Journal of Physiology-Regulatory, Integrative and Comparatory Physiology*, 282(5), 2002, R1536-R1539, <https://pubmed.ncbi.nlm.nih.gov/11959698/>, como se cita en K. Brownell y K. B. Horgen, *Food Fight*, McGraw Hill, 2003, p. 25.

11. B. E. Levin y A. A. Dunn-Meynell, «Defense of body weight depends on dietary composition and palatability in rats with diet-induced obesity», *American Journal of Physiology-Regulatory, Integrative and Comparatory Physiology*, 282(1), 2002, R46-R54, doi:10.1152/ajpregu.2002.282.1.R46.

3. Muerte y resurrección de la saciedad

1. S. H. Holt, J. C. Miller, P. Petocz y E. Farmakalidis, «A satiety index of common foods», *European Journal of Clinical Nutrition*, 49(9), 1995, pp. 675-690. El primer conocimiento de este estudio me llegó a través de H. Pontzer, *Burn: The Mis-*

understood Science of Metabolism, Penguin, 2021, p. 226. [Hay trad. cast.: *Quema: los descubrimientos revolucionarios sobre el metabolismo, el peso y la salud*, Barcelona, Océano, 2021].

2. M. Borvornparadorn *et al.*, «Increased chewing reduces energy intake, but not postprandial glucose and insulin, in healthy weight and overweight young adults», *Nutrition & Dietetics*, 76(1), 2019, pp. 89-94, doi:10.1111/1747-0080.12433; Dieuwerke P. Bolhuis y Ciarán G. Forde, «Application of food texture to moderate oral processing behaviors and energy intake», *Trends in Food Science & Technology*, 106, 2020, pp. 445-446, <https://doi.org/10.1016/j.tifs.2020.10.021>. Estos hallazgos se han usado como técnicas de adelgazamiento con cierto éxito: <https://www.researchgate.net/profile/Rebekka-Schnepper/publication/330043007_A_Combined_Mindfulness%27Prolonged_Chewing_Intervention_Reduces_Body_Weight_Food_Craving_and_Emotional_Eating/links/5c2df660a6fdccd6b58f6c99/A-Combined-MindfulnessProlonged-Chewing-Intervention-Reduces-Body-Weight-Food-Craving-and-Emotional-Eating.pdf>, consultado el 10 de noviembre de 2023.

3. Stephen J. Simpson, Rachel Batley y David Raubenheimer, «Geometric analysis of macronutrient intake in humans: the power of protein?», *Appetite*, 41(2), 2003, pp. 123-140, <https://doi.org/10.1016/S0195-6663(03)00049-7>. Véase también C. Wilson, «What really makes junk food bad for us? Here's what the science says», *New Scientist*, 9 de junio de 2021, <https://www.newscientist.com/article/mg25033380-700-what-really-makes-junk-food-bad-for-us-heres-what-the-science-says/>, consultado el 1 de julio de 2023; D. Raubenheimer y S. Simpson, «You have five appetites, not one, and they are the key to your health», *New Scientist*, 298, 20 de mayo de 2020, <https://www.newscientist.com/article/mg24632831-400-you-have-five-appetites-not-one-and-they-are-the-key-to-your-health/>, consultado el 14 de agosto de 2023.

4. Simpson, Batley y Raubenheimer, «Geometric analysis of macronutrient intake in humans», art. cit. Véase también

Raubenheimer y Simpson, «You have five appetites, not one», art. cit.

5. S. E. Swithers, «Artificial sweeteners produce the counterintuitive effect of inducing metabolic derangements», *Trends in Endocrinology and Metabolism*, 24(9), 2013, pp. 431-441, doi:10.1016/j.tem.2013.05.005; L. B. Sorenson *et al.*, «Sucrose compared with artificial sweeteners: a clinical intervention study of effects on energy intake, appetite, and energy expenditure after 10 wk of supplementation in overweight subjects», *American Journal of Clinical Nutrition*, 100(1), 2014, pp. 36-45, <https://pubmed.ncbi.nlm.nih.gov/24787495/>.

6. D. S. Ludwig, K. E. Peterson y S. L. Gortmaker, «Relation between consumption of sugar-sweetened drinks and childhood obesity: a prospective, observational analysis», *Lancet*, 357(9255), 2001, pp. 505-508, doi:10.1016/S0140-6736(00)04 041-1. Mi primer contacto con este estudio lo tuve a través de Brownell y Horgen, *Food Fight*, *op. cit.*, p. 169.

7. S. E. Swithers y T. L. Davidson, «A role for sweet taste: calorie predictive relations in energy regulation by rats», *Behavioral Neuroscience*, 122(1), 2008, pp. 161-173, doi:10.1037/0735-7044.122.1.161. Mi primer conocimiento de ello me llegó a través de Joanna Blythman, *Swallow This: Serving Up the Food Industry's Darkest Secrets*, HarperCollins, 2015, p. 111.

8. Tim Spector, *Spoon Fed: Why Almost Everything We've Been Told About Food is Wrong*, Vintage, 2022, p. 67. [Hay trad. cast.: *Alimentarse sin engaños: por qué casi todo lo que nos cuentan sobre la comida es erróneo*, Barcelona, RBA, 2023].

9. J. Suez *et al.*, «Personalized microbiome-driven effects of non-nutritive sweeteners on human glucose tolerance», *Cell*, 185(18), 2022, pp. 3307-3328.e19, <https://pubmed.ncbi.nlm.nih.gov/35987213/>.

10. T. Davidson y S. Swithers, «A Pavlovian approach to the problem of obesity», *International Journal of Obesity*, 28, 2004, pp. 933-935, <https://doi.org/10.1038/sj.ijo.0802660>; S. E. Swithers, «Artificial sweeteners are not the answer to child-

hood obesity», *Appetite*, 93, 2015, pp. 85-90, doi:10.1016/j.appet.2015.03.027. Los argumentos de la profesora Swithers son controvertidos, y se han llevado a cabo algunos estudios que parecen sugerir que sus hallazgos podrían no ser plenamente extrapolables a los seres humanos: <https://www.foodnavigator.com/Article/2015/04/13/Report-and-industry-clash-over-artificial-sweeteners-role-in-childhood-obesity#>, consultado el 10 de noviembre de 2023.

11. C. Clutter, «Disappearance of the human microbiota: how we may be losing our oldest allies», *American Society for Microbiology*, 8 de noviembre de 2019, <https://asm.org/Articles/2019/November/Disappearance-of-the-Gut-Microbiota-How-We-May-Be>, consultado el 1 de julio de 2023.

12. Spector, *The Diet Myth*, *op. cit.*, p. 94.

13. K. Hall *et al.*, «Ultra-processed diets cause excess calorie intake and weight gain: an inpatient randomized controlled trial of ad libitum food intake», *Cell Metabolism*, 30(1), 2019, pp. 66-77, <https://www.cell.com/cell-metabolism/fulltext/S1550-4131(19)30248-7>.

14. Véase <https://www.theguardian.com/environment/2016/apr/24/real-cost-of-roast-chicken-animal-welfare-farms>, consultado el 6 de noviembre de 2023.

15. Véase <https://www.ciwf.org.uk/media/5234769/Nutritional-benefits-of-higher-welfare-animal-products-june-2012.pdf>, consultado el 6 de noviembre de 2023. Esas son las cifras relativas a pollos de crianza intensiva, que constituyen la inmensa mayoría de los que consumimos, sobre todo en Estados Unidos.

16. Daniel Imhoff, «Honoring the food animals on your plate», *Huffington Post*, 2011, <https://www.huffpost.com/entry/honoring-food-animals-cafos_b_826016>, consultado el 6 de noviembre de 2023.

17. Mark Schatzker, *The Dorito Effect: The Surprising New Truth About Food and Flavor*, Simon & Schuster, 2016, p. 80; «Molasweet palatant boosts lamb growth», *All about Feed* (blog),

27 de mayo de 2008, <https://www.allaboutfeed.net/home/mo laisweet-palatant-boosts-lamb-growth/> (este estudio fue financiado por la industria alimentaria).

18. «Breast cancer statistics», Cancer Research UK, <https://www.cancerresearchuk.org/health-professional/can cer-statistics/statistics-by-cancer-type/breastcancer#:~:text= Breast%20cancer%20risk,in%20the%20UK%20are%20pre ventable>, consultado el 1 de octubre de 2023.

19. «Desde principios de la década de 1990, las tasas de incidencia de cáncer de mama han aumentado en torno a una sexta parte (18 por ciento) en el Reino Unido, según Breast Cancer UK. «Breast cancer statistics», Cancer Research UK, art. cit.

20. T. Prone, «Moral outrage won't halt demand for new weight-loss drug of choice», *Irish Examiner*, 15 de mayo de 2023, <www.irishexaminer.com/opinion/columnists/arid-41138 794.html>, consultado el 10 de octubre de 2023.

4. VIVIR EN UN ESTADO DE INFLAMACIÓN

1. Centers for Disease Control and Prevention, «National diabetes statistics report — Coexisting conditions and complications», 30 de septiembre de 2022, <https://www.cdc.gov/diabe tes/data/statistics-report/coexisting-conditions-complications. html>, consultado el 12 de octubre de 2023. Véase también Henry Dimbleby con Jemima Lewis, *Ravenous: How to Get Ourselves and Our Planet into Shape*, Profile, 2023, p. 258.

2. Max Pemberton me explicó en un correo electrónico: «Los adolescentes/adultos jóvenes con diabetes tipo 2 pierden aproximadamente quince años con respecto a la EVR [esperanza de vida restante] y pueden experimentar complicaciones graves, crónicas, de la diabetes tipo 2 cuando llegan a la cuarentena». Véase E. T. Rhodes *et al.*, «Estimated morbidity and mortality in adolescents and young adults diagnosed with type 2 diabetes mellitus», *Diabetic Medicine*, 29(4), 2012, pp. 453-463, <https://

onlinelibrary.wiley.com/doi/10.1111/j.1464-5491.20
11.03542.x>.

3. D. P. Guh *et al.*, «The incidence of co-morbidities related to obesity and overweight: a systematic review and meta-analysis», *BMC Public Health*, 9(88), 2009, <https://bmcpublic
health.biomedcentral.com/articles/10.1186/1471-2458-9-88>.
Conocí este estudio a través de Nadja Hermann, *Conquering Fat
Logic*, Scribe, 2019, p. 101.

4. A. Jayedi *et al.*, «Anthropometric and adiposity indicators
and risk of type 2 diabetes: systematic review and dose-response
metaanalysis of cohort studies», *BMJ*, 376, 2022, <https://www.
bmj.com/content/376/bmj-2021-067516>.

5. K. M. V. Narayan *et al.*, «Effect of BMI on lifetime risk
for diabetes in the U.S.», *Diabetes Care*, 30(6), 1 de junio de
2007, pp. 1562-1566, <https://doi.org/10.2337/dc06-2544>.

6. G. Boden *et al.*, «Excessive caloric intake acutely causes
oxidative stress, GLUT4 carbonylation, and insulin resistance
in healthy men», *Science Translational Medicine*, 7(304), 2015,
p. 304re7, doi:10.1126/scitranslmed.aac4765. Tuve conocimiento de ello a través de Rachel Herz, *Why You Eat What You Eat*,
W. W. Norton & Co., 2019, pp. 12-13.

7. A. Menke, S. Casagrande, L. Geiss y C. C. Cowie, «Prevalence of and trends in diabetes among adults in the United States,
1988-2012», *JAMA*, 314(10), 2015, pp. 1021-1029, doi:10.1001/
jama.2015.10029. Supe de la existencia de este estudio a través de
Hermann, *Conquering Fat Logic, op. cit.*, p. 100. Véase también el sitio
web de CDC, en el que se estima que 96 millones de estadounidenses tienen prediabetes, lo que es «más de uno de cada tres», <https://
www.cdc.gov/chronicdisease/resources/publications/factsheets/
diabetes-prediabetes.htm>, consultado el 24 de agosto de 2023.

8. D. P. Guh *et al.*, «The incidence of co-morbidities related
to obesity and weight: a systematic review and meta-analysis»,
BMC Public Health, 9(88), 2009, doi:10.11.1186/1471-2458-9-
88. Tuve conocimiento de este estudio a través de Hermann,
Conquering Fat Logic, op. cit., p. 109.

9. Véase <https://www.washingtonpost.com/wellness/2023/09/18/obesity-heart-disease-cardiac-death/>, consultado el 10 de octubre de 2023.

10. P. Strazzullo *et al.*, «Excess body weight and incidence of stroke: meta-analysis of prospective studies with 2 million participants», *Stroke*, 41(5), 2010, e418-e426, <https://doi.org/10.1161/STROKEAHA.109.576967>. Otro metaanálisis reciente, en el que se usaron diferentes técnicas estadísticas, halló relación entre obesidad y diabetes tipo 2 y entre obesidad y enfermedad de las arterias coronarias, pero no con el ictus: H. Riaz *et al.*, «Association between obesity and cardiovascular outcomes: a systematic review and meta-analysis of mendelian randomization studies», *JAMA Network Open*, 1(7), 2018, e183788, doi:10.1001/jamanetworkopen.2018.3788.

11. S. Pati *et al.*, «Obesity and cancer: a current overview of epidemiology, pathogenesis, outcomes, and management», *Cancers*, 15(2), 2023, p. 485, <https://www.ncbi.nlm.nih.gov/pmc/articles/PMC9857053/>; <https://www.cancerresearchuk.org/about-cancer/causes-of-cancer/obesity-weight-and-cancer#:~:text=Overweight%20and%20obesity%20is%20the,you%20are%20a%20healthy%20weight>, consultado el 28 de octubre de 2023.

12. K. Kelland, «Fat to blame for half a million cancers a year», Reuters, 25 de noviembre de 2014, <https://www.scientificamerican.com/article/fat-to-blame-for-half-a-million-cancers-a-year/>, consultado el 2 de julio de 2023; M. Kyrgiou *et al.*, «Adiposity and cancer at major anatomical sites: umbrella review of the literatura», *BMJ*, 356, 2017, j477, <https://www.bmj.com/content/356/bmj.j477>.

13. «How does obesity cause cancer?», *Cancer Research UK*, 14 de febrero de 2023, <https://www.cancerresearchuk.org/about-cancer/causes-of-cancer/bodyweight-and-cancer/how-does-obesity-cause-cancer>, consultado el 14 de octubre de 2023.

14. T. D. Adams *et al.*, «Long-term mortality after gastric bypass surgery», *New England Journal of Medicine*, 357, 2007,

pp. 753-761, <https://www.nejm.org/doi/full/10.1056/nejmoao
66603>, como se cita en *Oxford Handbook*, *op. cit.*, p. 797; R.
Khamsi, «Stomach stapling really can save lives», *New Scientist*,
22 de agosto de 2007, <https://www.newscientist.com/article/
dn12526-stomach-stapling-really-can-save-lives/#:~:text=-
They%20found%20that%20within%20about,overall%20re-
duced%20risk%20of%20death>, consultado el 3 de agosto de
2023. Véase también J. Radcliffe, *Cut Down to Size: Achieving
Success with Weight Loss Surgery*, Routledge, 2013, pp. 150-152;
Hermann, *Conquering Fat Logic*, *op. cit.*, p. 116.

15. H. Kuchler, «Weight-loss drugs: will health systems
and insurers pay for "skinny jabs"?», *Financial Times*, 11 de agosto de 2023, <https://www.ft.com/content/81ca6f61-b945-4975-
95ff-23ad0a4d8faa>, consultado el 13 de agosto de 2023.

16. N. D. Wong *et al.*, «US population eligibility and estimated impact of semaglutide treatment on obesity prevalence
and cardiovascular disease events», *Cardiovascular Drugs and
Therapy*, 2023, <https://doi.org/10.1007/s10557-023-07488-3>.

5. ¿SE REPITE LA VIEJA HISTORIA?

1. Alicia Mundy, *Dispensing with the Truth*, St Martin's
Press, 2001, p. 38.

2. N. Skydsgaard, «Novo Nordisk says EMA raised safety
signal on drugs including semaglutide», Reuters, 22 de junio de
2023, <https://www.reuters.com/business/healthcare-pharma
ceuticals/novo-nordisk-shares-slip-ema-drug-safety-signal-
2023-06-22/>.

3. M. A. Nauck y N. Friedrich, «Do GLP-1-based therapies increase cancer risk?», *Diabetes Care*, 36, supl. 2, 2013,
S245-S252, <https://www.ncbi.nlm.nih.gov/pmc/≤articles/PM-
C3920789/#B6>; L. B. Knudsen *et al.*, «Glucagon-like pepti-
de-1 receptor agonists activate rodent thyroid c-cells causing
calcitonin release and c-cell proliferation», *Endocrinology*, 151(4),

2010, pp. 1473-1486, <https://doi.org/10.1210/en.2009-1272>; <https://pubmed.ncbi.nlm.nih.gov/20203154/>.

4. J. Bezin *et al.*, «GLP-1 receptor agonists and the risk of thyroid cancer», *Diabetes Care*, 46(2), 2023, pp. 384-390, <https://diabetesjournals.org/care/article/46/5/e120/148795/Comment-on-Bezin-et-al-GLP-1-Receptor-Agonists-and>.

5. S. Singh *et al.*, «Glucagonlike peptide 1-based therapies and risk of hospitalization for acute pancreatitis in type 2 diabetes mellitus: a population based matched case-control study», *JAMA Internal Medicine*, 173(7), 2013, pp. 534-539, <https://jamanetwork.com/journals/jamainternalmedicine/fullarticle/1656537>.

6. M. Sodhi *et al.*, «Risk of gastrointestinal adverse events associated with glucagon-like peptide-1 receptor agonists for weight loss», *JAMA*, publicado *online* el 5 de octubre de 2023, <https://jamanetwork.com/journals/jama/fullarticle/2810542>. Véase también Thomson Reuters, «New study ties weight-loss drugs Wegovy, Ozempic to serious gastrointestinal conditions», *CBC*, 5 de octubre de 2023, <https://www.cbc.ca/news/health/ozempic-wegovy-glp-1-1.6988122#:~:text=Medicines%20in%20the%20same%20class,obesity%20drug%2C%20Canadian%20researchers%20find>.

7. S. Moniuszko, «Ozempic, Mounjaro manufacturers sued over claims of "stomach paralysis" side effects», 3 de agosto de 2023, <https://www.cbsnews.com/news/ozempic-mounjaro-lawsuit-gastroparesis-stomach-paralysis-side-effect/>, consultado el 10 de octubre de 2023.

6. ¿Por qué no hacer dieta y ejercicio?

1. T. Mann *et al.*, «Medicare's search for effective obesity treatments: Diets are not the answer», *American Psychologist*, 62, 2007, pp. 220-233. Véase también A. J. Tomiyama, B. Ahlstrom y T. Mann, «Long-term effects of dieting: Is weight loss related

to health?», *Social and Personality Psychology Compass*, 7(12), 2013, pp. 861-877.

2. W. Bennett y J. Gurin, *The Dieter's Dilemma*, Basic Books, 1982. Este fue uno de los primeros libros en los que se planteó la idea. Véanse los siguientes para un debate más reciente: V. M. Ganipisetti y P. Bollimunta, «Obesity and set-point theory», *StatPearls* (actualizado el 25 de abril de 2023); W. T. Garvey, «Is obesity or adiposity-based chronic disease curable: the set point theory, the environment, and second-generation medications», *Endocrine Practice*, 28(2), 2022, pp. 214-222, doi:10.1016/j.eprac. 2021.11.082.

3. J. W. Anderson *et al.*, «Long-term weight-loss mainte-nance: a meta analysis of US studies», *American Journal of Clini-cal Nutrition*, 74(5), 2001, pp. 579-584, <https://pubmed.ncbi. nlm.nih.gov/11684524/>.

4. R. R. Wing y S. Phelan, «Long-term weight loss mainte-nance», *American Journal of Clinical Nutrition*, 82, supl. 1, 2005, pp. 222S-225S, <https://pubmed.ncbi.nlm.nih.gov/16002825/>.

5. Es así, sobre todo, en el caso de los varones. Véase p. 12 de OMS, *WHO European Regional Obesity Report 2022*, 2 de mayo de 2022, <https://www.who.int/europe/publications/i/item/978 9289057738>. Véase también Universidad de Islandia, «Obesity among Icelandic children grows fast», s. f., <https://english. hi.is/obesity_among_icelandic_children_grows_fast>; «Icelandic children are the second fattest in Europe», *Iceland Monitor*, 24 de mayo de 2017, <https://icelandmonitor.mbl.is/news/poli tics_and_society/2017/05/24/icelandic_children_are_the_se cond_fattest_in_europe/>.

6. B. J. Sawyer *et al.*, «Predictors of fat mass changes in res-ponse to aerobic exercise training in women», *Journal of Strength and Conditioning Research*, 29(2), 2015, pp. 297-304, <https:// pubmed.ncbi.nlm.nih.gov/25353081/>; Hermann, *Conquering Fat Logic*, *op. cit.*, p. 246.

7. E. Dolgin, «The appetite genes: why some of us are born to eat too much», *New Scientist*, 31 de mayo de 2017, <https://

www.newscientist.com/article/mg23431281-600-the-appetite-genes-why-some-of-us-are-born-to-eat-too-much/>.

8. N. Twilley, «A pill to make exercise obsolete», *The New Yorker*, 30 de octubre de 2017, <https://www.newyorker.com/magazine/2017/11/06/a-pill-to-make-exercise-obsolete>.

9. Tim Spector, *The Diet Myth: The Real Science Behind What We Eat*, Weidenfeld & Nicolson, 2016, p. 37. [Hay trad. cast.: *El mito de las dietas: lo que dice la ciencia sobre lo que comemos*, Antoni Bosch, Barcelona, 2017].

7. Descubrimiento en el cerebro

1. Véase <https://www.sciencedirect.com/science/article/abs/pii/0006899389906288>.

2. M. D. Turton *et al.*, «A role for glucagon-like peptide-1 in the central regulation of feeding», *Nature*, 379(6560), 1996, pp. 69-72, doi:10.1038/379069a0, <https://pubmed.ncbi.nlm.nih.gov/8538742/>.

3. E. Jerlhag, «The therapeutic potential of glucagon-like peptide-1 for persons with addictions based on findings from preclinical and clinical studies», *Frontiers in Pharmacology*, 14, 30 de marzo de 2023, art. n.º 1063033, doi:10.3389/fphar.2023.1063033; M. Tufvesson-Alm, O. T. Shevchouk y E. Jerlhag, «Insight into the role of the gut-brain axis in alcohol-related responses: emphasis on GLP-1, amylin, and ghrelin», *Frontiers in Psychiatry* 13, 9 de enero de 2023, art. n.º 1092828, doi:10.3389/fpsyt.2022.1092828; C. Aranäs *et al.*, «Semaglutide reduces alcohol intake and relapse-like drinking in male and female rats», *EBioMedicine*, 93, julio de 2023, art. n.º 104642, doi:10.1016/j.ebiom.2023.104642.

4. J. E. Douton *et al.*, «Glucagon-like peptide-1 receptor agonist, liraglutide, reduces heroin self-administration and drug-induced reinstatement of heroin-seeking behaviour in rats», *Behav. Pharmacol.* 33(5), agosto de 2022, pp. 364-378,

doi:10.1111/adb.13117. Como me explicó Patricia en un correo electrónico: «Los agonistas de GLP-1R reducían la búsqueda de opioides inducida por asociación, una vez más, de manera muy fiable, alrededor de un 50 por ciento, y cuando la búsqueda se propiciaba a partir de una potenciación (o recordatorio), la búsqueda de opiáceos se reducía en más de un 80 por ciento. Douton *et al.*, 2021, [...] muestra el efecto de la exendina-4 en búsqueda de heroína por asociación y por droga; Evans *et al.*, 2022 [...] muestra el efecto de un tratamiento crónico con un agonista de GLP-1R de larga actuación, la liraglutida, en la búsqueda de heroína inducida por asociación y por droga; Douton *et al.*, 2022, [...] muestra el efecto de una administración aguda de liraglutida en la búsqueda de droga inducida por asociación, por droga y por estrés; Urbanik *et al.*, 2022 [...], muestra el efecto de la administración aguda de la liraglutida en búsqueda de fentanilo inducida por asociación y por droga».

5. G. Sørensen *et al.*, «The glucagon-like peptide 1 (GLP-1) receptor agonist exendin-4 reduces cocaine self administration in mice», *Physiology Behavior*, 149, 2015, pp. 262-268, doi:10.10 16/j.physbeh.2015.06.013.

6. Yammine *et al.*, «Feasibility of exenatide, a GLP-1R agonist, for treating cocaine use disorder: a case series study», *Journal of Addiction Medicine*, 17(4), julio-agosto de 2023, pp. 481-484,<https://academic.oupg.com/ntr/article-abstract/23/10/1682/6217746>. Véase también Kristian Sjøgren, «Weightloss drug shows potential in smoking cessation», ScienceNews.dk, 27 de junio de 2023, <https://sciencenews.dk/en/weight-loss-drug-shows-potential-in-smoking-cessation>.

7. Véase <https://doi.org/10.1172/jci>.

8. D. Weintraub *et al.*, «Association of dopamine agonist use with impulse control disorders in Parkinson disease», *Archives of Neurology*, 63(7), 2006, pp. 969-973, doi:10.1001/archneur.63.7.969; Laura E. De Wit *et al.*, «Impulse control disorders associated with dopaminergic drugs: a disproportionality analysis using vigibase», *European Neuropsychopharmacology*, 58,

2022, pp. 30-38, <https://doi.org/10.1016/j.euroneuro.2022.01.113>. Véase también «The medications that change who we are», BBC, s. f., <https://www.bbc.com/future/article/20200108-the-medications-that-change-who-we-are>, consultado el 13 de julio de 2023.

8. ¿Qué nos pasa cuando comemos de más?

1. Herz, *Why You Eat What You Eat*, *op. cit.*, pp. 247-248, citando a Y. Cornil *et al.*, «From fan to fat? Vicarious losing increases unhealthy eating, but self-affirmation is an effective remedy», *Psychological Science*, 24(10), 2013, pp. 1936-1946, <https://doi.org/10.1177/0956797613481232>.

2. V. Chamlee, «On election night, Americans self-medicated with delivery food and booze», *Eater*, 14 de noviembre de 2016, <https://www.eater.com/2016/11/14/13621652/election-night-food-postmates-grubhub>; M. LaMagna, «Here are the comfort foods America binged on as the election unfolded», *MarketWatch*, 16 de noviembre de 2016, <https://www.marketwatch.com/story/this-is-what-americans-ate-on-election-day-and-after-2016-11-11>, citado en Herz, *Why You Eat What You Eat*, *op. cit.*, pp. 234-235.

3. J. K. Morris *et al.*, «Non-employment and changes in smoking, drinking, and body weight», *BMJ*, 304(6826), 1992, pp. 536-541, <https://pubmed.ncbi.nlm.nih.gov/1559056/>. Tuve conocimiento de ello a través de Esther Rothblum y Sondra Solovay (eds.), *The Fat Studies Reader*, NYU Press, 2009, p. 26.

4. Michael Moss, *Hooked: How We Became Addicted to Processed Food*, W. H. Allen, 2022, p. 70, citando a W. V. R. Vieweg *et al.*, «Body mass index relates to males with posttraumatic stress disorder», *Journal of the National Medical Association*, 98(4), 2006, pp. 580-586, <https://www.ncbi.nlm.nih.gov/pmc/articles/PMC2569214/>.

5. Para elaborar esta sección sobre Hilde, me he basado en diversidad de fuentes, particularmente en el excelente libro de

Hilde titulado *Eating Disorders*, Basik Books, 1973. Véanse también Gilman, *Obesity: The Biography*, Oxford University Press, 2010, pp. 94-105; Ellen Ruppel Shell, *The Hungry Gene: The Inside Story of the Obesity Industry*, Grove Press, 2003, pp. 44-45; Rothblum y Solovay, *The Fat Studies Reader*, *op. cit.*, pp. 114-117; Virginia Sole-Smith, *Fat Talk: Coming of Age in Diet Culture*, Ithaka, 2023, pp. 9 y 152; Amy Erdman Farrell, *Fat Shame: Stigma and the Fat Body in American Culture*, NYU Press, 2011, pp. 77-80; *Oxford Handbook*, *op. cit.*, p. 89.

6. I. M. Paul *et al.*, «Effect of a responsive parenting educational intervention on childhood weight outcomes at 3 years of age: the INSIGHT randomized clinical trial», *JAMA*, 320(5), 2018, pp. 461-468, doi:10.1001/jama.2018.9432.

7. Hari, *Lost Connections*, *op. cit.*, capítulo 9.

8. Cito aquí a Roxane Gay, *Hunger: A Memoir of (My) Body*, Harper, 2017, pp. 11 y 142-143. [Hay trad. cast.: *Hambre: memorias de mi cuerpo*, Madrid, Capitán Swing, 2018].

9. J. E. Mitchell *et al.*, «Addictive disorders after Roux en-Y gastric bypass», *Integrated Health*, 11, 2015, p. 14, <https://doi.org/10.1016/j.soard.2014.10.026>. Muchas de ellas ya habían tenido adicciones en el pasado, que ahora se reactivaban.

10. Mitchell y De Zwaan, *Bariatric Surgery*, *op. cit.*, p. 103: «Powers *et al* (1992) refirieron que el 17 por ciento de los pacientes experimentaron síntomas psiquiátricos significativos después de la cirugía que requirieron hospitalización. Mitchell *et al.* (2001) se encontraron con que el 29 por ciento de su muestra experimentaba un episodio de trastorno depresivo mayor después de la cirugía». P. S. Powers *et al.*, «Psychiatric issues in bariatric surgery», *Obesity Surgery*, 2(4), 1992, pp. 315-325, <https://pubmed.ncbi.nlm.nih.gov/10765191/>; J. E. Mitchell *et al.*, «Long-term follow-up of patients status after gastric bypass», *Obesity Surgery*, 11(4), 2001, pp. 464-468, <https://pubmed.ncbi.nlm.nih.gov/11501356/>.

11. Varía según el procedimiento empleado, y casi se cuadruplica con el baipás gástrico, mientras que en otros casos la

proporción es menor. El cociente de riesgo general ajustado en el caso de cualquier cirugía bariátrica es de 3.16. Véase <https://www.ncbi.nlm.nih.gov/pmc/articles/PMC5932484/>. Véanse también C. Peterhansel *et al.*, «Risk of completed suicide after bariatric surgery: a systematic review», *Obesity Reviews*, 14(5), 2013, pp. 369-382, <https://pubmed.ncbi.nlm.nih.gov/23297762/>; D. Castaneda *et al.*, «Risk of suicide and self-harm is increased after bariatric surgery — A systematic review and metaanalysis», *Obesity Surgery*, 29(1), 2019, pp. 322-333, <https://pubmed.ncbi.nlm.nih.gov/30343409/>.

9. «CREO QUE NO ESTÁS EN TU CUERPO»

1. Véase figura 1 en J. P. H. Wilding *et al.*, «Once-weekly semaglutide in adults with overweight or obesity», *New England Journal of Medicine*, 384(11), 2021, pp. 989-1002, doi:10.1056/NEJMoa2032183.

2. T. F. Cash y L. Smolak, «Understanding body images: Historical and contemporary perspectives», en T. F. Cash y L. Smolak (eds.), *Body Image: A Handbook of Science, Practice, and Prevention*, Guilford Press, 2012, pp. 3-11.

3. V. Swami *et al.*, «Associations between women's body image and happiness: results of the YouBeauty.com Body Image Survey (YBIS)», *Journal of Happiness Studies*, 16, 2015, pp. 705-716. Véase también <https://www.psychologytoday.com/us/articles/199702/body-image-in-america-survey-results>, consultado el 6 de noviembre de 2023.

4. V. Swami, «Cross-cultural perspectives on body size», en M. L. Craig (ed.), *The Routledge Companion to Beauty Politics*, Routledge, 2023, pp. 103-111.

5. S. Stieger *et al.*, «Engagement with social media content results in negative body image: an experience sampling study using wearables and a physical analogue scale», *Body Image*, 43, 2022, pp. 232-243.

6. B. M. Dolan, S. A. Birtchnell y J. H. Lacey, «Body image distortion in non-eating disordered women and men», *Journal of Psychosomatic Research*, 31(4), 1987, pp. 513-520, doi:10.1016/0022-3999(87)90009-2.

7. J. M. Alleva, T. L. Tylka y A. M. Kroon Van Diest, «The Functionality Appreciation Scale (FAS): Development and psychometric evaluation in U.S. community women and men», *Body Image*, 23, 2017, pp. 28-44, doi:10.1016/j.bodyim.2017.07.008.

8. V. Swami, D. Barron y A. Furnham, «Exposure to natural environments, and photographs of natural environments, promotes more positive body image», *Body Image*, 24, 2018, pp. 82-94.

10. ¿AUTOACEPTARSE O PASAR HAMBRE?

1. Roberta Pollack Seid, *Never Too Thin: Why Women Are at War with Their Bodies*, Prentice Hall, 1991, p. 150.

2. Véase <https://www.stylist.co.uk/long-reads/wellness-ozempic-self-denial/786606>, consultado el 3 de agosto de 2023.

3. *Ibidem.*

11. ¿EL CUERPO PROHIBIDO?

1. *Oxford Handbook of the Social Science of Obesity*, *op. cit.*, p. 92; R. M. Puhl *et al.*, «Perceptions of weight discrimination: prevalence and comparison to race and gender discrimination in America», *International Journal of Obesity*, 32(6), 2008, pp. 992-1000, <https://pubmed.ncbi.nlm.nih.gov/18317471/>.

2. B. Major, J. M. Hunger, D. P. Bunyan y C. T. Miller, «The ironic effects of weight stigma», *Journal of Experimental Social Psychology*, 51, 2014, pp. 74-80, <https://doi.org/10.1016/j.jespg.2013.11.009>. Tuve conocimiento de este estudio en K.

355

Gunnars, «The Harmful Effects of Fat Shaming», *Healthline*, 19 de enero de 2022, <https://www.healthline.com/nutrition/fat-shaming-makes-things-worse#overeating>.

3. N. A. Schvey *et al.*, «The impact of weight stigma on caloric consumption», *Obesity*, 19(10), 2011, pp. 1957-1962, <https://pubmed.ncbi.nlm.nih.gov/21760636/>, consultado el 10 de octubre de 2023.

4. Este metaanálisis muestra evidencias más amplias de ello: X. Zhu *et al.*, «A metaanalysis of weight stigma and health behaviors», *Stigma and Health*, 7(1), 2022, pp. 1-13, <https://doi.org/10.1037/sah0000352>; véase también A. Tomiyama *et al.*, «How and why weight stigma drives the obesity "epidemic" and harms health», *BMC Medicine*, 16, 2018, p. 123, <https://doi.org/10.1186/s12916-018-1116-5>.

5. L. R. Vartanian *et al.*, «Effects of weight stigma on exercise motivation and behavior: a preliminary investigation among college-aged females», *Journal of Health Psychology*, 13(1), 2008, pp. 131-138, <https://doi.org/10.1177/1359105307084318>.

6. Bovey, *The Forbidden Body*, op. cit., p. 1.

7. Louise Foxcroft, *Calories and Corsets: A History of Dieting over 2 000 Years*, Profile, 2012, página de inicio, sin numerar.

8. Bovey, *The Forbidden Body*, op. cit., pp. 44-45.

9. Erec Smith, *Fat Tactics: The Rhetoric and Structure of the Fat Acceptance Movement*, Lexington Books, 2018, pp. 24-25.

10. R. J. Kuczmarski, K. M. Flegal, S. M. Campbell y C. L. Johnson, «Increasing prevalence of overweight among US adults: the National Health and Nutrition Examination Surveys, 1960 to 1991», *JAMA*, 272(3), 1994, pp. 205-211, doi:10.1001/jama.1994.03520030047027.

11. K. M. Flegal *et al.*, «Excess deaths associated with underweight, overweight, and obesity», *JAMA*, 295(15), 2005, pp. 1861-1867, <https://jamanetwork.com/journals/jama/fullarticle/200731>. Sobre el planteamiento de Katherine Flegal en relación con la controversia que siguió, véase Katherine M. Flegal, «The obesity wars and the education of a researcher: A personal

account», *Progress in Cardiovascular Diseases*, 67, 2021, pp. 75-79, <https://www.sciencedirect.com/science/article/pii/S003306 2021000670>.

12. Véase D. Clifford *et al.*, «Impact of non-diet approaches on attitudes, behaviors and health outcomes: a systematic review», *Journal of Nutrition Education and Behavior*, 47(2), 2015, pp. 143-155; L. Bacon y L. Aphramor, «Weight science: evaluating the evidence for a paradigm shift», *Nutrition Journal*, 10(9), 2011, <https://doi.org/10.1186/1475-2891-10-9>; L. Bacon, J. S. Stern, M. D. Van Loan y N. L. Keim, «Size acceptance and intuitive eating improve health for obese, female chronic dieters», *Journal of the American Dietetic Association*, 105(6), 2005, pp. 929-936, doi:10.1016/j.jada.2005.03.011; L. Rapoport, M. Clark y J. Wardle, «Evaluation of a modified cognitive-behavioural programme for weight management», *International Journal of Obesity and Related Metabolic Disorders*, 24(12), 2000, pp. 1726-1737, doi:10.1038/sj.ijo.0801465. Si estos planteamientos consiguen realmente aumentar el nivel de ejercicio físico de la gente, podrían tener un gran impacto sobre la salud; véase, por ejemplo, este estudio (que no sigue el enfoque de «salud con cada talla»), que descubrió que una persona obesa perteneciente al grupo «activo» tenía la mitad del riesgo de padecer una enfermedad cardiovascular con respecto a otra totalmente sedentaria: X. Zhang *et al.*, «Physical activity and risk of cardiovascular disease by weight status among US adults», *PLoS One*, 15(5), 2020, e0232893, doi:10.1371/journal.pone.0232893.

13. La pobreza y el estrés tienen, inequívocamente, efectos negativos para la salud. Véase, por ejemplo, Tian *et al.*, «Association of stress-related disorders with subsequent risk of all-cause and cause-specific mortality: a population-based and sibling-controlled cohort study», *Lancet*, 18 (100402), julio de 2022, <https://www.thelancet.com/journals/lanepe/article/PIIS2666-7762(22)00095-3/fulltext>. Para un debate sobre el vínculo entre pobreza y mortalidad, véase S. Stringhini *et al.*, «Socioeconomic status and the 25 × 25 risk factors as determinants of premature

mortality: a multicohort study and meta-analysis of 1.7 million men and women», *Lancet*, 389(10075), 2017, pp. 1229-1237, <https://www.thelancet.com/journals/lancet/article/PIIS0140-6736(16)32380-7/fulltext>. Para un debate sobre el vínculo entre el estrés y la mortalidad, véase F. Tian *et al.*, «Association of stress-related disorders with subsequent risk of all-cause and cause-specific mortality: a population-based and sibling-controlled cohort study», *Lancet Regional Health Europe*, 18, 2022, <https://www.thelancet.com/action/showPdf?pii=S2666-7762%2822%2900095-3>.

14. K. M. Flegal, B. K. Kit, H. Orpana y B. I. Graubard, «Association of all-cause mortality with overweight and obesity using standard body mass index categories: a systematic review and meta-analysis», *JAMA*, 309(1), 2013, pp. 71-82, doi:10.1001/jama.2012.113905.

15. Organizó un simposio en Harvard en el que otros intervinientes y él mismo intentaron rebatir los datos de Flegal. Véase V. Hughes, «The big fat truth», *Nature*, 497, 2013, pp. 428-430, <https://doi.org/10.1038/497428a>. Esta entrada en el blog de Harvard *Nutrition Source* de 2005 expone algunos de los argumentos de Walter y de sus colegas contra los hallazgos de Flegal: <https://www.hsph.harvard.edu/nutritionsource/2005/05/02/obesity-controversy/>. En 2013, en una radio pública, Walter se refirió al estudio de seguimiento de Flegal llevado a cabo en 2013 como «un montón de basura»; véase «Shades of grey», *Nature*, 497, 2013, p. 410, <https://doi.org/10.1038/497410a>.

16. Para un excelente resumen de este debate, véase Olga Khazan, «Why scientists can't agree on whether it's unhealthy to be overweight», *The Atlantic*, 14 de agosto de 2017, <https://www.theatlantic.com/health/archive/2017/08/is-fat-bad/536652/>.

17. Bovey, *What Have You Got to Lose*, *op. cit.*, p. 34.

18. J. Bell *et al.*, «The natural course of healthy obesity over 20 years», *Journal of the American College of Cardiology*, 65(1), 2015, pp. 101-102, <https://doi.org/10.1016/j.jacc.2014.09.077>. Véase también Hermann, *Conquering Fat Logic*, *op. cit.*, p. 83.

Saludable y *no saludable* tuvieron que ser definidos con gran precisión en este estudio. Definieron *salud metabólica* como aquella en la que existían menos de dos de los siguientes síntomas: nivel de colesterol HDL [lipoproteínas de alta densidad] < 1.03 mmol/l (hombres) y < 1.29 mmol/l (mujeres); presión sanguínea ≥ 130/85 mmHg o uso de medicamentos antihipertensivos; nivel en ayunas de glucosa en plasma ≥ 5.6 mmol/l o uso de medicamentos antidiabéticos; nivel de triglicéridos ≥ 1.7 mmol/l; evaluación del modelo homeostático de resistencia a la insulina > 2.87.

12. La tierra que no necesita Ozempic

1. «Slow initial uptake of Novo Nordisk's Wegovy likely in Japan, says analyst», *The Pharma Letter*, 28 de julio de 2023, <https://www.thepharmaletter.com/article/slowinitial-uptake-of-novo-nordisk-s-wegovy-likely-in-japan-says-analyst>, consultado el 20 de septiembre de 2023.

2. N. Yoshiike y M. Miyoshi, «Epidemiological aspects of overweight and obesity in Japan — international comparisons», *Nihon Rinsho*, 71(2), 2013, pp. 207-216, <https://pubmed.ncbi.nlm.nih.gov/23631195/#:~:text=Prevalence%20of%20obesity%20(BMI%20%3E%20or,Body%20Mass%20Index%20> (OMS), consultado el 20 de septiembre de 2023.

3. Hawaii Health Matters, «Adults who are obese», <https://www.hawaiihealthmatters.org/indicators/index/view?indicatorId=54&localeId=14&localeChartIdxs=1%7C2%7C6>, consultado el 15 de octubre de 2023. Un debate más extenso sobre la comparativa de salud entre estadounidenses de origen japonés y japoneses de Japón figura en M. Yoneda y K. Kobuke, «A 50-year history of the health impacts of Westernization on the lifestyle of Japanese Americans: a focus on the Hawaii-Los Angeles-Hiroshima Study», *Journal of Diabetes Investigation*, 11(6), 2020, pp. 1382-1387, <https://onlinelibrary.wiley.com/doi/full/10.1111/jdi.13278>.

4. También lo entrevisté vía Zoom, y aquí he usado citas de ambas entrevistas indistintamente.

5. S. Tsugane, «Why has Japan become the world's most lo ng-lived country: insights from a food and nutrition perspective», *European Journal of Clinical Nutrition*, 75, 2021, pp. 921-928, <https://doi.org/10.1038/s41430-020-0677-5>.

6. «Healthy life expectancy (HALE) at birth (years)», Observatorio Mundial de la Salud (OMS), 12 de abril de 2020, <https://www.who.int/data/gho/data/indicators/indicator-details/GHO/gho-ghe-hale-healthy-life-expectancy-at-birth>, consultado el 26 de octubre de 2023.

7. Véase tabla 1 en S. Tsugane, «Why has Japan become the world's most long-lived country», art. cit., pp. 921-928, <https://doi.org/10.1038/s41430-020-0677-5>. Véase también S. Tokudome, A. Igata y S. Hashimoto, «Life expectancy and healthy life expectancy of Japan: the fastest graying society in the world», *BMC Research Notes*, 9, 2016, pp. 1-6.

8. «Breast cancer rates rising among Japanese women», Roswell Park Comprehensive Cancer Center, 25 de julio de 2017, <https://www.roswellpark.org/cancertalk/201707/breast-cancer-rates-rising-among-japanese-women#:~:text=%E2%80%9CIn%20general%2C%201%20out%20of,Roswell%20Park%20Comprehensive%20Cancer%20Center>, consultado el 1 de octubre de 2023.

9. Las cifras me las facilitó Fumiaru Osaki, que trabaja en una oficina de turismo cercana y que, a instancias mías, consultó los datos censales. La idea de visitar Ogimi la tuve después de leer sobre la localidad en Michael Booth, *Sushi and Beyond: What the Japanese Know About Cooking*, Random House, 2016, pp. 267-281. [Hay trad. cast.: *Más allá del sushi: una aventura culinaria a través de Japón*, Quaterni, San Fernando de Henares, 2021].

10. En un compendio de estudios se estimaba que las ventas y el consumo de bebidas azucaradas disminuía un 10 por ciento con cada aumento del 10 por ciento en tasas. Véase A. M. Teng *et al.*, «Impact of sugar-sweetened beverage taxes on purchases

and dietary intake: systematic review and meta-analysis», *Obesity Reviews*, 20(9), 2019, pp. 1187-1204, <https://onlinelibrary.wiley.com/doi/10.1111/obr.12868>. Véase también <https://www.ncbi.nlm.nih.gov/pmc/articles/PMC5525113/>.

11. Anthony Warner, *The Truth about Fat*, Oneworld Press, 2016, p. 323; S. Boseley, «Amsterdam's solution to the obesity crisis: no fruit juice and enough sleep», *Guardian*, 14 de abril de 2017, <https://www.theguardian.com/society/2017/apr/14/amsterdam-solution-obesity-crisis-no-fruit-juice-enough-sleep>, consultado el 12 de octubre de 2023. Véase también Unicef, «The Amsterdam Healthy Weight Approach: investing in healthy urban childhoods: A case study on healthy diets for children», 2020, <https://www.unicef.org/media/89401/file/Amsterdam-Healthy-Weight-Approach-Investing-healthy-urban-childhoods.pdf>, consultado el 12 de octubre de 2023. También he consultado el informe de NJi, VU Universidad de Ámsterdam y Cuprière Consult, «Amsterdam Approach to Healthy Weight: promising? A search for the active elements», <https://npo.nl/npo3/brandpuntplus/hoe-een-wethouder-afrekende-met-obesitas-in-zijn-stad>, consultado el 12 de octubre de 2023. Doy las gracias a Rosanne Kropman por la traducción.

12. S. Kempainen *et al.*, «A collaborative pilot to support patients with diabetes through tailored food box home delivery», *Health Promotion Practice*, 24(5), 2023, pp. 963-968, doi:10.1177/15248399221100792.

13. J. Song *et al.*, «Salt intake, blood pressure and cardiovascular disease mortality in England, 2003-2018», *Journal of Hypertension*, noviembre de 2023, doi:10.1097/HJH.0000000000003521. Véanse también Jing Song *et al.*, «Salt intake, blood pressure and cardiovascular disease mortality in England, 2003-2018», *Journal of Hypertension*, 41(11), noviembre de 2013, pp. 1713-1720, <https://journals.lww.com/jhypertension/fulltext/2023/11000/salt_intake,_blood_pressure_and_cardiovascular.6.aspx>; «Increased salt intake in England from 2014-18», Wolfson Institute of Population Health, 19 de septiembre de 2023,

<https://www.qmul.ac.uk/wiph/news/latest-news/items/increased-salt-intake-in-england-from-2014-18.html>, consultado el 25 de noviembre de 2023.

14. V. Salomaa *et al.*, «Decline of coronary heart disease mortality in Finland during 1983 to 1992: roles of incidence, recurrence, and case-fatality. The FINMONICA MI Register Study», *Circulation*, 94(12), 1996, pp. 3130-3137, doi:10.1161/01.cir.94.12.3130; P. Puska y P. Jaini, «The North Karelia Project: prevention of cardiovascular disease in Finland through population-based lifestyle interventions», *American Journal of Lifestyle Medicine*, 14(5), 2020, pp. 495-499, <https://pubmed.ncbi.nlm.nih.gov/32922234/>. Como se expuso en un artículo posterior, la tasa de mortalidad por enfermedad cardiovascular en Carelia Septentrional se redujo, pasando de 690 por cada 100000 en la década de 1960 a 100 por cada 100000 en 2011; eso es menos de la mitad que la tasa actual estadounidense, que es de 209 por cada 100000. Véase <https://www.cdc.gov/nchs/fastats/heart-disease.htm>, consultado el 24 de noviembre de 2023.

Conclusión: Qué opciones tenemos

1. Shell, *The Hungry Gene, op. cit.*, p. 3.
2. O. Dyer, «Obesity in US children increased at an unprecedented rate during the pandemic», *BMJ*, 374, 2021, n. 2332, <https://www.bmj.com/content/374/bmj.n2332>, consultado el 21 de septiembre de 2023.
3. L. Wang *et al.*, «Trends in consumption of ultraprocessed foods among US youths aged 2-19 years, 1999-2018», *JAMA*, 326(6), 2021, pp. 519-530, doi:10.1001/jama.2021.10238. He tenido conocimiento de esta cifra a través de Tim Spector, *Food for Life*, Jonathan Cape, 2022, p. 36.
4. S. Hampl *et al.*, «Clinical practice guideline for the evaluation and treatment of children and adolescents with obesity»,

Pediatrics, 151(2), 2023, e2022060640, <https://doi.org/10.1542/peds.2022-060640>.

5. D. Weghuber *et al.*, «Once weekly semaglutide in adolescents with obesity», *New England Journal of Medicine*, 387(24), 2022, pp. 2245-2257, doi:10.1056/NEJMoa2208601. A 62 de los niños del ensayo se les administró solamente placebo, y no se incluyen en la cifra aportada de 131. Véase también Tobi Thomas, «Half of children given 'skinny jab' no longer clinically obese, study finds», 18 de mayo de 2023, <https://www.theguardian.com/society/2023/may/17/half-of-children-given-skinny-jab-no-longer-clinically-obese-us-study>, consultado el 24 de noviembre de 2023.

6. Véase <https://www.cambridge.org/core/journals/journal-of-clinical-and-translational-science/article/unintended-consequences-of-glucagonlike-peptide1-receptor-agonists-medications-in-children-and-adolescents-a-call-to-action/F0286F2FBBD7F6E4E75A6A383F3C82BB>.

7. J. Levi *et al.*, «Estimated minimum prices and lowest available national prices for antiobesity medications: improving affordability and access to treatment», *Obesity*, 31, 2023, pp. 1270-1279, <https://doi.org/10.1002/oby.23725>, consultado el 10 de octubre de 2023.

Lecturas complementarias

Son varios los libros que recomendaría a quienes quieran aprender más sobre algunos de los temas del presente libro. Para una mejor comprensión de lo que hace con nosotros la comida procesada, recomiendo *Ultra-Processed People*, de Chris van Tulleken (*La epidemia de los ultraprocesados*, Madrid, Urano, 2024); *Swallow This*, de Joanna Blythman; *Food for Life*, de Tim Spector; *Ravenous*, de Henry Dimbleby; e *In Defence of Food*, de Michael Pollan (*El detective en el supermercado*, Barcelona, Booket, 2010). Para descubrir más sobre el trauma y cómo este puede afectar a nuestro cuerpo, recomiendo *In the Body of the World*, de V (antes conocida como Eve Ensler); *On Our Best Behaviour*, de Elise Loehnen; y *Hunger*, de Roxane Gay (*Hambre*, Madrid, Capitán Swing, 2018). Para adquirir más conocimientos científicos sobre el modo en que la obesidad afecta a nuestro cuerpo una muy buena opción es *Conquering Fat Logic*, de la nutricionista alemana Nadja Hermann. Para informarse más sobre la manera de construir un movimiento sostenible que ponga fin a la estigmatización, recomiendo *The Forbidden Body* y *What Have You Got to Lose?*, de Shelley Bovey. Para aprender a cocinar de manera más saludable y ganar en salud, cualquier libro de Rangan Chatterjee es genial: yo te recomendaría empezar por *Feel Good*.

La autora especializada en comida Bee Wilson presenta siempre muchas ideas; su libro *First Bite* (*El primer bocado*, Madrid, Turner, 2016), sobre la manera en que los niños desarrollan sus gustos, es particularmente excelente, y se lo recomendaría a todos los padres. Para quien sienta curiosidad por la comida japonesa, *Sushi and Beyond* (*Más allá del sushi*, San Fernando de Henares, Quaterni, 2021), de Michael Booth, es un encantador libro de viajes sobre la materia.

A lo largo de este libro me he basado en campos científicos sobre los que me documenté para la preparación de dos de mis libros anteriores: *Tras el grito* (Barcelona, Paidós, 2015), que trata de nuestra manera de caer en las adicciones y de lo que podemos hacer al respecto, y *Conexiones perdidas* (Madrid, Capitán Swing, 2020), que trata de las razones por las que la depresión y la ansiedad han aumentado, y de qué manera podemos revertirlas.